유아교육 현장을 위한

총체적 통합 프로그램과 창의적 몬테소리 교육의 실천 방법

돈보스꼬몬테소리 교육실천연구소 지음

창지사

| *Preface* |

머리말

본 서의 제목 「총체적 통합 프로그램과 창의적 몬테소리 교육의 실천 방법」에서 말하듯이 현대 유아교육 프로그램은 서로 유사한 점이 많다는 것을 느꼈습니다. 그러므로 우리나라 유아교육을 현장에서 쉽게, 효과적으로 실천하기 위해 경험과 개념을 중시하는 몬테소리 교육철학을 생활 주제에 맞게 창의적으로 교재 · 교구를 연구하였습니다.

그러나 막상 출간하려고 하니 부족한 부분이 눈에 띄어서 망설였으나 여러분들이 활용해 보시면서 부족한 점을 수정 · 보완할 수 있도록 많은 조언과 격려가 있을 것으로 믿고 용기를 내어 출간합니다.

이 책이 나오기까지 20여년간 몬테소리 교사교육 트레이닝 과정을 졸업한 교사들과 유아교육 최고경영자 과정교육에서 원장님들 의견을 수렴하였고, 유아교육기관을 컨설팅하면서 유아교육 현장에 문제점을 보완해야 할 필요성을 느끼게 되었습니다. 그래서 4년 전부터 10군데 국 · 공립 , 사립 유치원과 어린이집을 중심으로 기초연구가 시작되었으며 집중적으로 3군데 유치원(일산 보보 유치원-4학급, 수유리 성체 유치원-7학급, 용인 성체 유치원-9학급)을 중심으로 실천한 방법을 수정 · 보완하여 책으로 발간하게 되었습니다.

이 책은 '21세기를 향한 창의적 몬테소리 교육의 방향점' 과 '유치원 교육과정의 교육 내용과 몬테소리 교육 내용의 비교' 그리고 '가족과 함께할 수 있는 가정 활동 조사서' 로 되어 있으며, 1학기에 실천할 수 있는 주제로 '자연의 법칙과 꽃피는 계절-봄' 과 '웃음꽃이 피어나는 우리 가족' 으로 구성되었으며, 2학기에 실천할 수 있는 주제로 '여러 대륙의 나라와 우리나라' , '신비한 우주 창조와 생명의 역사' 로 구성되어 있습니다.

이 책의 특징은 다음과 같습니다.

1. 몬테소리 교구가 없어도 현장에서 응용하여 실천할 수 있습니다.
2. 종래의 책에서 볼 수 있는 교사와 유아의 질문 형식을 생략하고 활동을 자세히 사진화하여 쉽게 실천할 수 있습니다.
3. 월간 계획안, 주제 계획안, 소주제 계획안을 이미지 컷으로 주제를 강조하였습니다.
4. 도입과 실천에 필요한 활동 자료를 구체적인 정보로 준비했습니다.
5. 창의적 몬테소리 교재·교구를 쉽게 만들 수 있는 원본이 첨가되어 있습니다.
6. 소근육 운동을 필요로 하는 미술 관련 흥미 영역 10가지의 응용 교재가 첨부되어 있습니다.
7. 가족과 함께할 수 있는 몬테소리 교육 활동 월별 달력이 첨부되어 있습니다.

특히, 돈보스꼬몬테소리 교육실천연구소 20주년을 기념하여 이 책을 발간하게 된 것은 매우 뜻깊은 일이라 생각됩니다. 아울러 유아교육 현장의 원장님과 교사들의 성원에 힘입어 연구소가 성인식을 맞이한 해이니만큼 좀더 교사 교육을 현실적이고 현장에 맞는 맞춤식 실천 연구소로 거듭나도록 노력하겠습니다.

끝으로 이 책은 여러 교사들이 현장에서 유아와 활동하며 노력해 주시고 연구소의 요구에 따라 유아의 활동 자료를 수집하는 노력으로 결실을 맺게 되었습니다. 협조해 주신 각 유치원 원장님(보보 유치원, 수유리 성체 유치원, 용인 성체 유치원)과 교사들께 진심으로 감사드립니다. 또한 교재·교구 연구와 자료수집에 애쓴 김진수, 양순의 연구원의 노고에 감사드리며 뒤에서 여러 가지로 도와주신 연구소 직원들에게도 감사드립니다.

이 책이 나오기까지 애써 주신 창지사 사장님과 편집부 여러분께도 감사드립니다.

2006년 4월 연구소에서

돈보스꼬몬테소리 교육실천연구소장 김순옥

| contents |

차 례

Part II 총체적 통합 프로그램과 창의적 몬테소리 교육의 실천 방법

부 록

| PART I |

21세기를 향한 창의적 몬테소리 교육의 방향점

| Chapter 1 |

총체적 통합 프로그램과 창의적 몬테소리 교육의 실천 방법 의식 조사 및 분석

한국의 몬테소리 교육은 1982년 교육부의 학술 연구 대상이 되어 몬테소리 교육과정이 명시되면서 오늘날까지 20여년이 넘도록 꾸준히 유아교육 현장에서 실천하고 있다. 그러나 아직까지도 몬테소리 교육이 우리나라 실정에 맞게 개발되지 않음을 부인할 수 없는 것이 사실이다. 따라서 본 연구소에서는 우리나라 유아교육 현장에서 필요한 '총체적 통합 프로그램과 창의적 몬테소리 교육의 실천 방법' 을 개발하기 위해 유치원과 어린이집 원장 50명과 유치원 교사 200명, 총 250명을 대상으로 조사하였다. 그 결과, 유아교육 현장에서는 정도의 차이가 있을 뿐 대부분 몬테소리 교육을 도입하고 있었으며, 교사는 연수를 받거나 교육할 자격을 갖추고 있었다.

조사한 내용은 유치원 교육과정과 몬테소리 교육과정의 개념에 준하여 분류하였으며, 평정 기준에 따라 백분율로 표시하였다. 그 결과는 다음과 같다.

내용 / 교육과정	조 사 내 용	문항 내용	평정 기준
1. 만족도 및 효과성	(1) 6차 교육과정에 대한 이해의 정도	보통이다	74.8%
	(2) 6차 교육과정의 교육적 만족도	보통이다	53.5%
	(3) 6차 교육과정을 체계적으로 실시하기 위해 몬테소리 교육의 효과 정도	그렇다	47%
	(4) 6차 교육과정에서 지향하는 '민주 시민 육성' 에 대한 몬테소리 교육의 효과 여부	그렇다	47%
	(5) 6차 교육과정에서 중시하는 '기본 생활 습관' 에 대한 몬테소리 교육의 효과 여부	그렇다	92%
2. 통합 교육의 필요성	(1) 유치원 현장에서 몬테소리 교육의 필요성	그렇다	70%
	(2) 개별화 교육의 효과 여부	그렇다	76%
	(3) 유아기에 필요한 질서, 독립성, 자발성 확립에 대한 효과 여부	그렇다	79%
	(4) 초등학교 교육과 연계 교육의 가능성 정도	그렇다	65%
	(5) 저출산 사회 구조에서 유아교육기관에서 혼합 연령 반 편성의 필요성	그렇다	95%
3. 학부모 입장에서의 이해와 문제점	(1) 몬테소리 교육에 대한 부모들의 이해 정도	보통이다	46%
	(2) 몬테소리 교육을 하는 원의 수업료에 대한 부모들의 만족도 정도	보통이다	46%
	(3) 몬테소리 교육에서 꼭 필요한 영역	표현생활 (미술)	53%
4. 보완점	(1) 연구할 인원과 시간 부족으로 인한 학부모 도우미 제도 도입의 필요성	그렇다	86%
	(2) 유아교육 전문 기관과 연계성을 가져야 하는 필요성	그렇다	79%
	(3) 우리나라 현실에 맞는 창의적 몬테소리 교육을 개발해야 하는 필요성	그렇다	86%
	(4) 몬테소리 교육과 주제별 단원 중심 통합 교육과의 어려움	그렇다	49%
	(5) 유치원 교육과정과 몬테소리 통합 교육을 위한 보완점	교사 재교육	46%

총체적 통합 프로그램과 창의적 몬테소리 교육의 실천 방법 의식 조사 및 분석 결과

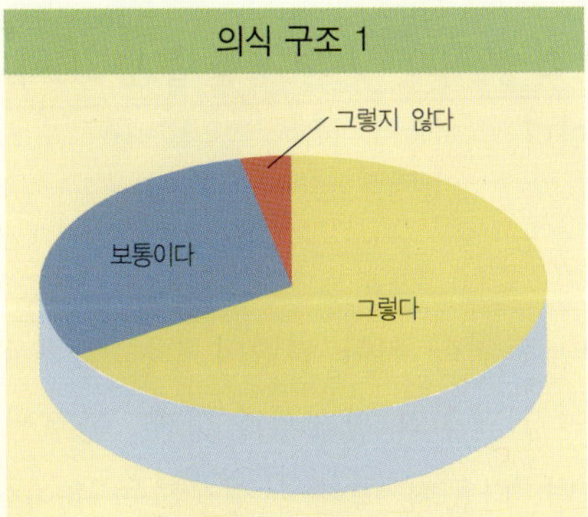

〈만족도와 효과성〉

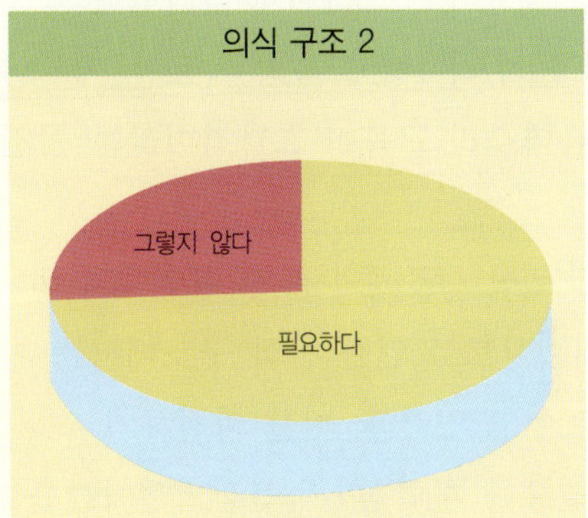

〈통합 교육의 필요성〉

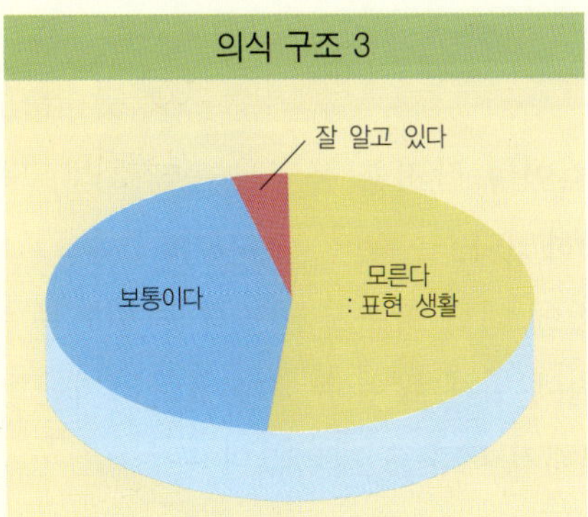

〈학부모 이해 정도〉

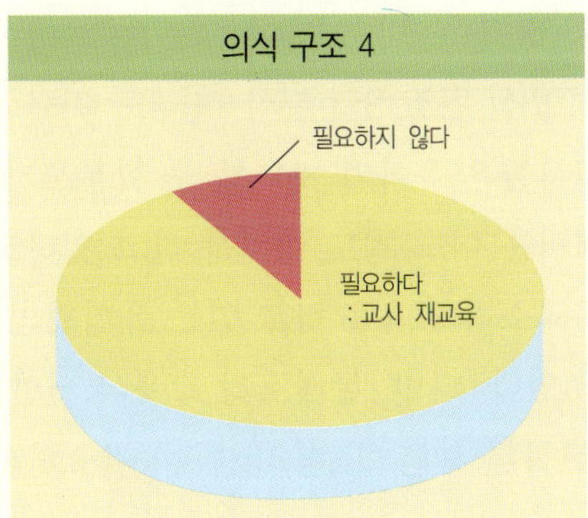

〈보완점〉

1 의식 구조 1의 분석 : 만족도와 효과성

현장 교사들이 6차 유치원 교육과정을 이해하는 수준은 높게 나왔으나 교수 자료의 부족과 현장의 특성으로 인해 실천하는 만족도는 보통의 수준으로 나타났다. 따라서 좀더 교육적인 체계를 갖추기 위해 유치원 교육과정과 몬테소리 교육을 접목하려는 경향이 두드러지게 나타났다.

또한 우리나라 교육의 지표인 '민주 시민의 육성' 이나 '기본 생활 습관' 의 지도에서 몬테소리 교육이 효과적이라는 의견이 높았다.

2 의식 구조 2의 분석 : 통합 교육의 필요성

저출산으로 인한 사회 구조에서는 지역에 따라 입학 원아 연령의 수는 심한 격차를 보이고 있었다. 이를 해결하기 위해 혼합 연령 편성의 필요성과 함께 '홀로서기' 에 필요한 자립심 · 독립심 · 질서감을 길러주며, 다문화 속에서 성장하는 유아에게 필요한 개별화 교육을 위해 몬테소리 교육은 유치원 교육과정과 접목되어야 한다는 의견이 높게 나타났다.

또한 몬테소리 교육은 다른 유아교육 프로그램보다 초등학교 교육과의 연계 교육이 가장 잘 이루어질 수 있다는 의견이 많았다.

3 의식 구조 3의 분석 : 학부모 이해 정도

교사들은 유아기 자녀를 둔 학부모가 매스컴이나 잡지를 통해서 몬테소리 교육에 대해서는 어느 정도 이해를 하고 있다고 대답하였다.

몬테소리 교육을 하고 있는 유치원의 교육비에 대한 학부모의 만족도에는 큰 차이가 없었다. 다만, 몬테소리 교육이 일반 유치원에 비해 많이 부족하다고 느끼는 예술적 표현 생활인 '조형 미술' 이 필요하다는 견해가 다수로 나타났다.

4 의식 구조 4의 분석 : 보완점

우리나라 유치원 교육과정과 몬테소리 교육의 통합 교육을 위한 보완점으로 우리나라 현실에 맞는 창의적 몬테소리 교육 개발의 필요성이 높게 나왔다. 그러나 현장에서 창의적 몬테소리 프로그램의 개발에 대해 원장 입장에서는 혼자 연구하면서 교사와 유아를 지도하기에는 여러 가지 어려움이 있으며, 교사 입장에서는 여러 가지

행사와 업무로 인해 교육에 필요한 연구 시간의 부족과 인력 부족에 대한 어려움을 호소하였다. 따라서 전문 교육 연구 기관과 연계성을 가지며 많은 자문과 조언을 얻어야 시대 흐름에 적합한 질 높은 교육을 할 수 있다고 답하고 있었다.

또한 '학부모 도우미' 제도의 도입에 대한 필요성을 느끼고 있었다.

끝으로 몬테소리 교육에서 주제별 단원 중심 통합 교육의 어려움을 호소하며 이를 실천하기 위해서는 '교사 재교육' 에 대한 부분을 보완하지 않으면 실현하기 어렵다는 의견이 대부분이었다.

I 21세기 유치원 교육과정과 몬테소리 교육이 주는 시사점

한국의 몬테소리 교육은 1965년 서울에 소재한 운현 유치원 원장인 박리나에 의해 처음으로 소개되어 지금까지 발전해 왔다. 몬테소리 교육은 1982년 교육부(문교부)의 학술 연구 대상이 되어 1984년 교육과정에 명시되었다. 이 후 2000년대부터는 초등학교에서 열린 교육(open education) 차원에서 공교육에 몬테소리 교육을 적극적으로 도입·실행하고 있으며, 서울시 국·공립 병설 유치원 및 사립 유아교육기관에서도 몬테소리 교육을 기초로 한 선도 및 시범 교육이 이루어지고 있다.

이러한 관점에서 몬테소리 교육을 막연한 생각만으로 추종하거나 또는 무조건 배타적인 시각으로 바라보기보다는 몬테소리 교육의 유용성을 현실적으로 이해한다면 몬테소리 교육이나 유아교육의 발전에 도움이 되리라 생각된다.

따라서 몬테소리 교육을 여러 학자들이 어떻게 평가하고 있는지를 검토하고 살펴보면 유아교육에서의 몬테소리를 이해하는 데 많은 도움이 될 것이다.

첫째, Standing은 『몬테소리 생애』(1962)에서 어느 시대를 막론하고 독특한 방법으로 시대 정신을 표현하는 대표적 인물이 있다고 보고 **몬테소리**도 Comenius, Pestalozzi, Froebel 등 그 이외의 빛나는 학자들과 같이 **교육사에 있어서 영원히 기억되고 빛날 것임에 틀림없다**며 높이 평가했다.

둘째, 몬테소리 교육은 '신교육 운동'의 이념을 기초로 하고 있다.

"교육은 개혁하지 않으면 안 된다. 그 개혁은 어린이로부터 출발할 필요가 있다." 몬테소리의 저서 『새로운 세계를 위한 교육』에는 '신교육 운동'에 대한 동향이 잘 표현되어 있다. 신교육 운동의 특징은 교육 방법과 기술 내용 등이 구체적으로 전개되어 있는 것이다. 즉 유아의 자유, 자발성, 자기 활동 경험 등 교육적 의의를 만족시키는 운동이라고 볼 수 있다. 몬테소리 교육 방법은 유아의 자유가 보장되어 있고, 흥미에 기초한 자발적 활동과 주체적 발상이 존중되고 있으며, 동시에 유아의 개성과 발달 단계에 근거한 교육 방법과 내용이 탐구 · 실천되고 있다는 측면에서 신교육의 이념을 기초로 하고 있는 것이다.

셋째, 몬테소리 교육은 세계적으로 보급되어 있다.

平野智美 교수는 『モンテッソ-リ 教育現狀と課題』(1993)에서 몬테소리 교육이 세계적으로 보급되었다고 평가했던 3인의 교육학자를 소개했다.

Lassahn 교수는 『최근의 학문 연구로부터 본 교육』(1978)에서 몬테소리 교육과 같이 세계의 여러 사람에게 전달된 교육은 없다고 한다. 이는 극히 짧은 기간에 국가, 사회, 문화, 종교를 초월해서 세계적으로 보급되었다. 교육 이론의 실천을 본다면 몬테소리 교육이 유일하기 때문이라고 밝히고 있다.

Böhn 교수는 『몬테소리 교육의 현대적 의의』(1989)에서 몬테소리는 금세기 교육계에서 그 이름이 가장 잘 알려져 있는 교육자라고 주장했다.

또 Röhrs 교수는 저서 『마리아 몬테소리』(1982)에서 교육 이론의 방법화, 교육 방법의 이론화를 중심 과제로 했던 교육 개혁자 중에서 몬테소리와 같이 성공을 거둬 세계 여러 사람들에게 수용시켰던 인물은 없다고 말하고 있다.

넷째, 몬테소리는 인간을 과학적으로 연구했다.

松浦鶴造는 『몬테소리 교육의 연구』(1989)에서 몬테소리 여사는 단순한 학자만이 아니며, 교육 실천가만도 아니라고 한다. 그녀는 유아를 신의 자식으로서 사랑한 점에서는 신앙자이며, 유아의 비밀을 지속적으로 연구하며 노력한 점에서는 과학자이다. 그뿐 아니라 유아의 성장을 도우려는 방법을 부단히 연구하는 점에서는 교육자라고 칭송했다.

Lillard는 『Montessori a Modern Approach』(1972)에서 몬테소리가 생애를 걸쳐 열중했던 과제는 인간이 인간답게 성장하기 위한 길과 그것을 위한 교육 방법의 혁신적인 접근과 혁신적인 착상이었다는 것이다.

다섯째, 몬테소리 교육은 현대적 의의가 있다.

Devries는 『피아제 이론과 유아교육의 실천』(1992)에서 몬테소리는 현대에 많지 않은 창조적인 유아교육가의 한 사람이라고 말하며, 몬테소리 교육은 넓은 의미에서 '인지 발달'을 낳았고, Dewey 이후에 몬테소리는 인지 발달적 유아교육의 기초를 형성한 사람으로서 그의 교육법은 오늘날 미국의 사립 · 공립학교에서도 폭넓은 기초 교육으로 활용되고 있다.

여섯째, 한국형 몬테소리 교육 모형이 가능하다.

신화식 교수의 『몬테소리 교육 모형』(1992)에서 몬테소리 이론에서 제시한 다섯 가지 교육 영역을 적용해 본 결과 몬테소리 교육이 시작된 유럽 문화권뿐만 아니라 동양 문화권인 한국에서도 적용 가능함이 증명되었다. 또한 『영 · 유아 탁아 및 종일제 프로그램의 발전 방향』(1995)에서 유치원 종일제 프로그램은 다양한 배경을 가진 유아들을 위한 교육과정의 개별화를 주장하고 있다. 따라서 개별화 교육의 강조와 구체적인 내용 제시가 이루어지도록 종일제 프로그램의 교육과정과 몬테소리 교육과정을 접목시키는 방법을 제안하였다.

일곱째, 유아교육과정과 몬테소리 교육 방법의 기본 원리가 일치한다.

유치원 교육과정의 핵심 이념은 사회적 변화와 요구에 기초한다는 것이 특징이다.

현대적 교육 방법으로서 유아의 주체성과 자발성 및 개성을 존중하는, 다시 말해, 교육의 주체를 가르치는 교사에게 배우는 유아로의 전환을 깊이 각인시키고 있다. 유아가 주체가 되는 교육을 생각할 경우에 구체적인 방법으로는 유아의 발달 단계에 대응하는 교수법, 유아의 흥미와 관심으로 출발하는 학습법, 유아 스스로 자유 선택하는 학습법 등이 있다. 이러한 것들은 몬테소리 교육이 지향하는 내용이다.

유아교육과정의 근본 원리인 '자유', '자발성', '환경을 통한', '놀이를 통한', '개별화 지도', '전인적인 성장 발달 원조' 등은 몬테소리 교육법의 근본 원리인 '자유(자발성)의 원리', '환경의 원리', '감각과 운동의 원리'의 3가지 원칙과 일체감을 이루고 있다.

6차 유치원 교육과정 개정에 공헌했던 이원영 교수(1992)는 유아를 관찰해서 교육해야 하며, 유치원 교육과정에서 환경 구성에 대한 항목을 신설한 것은 역사적으로 그 의의가 크다고 강조했다. 이에 몬테소리가 교육 환경을 중요시하고 적절한 환경의 구성이야말로 신교육의 토대이고 교육학의 실제의 기초이며, 유아를 잘 이해하기 위해서 유아를 잘 관찰하는 것이 필요하다고 강조하는 관점은 이원영 교수와 일치함을 알 수 있다.

이는 필자인 김순옥의 석사논문 "일 · 한 유치원 교육과정과 몬테소리 교육의 수용에 관한 연구"(1993)을 통해서 발표한 내용이다. 또한 1987년부터 1990년까지 4년간 서울시 영등포구 도림동에 위치하고 있는 돈보스꼬 유치원에서 실천해 본 경험과 여러 교육 실천장에서 교육 컨설팅의 경험을 통해서도, 유치원 교육과정을 교육 현장에서 보다 효과적으로 실천하기 위해서는 일반적인 아동 중심 유아교육의 맥락에서도 몬테소리 교육 방법론을 연구하고 적용할 가치가 있다고 본다.

이상과 같이 교육 철학, 교육 사상을 연구하는 교육학자들의 평가를 통해 몬테소리 교육은 인류의 교육학으로서 국가, 민족, 시대를 초월하여 세계적으로 승인된 실천 교육임을 알 수 있다. 따라서 몬테소리 교육은 21세기를 목전에 둔 미래 유아교육 방법으로서도 그 의의가 크다고 생각된다.

II 21세기를 향한 창의적 몬테소리 교육의 방향점

현대 사회가 발전함에 따라 조기 교육과 생애의 필요성과 요구는 점차적으로 다양화되어 가고 있다. 사회적 측면을 살펴보면 핵가족화와 여성의 사회 참여의 증가로 인해 유아교육의 조기화 경향이 뚜렷히 나타나고 있다. 많은 교육 행정에 관련된 교육자들은 전통적인 학교 제도에서 발생된 경제적 문제, 문화적 계승 문제, 아동의 문제 행동(폭력, 비행, 등교 거부) 등으로 고심하고 있는 상황이다.

한편 유아교육 현장에서는 레지오 에밀리아, 프로젝트 접근법, 총체적 문학적 접근법 등 여러 가지 교수법들이 열린 교육의 일환으로 실행되고 있다. 이러한 다양한 교수법의 공통점은 아동 중심적인 교육 방법이라는 것이다. 따라서 '활동 중심 통합 교육법' 은 그동안 우리나라에 소개되어졌던 Comenius, Rouseau, Froebel, Dewey, Montessori, Piaget 등의 이론 중 유아에게 적절한 개념-놀이와 활동, 감각 교육, 개별성, 창의성, 책임감 및 독립심, 자유와 선택, 자아 존중, 개념 발달, 상호 작용의 중요성-을 통합하여 오랫동안 실시했던 교육에 대한 재구성의 노력이며, 유아 중심의 교육 철학을 현장에 실현해 보고자 하는 교수법 개선 운동의 노력이다.

그러므로 아동 중심 교육은 두 가지 측면, 즉 교육 이념적인 면과 교수 방법적인 면 모두를 고려하여 이루어질 때에 실효를 거둘 수 있다. 그동안 우리나라 유아교육 현장에서도 유아의 흥미를 중요하게 다루었지만 발생한 흥미를 보다 확장시켜 주지는 못했던 것도 사실이다. 몬테소리 교육을 실행하고 있는 현장을 살펴보면 아직도 한 가지 프로그램에 만족하고 있는 교사가 있음을 부인할 수 없는 실정이다.

따라서 제6차 유치원 교육과정은 학습자 중심, 놀이 활동 중심의 교육 접근을 통해 열린 교육을 실천하며, 유아 발달과 생활 경험의 유기적 관련 활동 영역들 간에 연결 등을 통해 통합 교육을 실천하는 것이 신교육 방향이라 보고 유치원 현장에서 열린 교육 및 통합 교육이 확대 · 심화되도록 구성되어 있다.

이러한 관점에서 6차 유치원 교육과정과 몬테소리 교육과정을 비교하면서 그에 따른 몬테소리 교육의 수용 방법과 응용 활동을 연구할 필요성을 느꼈다. 그래서 몬테소리 교육을 실행하고 있는 현장뿐만 아니라 몬테소리 교육을 무조건 배제하려는 현장에서도 새로운 관점으로 몬테소리 교육을 재인식할 필요성이 있다고 생각하여 **21세기를 향한 몬테소리 교육의 방향점을 제시**하고자 한다.

첫째, 몬테소리 교육법은 유아교육의 일부임을 인식해야 한다.

유아의 관찰과 연구를 기초로 하여 교구 방법을 몬테소리가 고안한 것은 사실이지만 그것이 절대적 유일한 것은 아니다. 몬테소리의 기본적인 정신을 바탕으로 개개인의 유아에 적합한 방법 및 교재 · 교구를 지속적으로 탐구하는 것이 중요하다. 유아교육은 유아의 기본적인 생활 교육을 중요시하고 유아의 요구와 흥미, 개별성을 인정해가며 유아의 전인적 성장 발달을 도와주는 폭넓은 활동이다. 이에 일부로서 몬테소리 방법을 수용해야 할 것이다.

따라서 몬테소리 실천 방법은 각국이 지향하는 유아교육의 기본을 바탕으로 그 나라의 바람직한 교육 방법을 고려하여 실천하는 노력이 필요하다. 또한 몬테소리 방법을 실천하는 데 있어서 몬테소리 교구를 절대화하고 일률적으로 유아에게 적용하는 위험성을 고려해야 하며, 집단 속에서의 상호 작용의 중요성과 미술 · 음악 등의 표현 생활 활동을 강조할 필요가 있다. 즉, 몬테소리 교육 이론에 있는 집중 현상은 정적인 면(정숙)뿐 아니라 동적인 면(바깥놀이)에서도 볼 수 있다는 것을 인식하는 교사의 태도가 필요하다.

둘째, 몬테소리는 교육의 특징인 교구를 매개체로 교수법을 채택했지만 주의할 것은 꼭 교구가 전부만은 아니라는 사실이다.

쟁점은 교구를 교육의 매개체로서 사용할 교사와 유아의 상호 작용인 것이다. 교사는 교구 본래의 의미를 인식한 후에 '유아와의 상호 작용'을 중심으로 교육 실천을 해야 할 것이다. 이는 물리적 환경으로서의 교구보다 인적 환경으로서의 교사의 자질이 더욱 중요함을 의미하는 것이다.

셋째, 몬테소리 교육에서 일상생활 교육의 '작업 · 일', '운동놀이'에 대한 의의를 재인식하여 도입할 필요가 있다.

6차 교육과정에서 강조하는 창의성과 지성이 풍부한 민주적인 인간이란 단순히 사물을 인지하는 인간이 아니고, 어떤 상황이든 자신이 처해 있는 환경에 올바르게 대처할 수 있는 능력을 갖춘 인간을 원하는 것이다. 즉, 시간과 장소에 적합하게 대처하는 능력을 갖춘 인간을 말한다.

그리고 지성이란 일상생활의 활동 안에서 배양되며 자연스럽게 익히는 생활 습관이다. 오늘날 유아교육은 지적 교육의 편중으로 인해 유아가 자유롭게 자기 표현을 하고 창조성을 육성하는 '놀이'의 체험 기회가 감소하고 있다. 한편 가정 내에서는 '저출산화' 경향으로 부모가 자녀를 지나치게 보호하는 '과잉 간섭', '과보호'로 인해 현실적으로 자녀가 부모를 도울 기회가 점점 줄어들게 된다.

이러한 상황에서 몬테소리는 유아의 운동 발달은 정신 발달과 상호 관계가 있음을 강조했다. 운동은 정신 발달의 기초적인 바탕으로서 유아가 실천할 수 있는 실물의 생활 활동인 '작업 · 일(work)'을 반복하면서 자제심, 사물을 조직화하는 힘, 자립심, 자존심 등을 배양하는 데 그 목적을 두고 있다. 이것은 유아의 '운동놀이'와도 연계하는 것이다.

이러한 관점에서 몬테소리 교육의 일상생활 활동의 '작업 · 일'과 '운동놀이'의 의의를 재인식하고, 유아교육기관에서 일상생활 영역 활동 안에 도입하도록 것은 중요하다.

넷째, 몬테소리 교육의 혼합 연령 구성과 연령별 구성 교육을 혼합한 교육 형태의 실현이 바람직하다.

사회 전반적인 '저출산화' 현상으로 인해 다른 연령의 유아와 함께 놀 수 있는 기회가 적어지고 있다. 또한 유아가 집단 생활을 시작하기 전에 가정 내의 형제 관계를 통한 사회성 발달이 형성되어지는 경험이 점차 줄어가고 있는 실정이다. 이는 교육 현장의 종일반 운영이나 어린이집의 원아 모집에서 나타나는 현상이다. 대부분의 유치원에서는 종일반을 별도로 모집하여 운영하지 않고 각 반에서 종일 있기를 원하는 원아를 모아 방과 후 지도로 연장하는 실태이다. 이때에는 연령별이 아닌 영아반부터 유치반 유아들이 합쳐진 혼합 연령 구성의 연장 수업을 할 수밖에 없다. 이에

반해 어린이집에서는 유아교육 연령이 사회적 요구에 의해 하향화되고 있으며, 영아반은 대기자가 많은 대신에 유아 · 유치반의 유아 수는 적은 대로 운영하고 있다.

이러한 유아를 둘러싼 환경의 변화를 고려할 때에 유아교육 현장에서는 운영상의 문제를 해결하고, 유아의 공동체 의식과 집단 내의 통일성 있는 사회성이 배양되는 몬테소리 교육의 혼합 연령 구성 교육법을 도입할 필요가 있다.

다섯째, 몬테소리의 교육에만 의존하지 말고 다양한 교재나 교수법을 활용하는 것이 필요하다.

몬테소리 교육은 나무 교구에 의존하여 완성된 틀 속에서 결과를 강조하고 있다는 특징은 비판을 받기도 한다. 예를 들면, 목재로 된 분홍색 10개의 정육면체로서 한 변이 1cm에서 10cm까지 점증으로 되어 있는 '분홍탑' 교구는 치수의 점차성을 시각으로 식별함을 기르기 위해 쌓아보는 교구이다. 유아에 따라 경험하기 전에 변별력이 형성되어 있다면 다른 형태의 놀이가 이루어지도록 자유를 주어야 할 것이며, 만약 변별력이 형성되지 않았더라도 탑 쌓기가 아닌 다리 놓기를 먼저 하려고 하면 유아의 흥미도를 존중하여 하도록 한다.

또한 몬테소리 교실에서는 극놀이, 역할놀이, 블록놀이 등을 무시하거나 경시하는 경향이 있으므로 이러한 놀이가 가능하도록 교실이나 별도의 장소에 환경을 마련해 줌으로써 정적인 활동과 동적인 활동이 균형있게 이루어져야 우리나라 유치원 교육과정을 충실히 수행하는 교육이 될 것이다. 소극적인 언어적 상호 작용은 교사가 모범 제시만을 중요시함으로써 나타나는 현상이라 하겠다. 교사가 모범 제시를 하기 전에 유아의 흥미를 유발하기 위해 다양한 질문과 유도 방법을 통해 유아의 경험도, 이해도, 상상력을 이끌어내려는 노력을 병행해야 유아의 창의성이나 유연성 발달에 도움을 줄 수 있다. 즉, 극놀이와 흥미 영역을 경시하는 점, 언어적 상호 작용을 소극적으로 하는 점을 어떻게 보완할 것인가를 연구한다면 몬테소리 교육은 유아교육 현장에서 좋은 유아교육 프로그램이 될 것이다.

여섯째, 몬테소리 교사 양성 코스를 체계화한 기관의 설립이 필요하다.

우리나라의 몬테소리 교육의 수용 현황은 몬테소리 교육법을 도입하고 있는 유아교육기관이 증가함에도 불구하고 이론과 실천을 충분히 갖춘 몬테소리 교사 양성 코스는 아직까지도 적은 실정이다. 따라서 교사 양성 기관인 교육 대학 중심으로 몬테소리 교육의 연구를 진행하는 동시에 몬테소리 교사 양성 교육에도 지속적으로 노력해야 할 것이다.

일곱째, 앞으로 연구 과제로서 몬테소리 교육을 기초로 한 유아의 능동적 탐구심의 육성을 위해 깊고 넓게 몬테소리 교육을 진행하는 것이 필요하다.

현재의 교육이 직면하고 있는 과제는 유아가 갖고 있는 창조성(creativity), 자발성(spontaneity), 자립성(independence), 내적 단련(inner discipline) 및 자신감(self-confidence)의 육성이다. 몬테소리 교육에는 이것을 위한 이론적 · 실천적 배려가 되어 있기는 하지만 충분하지 않다. 따라서 과학의 다양한 성과를 바탕으로 더 체계적인 이론과 실천적인 틀을 구축할 필요가 있다.

따라서 우리나라 교육 제도상 특정인의 교육 프로그램을 주장하기보다는 한국의 유아교육과정을 우선으로 하여 상호 보완적인 교육 방법을 실행해야 할 것이며, 다양한 교수법을 각 원의 현황에 맞게 통합해야 하므로 교사의 열린 교육 철학 사상이 요구되는 시기이다.

여덟째, 창의적인 몬테소리 교육의 실천 방법으로서 우리나라의 단원 중심 교육과 병행할 수 있는 창의적인 몬테소리 실천 방법을 연구해야 될 것이다.

예를 들면, 일상생활 연습에서는 '닦기'의 소품도 주제나 단원에 맞게 나뭇잎 닦기, 자동차 닦기, 수저 닦기로, 감각에서는 '분홍탑' 쌓기에서 감자를 수확하여 크기 순서대로 나열하기, 캠프 가서 돌을 크기 순서대로 쌓기로, 수에서는 '숫자와 바둑알'에서 바둑알 대신 가을에 밤이나 대추로 교체한다든가 '비즈 큰 수 구성'에서 밤을 세어서 10묶음씩 담아 세어보기 등으로 생각을 바꿔보면 단원 중심 주제에 대응하는 창의적 실천 방법과 응용 교구를 개발하고 연구하는 노력이 필요하다.

아홉째, 투명한 경영과 연구 시간, 인력의 부족으로 인한 현실들을 극복하기 위해 '학부모 도우미' 제도의 도입이 필요하다(김순옥, 2003).

유아교육 현장에서 '학부모 도우미' 제도를 권장하면 대부분 두려워하며 싫은 이유를 나열한다.

그러나 학부모는 체계적이고 설득력 있는 원장의 생각을 신입생 오리엔테이션 때에 설명하면 대부분 협조하는 경우가 많다.

도우미 시간은 유아의 유치원 생활 시간으로 하고 오전 10시부터 2시간 정도가 가장 적합하며 매주 요일을 정해서 한 번씩만 오도록 한다.

원장과 교사는 매주 손님을 맞이해야 하는 번거로운 환경 준비뿐만 아니라 유아들의 교육에도 평소보다 노력을 더 해야 하는 어려움이 따른다.

이러한 노력이 일상화된다면 학부모에게 당당하고 투명한 경영과 교육을 하고 있음을 보여줄 수 있고, 교사가 연구한 교재나 자료를 도와주면서 교사의 노력하는 모습과 원장이 교육에 투자하는 모습을 통해 부모와 유아교육기관 사이에 믿음과 신뢰가 형성되어 질 좋은 유아교육기관으로 거듭날 수 있다.

열 번째, 유아교육은 넓은 의미에서 가벼운 장애를 갖고 있는 유아(학습 장애 또는 언어 장애)를 통합하는 교육으로서의 몬테소리 교육을 재인식할 필요가 있다.

사회의 여러 가지 요인으로 선천적인 장애보다 후천적인 장애를 갖고 있는 유아의 수가 증가하고 있다. 이런 점에서 몬테소리 교구들은 많게는 400여 가지가 있으며 각각 교구의 난이도는 넓은 연령층을 흡수할 수 있게 구성되어 있어 같은 연령이라도 학습 인지력이 떨어지거나 높은 능력(초등학교 저학년 수준)을 갖고 있는 유아를 모두 수용할 수 있게 되어 있다. 또한 초등학교 저학년도 방과 후 지도 프로그램과 연계적으로 열린 교육이 가능하다.

| Chapter 2 |

유치원 교육과정의 기본 방향과 몬테소리 교육의 방법

제6차 유치원 교육과정의 개정 시안은 그 기본 틀에 있어서는 제5차 유치원 교육과정에서 크게 벗어나지는 않으나 제5차 교육과정을 적용하면서 나타났던 애매한 내용들이 수정 · 보완되었으며, I · II 수준의 내용을 차별화하였고 공통 내용에 따른 항목 수가 각 생활 영역에 따라 가감되었다. 그러므로 유치원 교육과정의 기본 방향과 구성 방침의 내용을 살펴보고 각 교육과정 내용과 몬테소리 교육 내용을 비교해 보자.

유치원 교육과정의 기본 방향을 4가지 측면에서 살펴보면 다음과 같다.

첫째, 도덕성과 공동체 의식이 투철한 민주 시민을 육성한다는 점을 강조했다.

유치원 교육에서의 민주 시민 육성을 위한 실천적 목표는 남의 처지를 헤아릴 줄 아는 능력을 발달시키는 것이다. 유아의 인지적, 사회 · 도덕적 발달 특성을 고려하면 그들에게는 추상적 개념 수준의 설명보다는 친근한 생활 경험의 사태 속에서 반복적인 직 · 간접적 체험이 효과적인 교육 방법이 될 수 있다.

이러한 기본 방향의 구성은 몬테소리의 혼합 연령 반 편성에서 습득할 수 있는 사회성 발달을 재인식한다는 측면에서 가치가 있다. 한국의 가족 형태가 대가족 중심에서 핵가족 중심으로 변화하는 과정 중 나타나는 현상에서 이웃에 대한 교류가 부족하여 내 아이만 생각하는 이기심과 형제간의 갈등에서 얻어지는 타협심이나 형제애가 희박해지는 현실을 부인할 수는 없다. 또한 사회적 요구로서 취업모의 증가에 따른 종일반 운영의 필요성이 요구되고 있다. 몬테소리가 주장한 혼합 연령 집단 구성은 핵가족에서 발생하는 문제점과 사회적 요구를 조금이나마 극복하는 데 중요한 역할을 할 수 있다.

혼합 연령 집단 구성은 만 3~4세와 만 5세로 나누거나 만 3세와 만 4~5세로 나누는 방법 또는 만 3~5세를 모두 혼합하는 방법이 있을 수 있다. 혼합 연령 집단의 장점은 외동아나 형제 수가 적은 가정에서 경험하기 힘든 형제 관계를 얻을 수 있다. 높은 연령 유아의 경우 동생을 돌보아주는 경험이나 리더십 발휘 등을 할 수 있으며, 낮은 연령 유아의 경우에는 자신보다 여러 면에서 앞서 있는 형이나 언니의 행동을 보면서 자극을 받기도 하고 배우기도 한다는 장점이 있다.

유아의 집단 구성 방법은 전체 원아의 수, 모집 원아의 연령 분포와도 관계가 있다. 예를 들면 유아반 · 유치반을 나눌 때, 종일반을 운영할 때에 혼합 연령 집단 구성의 장점을 최대한으로 살리면서 운영하며 높은 연령 유아와 낮은 연령 유아의 인원수 비율을 적절히 조절하도록 한다.

그러나 유아의 발달 수준의 차이에서 오는 여러 가지 문제점으로 인해 다소 혼란스러울 수 있으며, 교사는 각 연령층에 대한 충분한 이해와 환경 구성도 고려해야 하기에 전문적 자질이 요구되어 이에 따른 어려움이 있을 수 있다.

도덕성과 공동체 의식이 투철한 민주 시민은 상대방의 기분을 이해하고 감사하는 마음에서 싹트게 될 것이다.

둘째, 사회의 변화에 대응할 수 있는 창의적인 능력을 계발한다는 점을 강조했다.

현대 사회는 급격하게 변화하고 있다. 21세기는 첨단 산업, 정보 산업 등 산업의 고도화가 이루어지고 기술 패권주의적 보호무역주의가 팽창함으로써 국제 경쟁은 치열해질 것이다.

현대 사회의 이러한 변화에 따라 앞에서 제기한 도덕성과 공동체 의식이 투철한 민주 시민의 자질뿐만 아니라 정보화, 개방화, 국제화 시대에 걸맞는 창의적 능력이 뛰어난 인재의 육성은 필요하다.

유아의 창의성을 신장시키기 위해서는 일상생활에서 일어나는 특이한 상황에 호기심을 가지고, 일과 사물을 다양한 관점에서 남과 다르게 생각해 볼 수 있는 기회가 풍부하게 제공되어야 하며, 무엇보다도 교사 중심의 획일적인 교수 · 학습형태에서 탈피하여야 한다.

이러한 관점에서 몬테소리 교육 중 일상생활 연습의 내용 제1그룹은 **환경에 대한 배려**로서 생활 문화나 가정생활을 유아의 발달 단계를 고려한 준비된 환경으로 구성해 주고, 일과 사물에 대해 다양한 경험을 함으로써 교실 내에서 유아가 환경을 보호하는 방법을 배우는 활동으로 구성되어 있다. 예를 들면, 청소 도구의 사용법을 통해 환경에 대응하는 능력, 스펀지 짜기를 통해 물질의 흡수성을 알고, 날카로운 칼이지만 사용법을 익히면 유용한 도구의 필요성, 다리미가 가지고 있는 화학적 반응, 꽃꽂이를 통해 굴절 현상을 탐색하게 하는 등의 경험을 하게 된다.

한 가지의 일을 잘 해내면서 다른 환경을 탐구하려는 생활 습관을 익히게 되고 나중에는 자기 학습력을 기르게 된다. 문제의 민감성, 사고의 유연성을 갖춘 창의성과 지성이 풍부한 인간으로 성장 · 발달하기 위해서 다양한 환경을 부여해 주어야 할 것이다. 따라서 창의성과 지성은 일상생활의 활동 속에서 키워지며 그 사람의 습관적인 행동으로 나타나는 것이다.

과거에는 가정에서 생활 경험(가사 노동)을 통해 사물을 이해하고 생활에 융통성을 익혔으나, 오늘날에는 가사 노동이 적어지면서 생활의 대처 능력이 저하되고 있는 실정이다. 이러한 상황에서 몬테소리 교육의 일상생활 연습 활동인 일 · 작업(work)은 그 의의를 재인식할 필요가 있다.

셋째, 유아의 발달 특성을 고려하여 교육 내용과 방법을 다양화해야 한다.

유아기는 그 어느 시기보다도 연령간에 발달적 특징의 차이가 심하여 같은 연령이라도 개인의 차이가 두드러지는 경향을 보인다. 6차 유치원 교육과정은 유아의 연령에 따라 교육 내용을 I · II 수준으로 나누어 놓은 것은 아니며, 연령에 관계없이 유아의 관심, 흥미, 발달 수준에 따라 교육 내용을 선정하여 그에 적절한 방법으로 운영하여야 한다. 또한 유치원에서의 교수 · 학습 자료는 감각 활동이나 직접 경험이 가능한 실물 자료이어야 하며, 교육과정에 제시된 내용은 반드시 놀이 활동으로 전환하여야 한다.

I · II 수준의 의미는 먼저 I 수준의 교육 내용을 경험하게 하고 그 다음에 II 수준의 교육 내용을 경험하게 하는 것이며, I 수준의 내용을 습득한 것 같으면 II 수준의 내용을 바로 교육할 수 있다는 의미이다. 이러한 관점에서 몬테소리 교구의 특징은 연령의 폭이 넓으며 제시 방법이 단계적(구체적, 추상적) 구성이라는 점과 모든 교구가 실물로 체험한다는 이론이 일치함을 알 수 있다.

예를 들면, '분홍탑' 이라는 교구는 3~6세까지도 가능하게 되어 있으며, 교수 · 학습 자료는 감각적인 실물 자료로 만들어졌다. 이는 유아기의 유아는 경험이 부족하므로 추상적인 내용을 상상할 수 없기 때문에 구체적인 실물을 가지고 감각적인 활동을 직접 경험함으로써 사물을 인지한다고 주장하는 몬테소리 사상과 유사함을 알 수 있다.

넷째, 교육과정 편성 · 운영 · 체계를 개선하여 교육의 질 관리를 강화하고, 유아의 요구와 흥미 및 개별성을 존중하고, 또한 개별화 교육을 중요시했다.

개별화 교육은 다양한 경험과 자료가 제시되고 유아에게 선택의 기회가 많을 때에 가능하다. 유아-교사, 유아-유아, 유아-놀잇감 간의 상호 작용이 의미 있게 일어나는 것도 개별화 교육에 있어서는 필수적이다. 이는 몬테소리 교구가 많게는 400여 가지가 준비되어 다양하게 경험할 수 있고 자유롭게 선택하도록 기회를 주는 점을 들 수 있다. 유치원은 교육 내용과 운영 방법을 자율적으로 선정할 수 있다. 이는 유아의 발달 특성, 지역 사회의 문화와 여건에 알맞게 다양한 교육을 실시할 수 있다는 것이다. 또한 각 유치원은 국가 수준의 유치원 교육과정을 지침으로 하여 유치원별 교육과정을 편성하여 교육의 질적 수준이 향상되도록 최선을 다해야 할 것을 강조하고 있다.

이는 어떠한 프로그램이라도 교육과정을 기본으로 하는 운영과 함께 지역과 유치원 현장에 적합한 방법으로 질적 수준을 높여야 하는 제시라고 본다. 이에 몬테소리 교육은 과학적임을 세계 교육학자들이 평가하고 신교육 운동의 이론적 기초가 되어 있음을 실증적으로 증명했기 때문에 유치원 교육과정에 적용할 가치가 있다. 몬테소리는 유아의 인격 형성의 기초는 인간이 취해야 할 기본적인 생활 태도가 외적 · 내적 자립심과 독립심이 발달되지 않은 상태에서는 인지력, 즉 지성이나 창의성이 발달될 수 없으므로 일상생활 연습을 기초로 하는 각 영역 활동이 전개되어야 한다고 강조했다. 이에 5, 6차 유치원 교육과정을 구성한 이론적 근거 중에서 기본 생활 교육을 강조한 점은 몬테소리가 주장한 이론과 일치한다고 볼 수 있다.

I 유치원 교육과정의 교육 내용과 몬테소리 교육 내용의 비교

6차 유치원 교육과정의 교육 내용의 구성과 관련된 몬테소리 교육 내용을 비교하고(표 1-1 참조), 각 생활 영역의 교육 목표를 살펴본다.

〈표 1-1〉 유치원 교육과정의 교육 내용과 몬테소리 교육 내용

영역	유치원 교육과정의 교육 내용	관련된 몬테소리 교육 내용
건강생활	긍정적인 신체 인식과 기초 체력을 기르고, 건강하고 안전한 생활 습관을 가지는 것이 목표이다.	
	• 감각 및 신체 인식 • 기본 운동 능력 • 건강 • 안전	• 감각 교육 • 일상생활 연습
사회생활	기본 생활 습관과 자기 조절 능력을 기르고, 다른 사람과 더불어 생활할 수 있게 하며 사회 현상에 대한 이해의 기초 능력을 배양한다.	
	• 기본 생활 습관 • 개인 생활 • 가정 생활 • 집단 생활 • 사회 현상과 환경	• 일상생활 연습 (자주성, 자립성, 집단과의 협조성) • 혼합 연령 구성 • 문화 교육
표현생활	자연과 주변 사물에 대한 지적 호기심, 창의적 표현 능력, 풍부한 감성 및 심미감을 기르고 정서적 안정감을 갖는다.	
	• 탐 색 • 표 현 • 감 상	• 일상생활(손목 운동) • 감각 교육(시각 훈련)

영역	유치원 교육과정의 교육 내용	관련된 몬테소리 교육 내용
언어생활	말과 글에 관심을 가지고 기초적인 언어 능력을 길러 즐거운 언어 생활을 한다.	
	• 듣 기 • 말하기 • 읽기, 쓰기에 관심 가지기	• 언어 교육 • 일상생활 연습 • 감각 교육 • 문화 교육
탐구생활	유아가 호기심과 관심을 가지고 주위의 사물과 현상을 탐구하는 데 필요한 기초 능력과 태도를 기른다.	
	• 과학적 탐구 • 수학적 탐구 • 창의적 탐구	• 문 화 • 지리(예술, 종교, 음악) • 역 사 • 생 물 • 감각 교육 • 수 교육 • 일상생활 연습

1. 건강 생활

건강 생활 영역의 고유 활동은 일상생활에 필요한 체력을 증진시키기 위한 것으로, 일과 속에서 규칙적이고 다양한 활동을 통하여 이루어진다. 특히 건강과 안전에서는 건강하고 안전하게 생활할 수 있는 태도의 형성뿐만 아니라 그에 필요한 지식과 기술도 익히게 하며, 유아가 익힌 건강하고 안전한 생활 습관을 일상생활 속에서 실천할 수 있도록 한다. 건강 생활 영역은 유아의 개인차를 고려하여 연중 지속적으로 지도하고 타영역의 내용과 통합하여 다루며, 유치원과 가정은 긴밀히 협조하여 지도하도록 되어 있다.

교육 내용의 체계는 다음과 같다.

구　　분	내　　용
감각 및 신체 인식	• 감각 기관을 활용하기 • 신체를 인식하고 움직이기
기본 운동 능력	• 이동 운동하기 • 비이동 운동하기 • 조작 운동하기 • 신체 활동에 참여하기
건　　강	• 몸을 깨끗이 하기 • 주변을 깨끗이 하기 • 적절하게 옷 입기 • 바른 식생활 하기 • 적절히 휴식하기 • 질병 예방하기 • 즐겁게 생활하기
안　　전	• 안전하기 놀이하기 • 교통 안전 규칙 지키기 • 위험한 상황을 알고 대처하기 • 환경 오염이나 재해에 대비하기

이상의 내용에서 건강 생활과 관련된 몬테소리 교육의 내용은 감각 교육과 일상생활 교육에서 유사성을 찾아볼 수 있다.

몬테소리 감각 교육에는 오감을 발달시켜 주는 교구가 있다.

❶ 시각(크기, 색, 형태)

❷ 촉각(피부 감각, 중량감, 온도감, 입체감)

❸ 청각(탁음, 잡음)

❹ 미각

❺ 후각

이 감각 교육은 특히 **감각 및 신체 인식**에 도움을 줄 수 있으며, **기본 운동 능력, 건강, 안전**은 몬테소리의 일상생활 교육이 뒷받침할 수 있다.

몬테소리 일상생활 교육은 크게 4그룹으로 나누어져 있다.

❶ 환경에의 배려
❷ 자기 자신의 배려(신변 처리)
❸ 사회적 적응의 배려
❹ 운동의 분석과 조정 능력의 배려

일상생활 교육의 원리는 운동의 조직화로서 일상생활을 통해 움직임을 조직적·구체적으로 발달시키는 것이다. 앉는다, 듣다, 운반하다, 누르기, 따르기, 옮기기, 꽂기, 묶기 등의 다양한 경험을 통해 유아의 '자기 학습'(self-education)에 좋은 경험이 된다. 제1그룹의 활동은 다양한 환경을 통해 위험한 물건도 잘 다루면 편리한 도구가 됨을 알고 안전하게 행동을 대처하는 능력이 배양된다. 예를 들면, 꿰매기 할 때 사용하는 바늘, 껍질 벗기기에 사용되는 칼, 천을 다릴 때 사용하는 다리미, 빵을 구울 때 필요한 토스터기 등의 활동을 통해 익히게 된다. 제2그룹에서는 거울 보기, 코 풀기, 머리 빗기, 손 닦기, 옷 입기, 구두 신기, 구두 닦기, 이 닦기, 손톱 깎기 등의 활동을 통해 혼자서 신변 처리를 익히면서 건강 관리를 스스로 할 수 있는 자립심이 배양된다.

몬테소리 교실의 바닥에서 활동할 때에는 바닥 깔개(floor mats)가 필요하다. 이는 제한된 넓이에서 교구 활동을 함으로써 공간적인 통제 능력과 타인에게 방해를 받지 않기 위해 자기만의 공간 활용을 구축하기 위함이다.

이상과 같이 유치원 교육과정의 건강 생활에 몬테소리의 감각 교육, 일상생활 교육을 현장에서 응용한다면 교육적 효과가 나타날 것이다.

2. 사회 생활

이 영역의 교육 활동은 유아에게 친근한 생활 문제를 중심으로 참여와 토의, 역할 놀이, 감정이입 등의 다양한 방법을 통하여 유아의 자율성, 독립심, 책임감, 협동심을 기르도록 한다. 또한 여러 사람과 의논하며 조정하는 경험을 갖도록 하여 원만한 인간 관계의 기초를 마련하는 데 역점을 둔다. 특히 기본 생활 습관은 반복적인 지도를 통하여 실천하도록 하고 타영역과 통합하여 다루며, 가정과 긴밀히 협조하여 지도하도록 한다.

교육 내용의 체계는 다음과 같다.

구 분	내 용
기본 생활 습관	• 예절 바르게 생활하기 • 질서 지켜 생활하기 • 아껴서 생활하기
개인 생활	• 나에 대해 긍정적으로 생각하기 • 감정과 욕구 조절하기 • 자기 일을 계획하고 실천하기
가정 생활	• 가족과 화목하게 지내기 • 가족과 협력하기
집단 생활	• 다른 사람을 이해하고 존중하기 • 공공 규칙을 이해하고 지키기 • 두레의 소중함을 알고 협력하기
사회 현상과 환경	• 주변 지역에 관심 가지기 • 직업에 관심 가지기 • 경제 생활에 관심 가지기 • 환경 보전에 관심 가지기 • 우리나라의 상징과 전통에 관심 가지기 • 통일에 관심 가지기 • 세계 여러 나라와 문화에 관심 가지기 • 정보 자료에 관심 가지기

이 영역에서 **기본 생활 습관과 개인 생활, 집단 생활**에 관련된 몬테소리 교육의 내용은 일상생활 교육에서 유사성을 시사한다. 종래의 유치원 현장에서는 집단 생활 안에서 사람과 어울리는 것이 강조되었지만, 6차 교육과정은 자기의 확립과 자신의 생활의 확립을 중시하고 생활의 자립성이 강조된 점에서 몬테소리의 관점과 일치한다. 바람직한 사회 생활은 어떤 행위를 자기 혼자서 행동할 수 있는 '자립성'과 자신의 생활에 대해 자기가 책임을 지는 것을 기본으로 하는 '자주성', 인간 관계의 원만함의 기본 조건인 집단과의 '협조성'을 갖추어야 한다.

몬테소리의 사회성 발달은 개인의 자립과 독립에 기초를 두고 있다. 그러므로 일상생활 교육의 목표인 자율적인 학습을 할 수 있도록 자립심과 독립심을 키우며, 논리적 · 수학적인 두뇌 육성을 돕는 데 역점을 두고 있다.

기본 생활 습관에서는 예절, 질서, 청결, 절제를 중심적으로 다룬다. 또한 질서, 청결은 교실 환경의 물건들이 실생활에 쓰여지고 있는 물품들로 구성되어 있으며, 물건을 다루는 질서성과 청결이 겸비되어야 하고, 바른 예절 익히기는 몬테소리 일상생활 교육의 제3그룹 활동인 문 열고 닫기, 날카로운 물건 주고 받기, 예절, 인사하기, '감사합니다, 미안합니다' 등 상황에 맞는 인사 예절 익히기, 타인의 일을 보는 태도 익히기, 놀이 기구 규칙 지키기 등에 비유할 수 있다.

몬테소리 교실 운영 면에서는 혼합 연령 구성을 하여 가정에서 느낄 수 있는 형제간의 우애를 경험하고, 낮은 연령의 유아와 높은 연령의 유아들 간의 협동심과 인간애를 느끼게 하고, 가정 생활과 집단 생활을 경험함으로써 타인에 대한 배려가 육성되게 한다.

또한 감정과 욕구를 조절하고 인내심을 기르기 위해 모든 교구를 1세트씩 밖에 준비하지 않은 것도 유치원 교육과정 내용에서 요구되는 감정과 욕구를 조절하기의 사항과 유사함을 알 수 있다.

사회 현상과 환경에 대한 관심 중에서 지리에 관한 관심 가지기는 몬테소리의 문화 교육 중에 지리 교육과 일치한다. 지리 교육의 목표는 풍부하고 적극적인 상호 작용과 경험을 통하여 유아에게 더욱 분명한 공간 개념을 발달시키는 데 도움을 주며 여러 문화를 경험함으로써 다른 문화를 인식하여 받아들이는 데 있다.

따라서 몬테소리 일상생활 교육과 문화 교육의 지리, 혼합 연령 구성은 사회 생활 교육에 도움을 줄 수 있다.

3. 표현 생활

이 영역의 교육 활동은 유아가 자연과 주변 사물에서 지각하는 아름다움을 표현하고 감상할 수 있도록 놀이를 통한 자발적 자기 표현과 예술적 활동을 연결시켜줄 수 있는 통합 교육으로 구성되어야 한다. 이 영역을 운영할 때에는 유아가 자신의 흥미나 능력에 적합한 활동을 선택할 수 있도록 다양한 음악 · 미술 · 동작 · 극 활동을 제공하는 것이 필요하며, 창의적 표현을 이끌어내기 위해서 개방적인 언어를 적절히 사용해야 한다고 강조했다.

교육 내용의 체계는 다음과 같다.

구 분	내 용
탐 색	• 소리 탐색하기 • 형태 탐색하기 • 움직임 탐색하기
표 현	• 여러 가지 소리 만들기 • 노래 부르기 • 리듬 악기 다루기 • 그림 그리기 • 만들기와 꾸미기 • 동작으로 표현하기 • 통합적으로 표현하기 • 극놀이로 표현하기
감 상	• 음악 감상하기 • 자연과 사물 및 조형 작품 감상하기 • 춤 감상하기 • 극놀이 감상하기 • 예술적 표현 존중하기 • 전통 예술에 친숙해지기

몬테소리는 표현 생활의 기초로서 사물을 잘 변별할 수 있는 시각 훈련(크기, 형태, 색)을 통해 탐색하고 구분하고 비교하는 능력을 길러주어야 한다고 했다. 시각 훈련을 통해 습득한 정보를 손목 운동을 통하여 다양한 소재나 도구를 자기 의지대로 다룰 수 있는 신체적 운동이 조직화되어야 한다.

그러므로 사물을 보고 느낀 것을 신체뿐 아니라 언어적으로도 표현하도록 도울 수 있다. 이러한 표현 생활의 기초를 바탕으로 볼 때에 몬테소리의 일상생활 교육은 걷기, 선 위 걷기 연습으로 평균감을 기르고, 쌀, 모래, 색 물 붓기 활동에서 쏟아지는 여러 가지 물질의 소리를 경험하며, 정숙의 게임을 통해 주변에서 들려오는 소리를 탐색하는 자세를 익히게 된다. 그리고 자르기, 붙이기 활동으로 조형놀이의 기초를 경험하게 한다. 또한 몬테소리의 언어 교육의 교구인 철판 도형은 쓰기의 간접놀이로서 여러 도형을 복합적으로 이용하여 유아의 그림 그리기, 만들기, 꾸미기에 도움을 주는 교구이다.

감각 교육의 교구에서는 소리상자로는 소리의 강약을 경험하고, 음감벨로는 음의 높낮이를 익히며 각각의 음을 숫자로 표현하거나 악보의 명칭, 악보를 만들어보는 감각적 활동을 경험함으로써 다양한 음을 감상할 수 있다.

문화 교육 중에서 여러 나라 미술 그림 맞추기, 음악가 사진 맞추기, 여러 나라 음악 감상 등의 놀이는 표현 생활 교육과 유사성을 가지고 있다고 하겠다.

특히 유아의 표현력을 길러주는 데는 유아의 자발성, 창조성, 상상력을 풍부하게 하는 환경과 자유를 보장하는 환경, 유아의 정서와 정적인 것이 안정되도록 교사나 부모, 친구와의 신뢰 관계를 보증하는 상호 관계성을 중요시해야 한다. 만약 유아가 자발성, 지구력을 가지고 있다고 해도 모방을 할 수 있는 모델은 필요하다. 모방성이 강한 유아에게 있어 유치원에서 모델의 대상은 교사이기 때문에 교사는 음에 대한 움직임과 언어적 표현력 등의 다양한 미적인 감각과 풍부한 감성을 갖추어야 할 것이다.

따라서 몬테소리의 일상생활 교육과 감각 교육은 표현 생활에서 **탐색, 표현**에 활용할 수 있는 교육적 의의가 있다.

4. 언어 생활

이 영역의 교육 활동은 듣고, 말하고, 읽고, 쓰는 능력을 즐겁게 습득하도록 돕는 데 중점을 둔다. 조직화된 교수 방법이나 훈련보다는 유아에게 의미 있는 상황에서 자발적이고 흥미 있게 언어 활동을 하도록 하여 능동적인 학습이 이루어지도록 돕는다. 이러한 능동적인 학습이 이루어지지 위해서는 듣기, 말하기, 읽기, 쓰기가 유아에게 의미 있는 상황에서 자연스럽게 통합되어야 한다.

특히, 유아의 개인차를 고려하는 개별화 교육에 관심을 가지며, 유아가 바른 언어 생활 습관과 태도를 형성하는 데 유의할 것을 강조했다.

교육 내용의 체계는 다음과 같다.

구 분	내 용
듣 기	• 말소리 듣기 • 낱말과 문장 듣고 이해하기 • 이야기를 듣고 이해하기 • 동화, 동요, 동시 듣기 • 바른 태도로 듣기
말 하 기	• 바르게 발음하여 말하기 • 낱말과 문장을 말하기 • 경험, 생각, 느낌 말하기 • 상황에 맞게 말하기 • 바른 태도로 말하기
읽기 · 쓰기에 관심 가지기	• 말과 글의 관계 알기 • 글자에 관심 가지기 • 쓰기에 관심 가지기 • 책에 관심 가지기 • 읽어 주는 글은 이해하기

이 영역의 교육 활동은 몬테소리의 언어 교육, 일상생활 교육, 감각 교육, 문화 교육과 유사성이 많은데, 특히 언어 교육과 일치함을 알 수 있다. 몬테소리의 언어 교

육의 내용 체계는 6가지로 구분되어 있다.

❶ 듣고 말하기를 통해 어휘력을 증가시킨다.
❷ 쓰기를 위한 간접 준비와 직접 준비, 실제, 완성의 단계를 통해 정확한 필순을 익힌다.
❸ 읽기에는 단어 읽기, 문장 읽기를 경험하고 물건의 이름을 읽고 알게 됨으로써 문법 이해의 준비를 하게 된다.
❹ 품사의 역할(명사, 관형사, 동사, 조사, 부사, 수사, 대명사, 감탄사 등)을 알게 됨으로써 문장의 독해력을 깊게 해준다.
❺ 문장의 분석에서는 분석과 통합에 의해 읽은 의미를 이해한다.
❻ 단어의 공부는 여러 범위의 말을 사용함에 따라 말이 가진 고유성, 공유성에 의해 의미가 성립됨을 알게 된다.

이와 같은 내용은 모국어의 소중함과 읽기 · 쓰기의 필요성을 느끼게 하는 데 중점을 두고 있다.

몬테소리의 일상생활 교육에서는 실물 용구를 가지고 사물의 이름을 이해하고 실생활에 필요한 단어를 익히게 된다.

예를 들면, 야채 껍질 벗기기 활동에 필요한 용구는 양동이, 칼, 도마, 그릇, 이쑤시개, 앞치마, 스펀지, 솔 등이 있다. 이 놀이를 통해 자르다, 벗기다, 입다, 주다, 꽂다 등의 다양한 용어를 익히게 된다.

감각 교육에서는 오감에 필요한 교구를 경험함으로써 크다, 작다, 높다, 낮다, 길다, 짧다, 굵다, 가늘다, 색 이름의 종류, 형태(도형)의 종류, 거칠다, 매끄럽다, 차다, 뜨겁다, 미지근하다, 따뜻하다, 시다, 쓰다, 달다, 짜다, 무겁다, 강하다, 약하다 등의 개념을 익히고 사물을 비교하는 비교급과 최상급(이것은 이것보다 ㅇㅇㅇ이다. 이것들 중에 제일 큰 것은 ㅇㅇㅇ이다)을 표현하게 된다.

문화 교육에서는 세계 여러 나라 수도와 이름을 알게 되고 지리와 역사, 생물 등의 다양한 용어를 구사하는 기회를 경험하게 된다.

일반적으로 유아기에 읽기, 쓰기는 형식적 학습이 필요하며 듣기, 말하기는 모국어이기 때문에 형식적 학습의 필요성이 적다. 하지만 사물의 소리를 잘 들을 수 있는 청각이 발달되어야 듣고 느낀 것을 자기 의지대로 표현할 수 있기 때문에 듣기,

말하기도 형식적 학습이 필요함을 재인식해야 한다. 따라서 몬테소리의 일상생활 교육은 생활 속의 문화를 직접 경험할 수 있는 환경적 배려가 되어 있기 때문에 유치원 교육과정을 효과적으로 실천하기 위해 활용할 가치가 있다.

5. 탐구 생활

이 영역의 교육 활동을 위해서는 유아가 '왜?, 어떻게?'라는 궁금증을 가지고 주변 환경과 현상을 관찰하고 탐구할 수 있도록 다양한 자료와 경험을 풍부하게 제공할 필요가 있다. 또한 구체적인 조작 활동은 직접적인 경험을 유도할 수 있는 활동으로 제시하고, 이러한 활동을 보다 창의적인 방법으로 접근할 수 있도록 안내해 주어야 한다. 이러한 과정을 통해서 유아는 탐구하는 생활의 기초가 되는 논리 · 수학적 사고 능력이나 물리적 지식 등을 더 잘 습득할 수 있다.

탐구 생활 영역에서는 과학과 수학이 중심이 되고 있으나, 실제 교육에서는 다른 영역의 교육 내용과 활동을 통합하여 전개하도록 강조하고 있다.

구 분	내 용
창의적 탐구	• 주변 상황에 관심을 가지고 탐색하기 • 다양하게 생각하기 • 독특하게 생각하기
과학적 탐구	• 우리 몸에 대하여 알아보기 • 생물에 대하여 관심 가지기 • 자연 현상에 대하여 알아보기 • 물체와 물질 탐색하기 • 도구와 기계에 관심 가지기
수학적 탐구	• 분류하기와 순서짓기 • 수의 기초 개념 이해하기 • 기초적인 측정과 관련된 경험하기 • 시간에 대한 기초 개념 알기 • 공간과 도형의 기초 개념 알기 • 기초적인 통계와 관련된 경험하기

탐구 생활 영역 활동에 도움을 줄 수 있는 영역은 몬테소리의 문화 교육, 수 교육, 감각 교육, 일상생활 교육과 관련이 있다.

과학적 탐구에서는 몬테소리의 문화 교육이 유사성을 가지고 있다. 문화 교육은 지리(예술, 종교, 음악), 역사, 생물로 구분되어 있으며, 역사를 통해 지구의 탄생과 함께 모든 물질에는 에너지가 있음을 이해하고 물리적 현상에 대한 경험을 한다. 생물에서는 동·식물과 인간의 관계 속에서 생명의 소중함과 사랑을 알게 된다. 따라서 문화 교육은 다양하게 준비된 환경을 경험할 기회를 주어 확산적 사고의 폭을 넓히는 데 그 목적이 있다.

수학적 탐구에서는 몬테소리의 감각 교육에서 형태의 종류를 익히는 기하서랍과 잎의 서랍의 교구가 뒷받침되고, 특히 몬테소리의 수 교육과 일치함을 알 수 있다. 몬테소리 수 교육의 내용 체계는 8가지로 구분되어 있다.

❶ 수의 소개를 통해 1~10까지의 수사와 서열을 알게 되며, 10까지 집합체로서 양과 함께 알게 되고, 0도 숫자이며 수에는 홀수·짝수가 있다는 곱셈의 소인수를 경험하게 된다.
❷ 십진법에서는 비즈의 양과 각 단위별 숫자를 읽을 수 있으며, 십진법의 구성에 관한 이해와 함께 가감승제의 기능을 인식한다.
❸ 연속수에서는 11~100까지의 수량과 숫자의 결합에 대해 이해하고 연속수의 또 다른 세는 법을 알게 된다. 건너뛰기 세는 법에는 하나씩 세는 것과는 다른 의미가 있음을 알게 되어 곱셈의 준비가 된다.
❹ 암산에서는 보다 능숙한 수의 활동에 대한 준비를 익힌다.
❺ 추상으로서의 과정에서는 필산의 준비를 익히게 된다.
❻ 분수의 개념을 알게 된다.
❼ 기하의 도입에서는 면적, 체적을 알기 위한 준비를 하게 된다.
❽ 시계에서는 십진법 이외의 수에 대한 메커니즘을 발견하게 된다.

이와 같은 교육 내용은 유아기에 수학놀이를 즐겁게 경험하는 데 중점을 두고 있다. 일상생활 교육에서는 용구에 따라 물의 양을 조절하게 되고 활동 이후의 정리 정돈시에는 물체의 넓이에 따른 점차성을 인식하게 되며, 교구 활동시에는 바닥 깔개를 사용하여 제한된 공간에서 활동의 범위를 조절하는 능력을 익히게 된다.

6차 유치원 교육과정은 생활 주제 중심의 통합적 운영과 유아의 자기 주도 활동을 강조함으로써 학습자 중심의 교육을 실천하는 데 중점을 두고 있다. 즉, 유아가 자발적으로 과제를 결정하고 그 과제에 대해 집중할 때에 그 내용을 통해 자기 과제를 보충하게 된다.

이 탐구심을 육성하려면 유아의 흥미와 관심이 전제가 되고 '자신감' 을 길러주는 것이 중요하다. 그런데 이 자신감은 유아에 따라 실패에 대해 불안감을 갖게 되므로 이를 해소하는 일이 필요하다. 이런한 것에 대응하기 위해 몬테소리 교구는 실패하지 않는 방법을 지도하고, 실패하여도 실패감을 느끼지 않도록 잘못의 정정을 자기 스스로 할 수 있도록 모든 교구가 배려되어 있다.

예를 들면, 갈색의 목재 직육면체 10개로 길이는 모두 20cm, 절단면은 1cm²에서 10cm²까지의 크기를 가지고 있는 '갈색계단' 나열하기에서는 교사가 옆에 없어도 혼자서 잘 나열하였는지 확인하는 방법을 제일 앞의 가는 계단을 2번째부터 10번째 계단 사이에 놓았을 때 높이가 전부 같으면 맞았다는 것을 유아에게 알려준다. 즉, 몬테소리 교육 방법은 탐구 생활에 중요한 '혼자서 해낼 수 있다' 는 자신감을 기르는데도 중요한 역할을 한다고 할 수 있다.

| Chapter 3 |

몬테소리 교육 실험의 배경과 과제

I 몬테소리의 역사적 배경

몬테소리 교육에 관심 있는 사람은 몬테소리가 일생을 걸고 유아교육에 헌신한 것은 모두가 알고 있는 사실이다. 그러면 유아의 교육에 몬테소리를 뛰어들게 한 원동력은 대체 무엇이었을까?

몬테소리는 단순히 학자도 교육 실천가도 아니다. 그녀는 유아를 신의 자식으로서 사랑했던 점에서 신앙자이며, 유아의 비밀을 규명하려고 부단히 노력한 점에 있어서는 과학자이기도 하다. 또한 유아의 성장을 돕는 방법에 고심한 부분은 교육자이기 때문이다.

특히 몬테소리가 '어린이집'의 실험을 통해 과학적 교육학의 수립과 동시에 여성들의 해방과 여성의 사회 참여를 목표로 하였다는 것도 언급하지 않을 수 없다.

1. 몬테소리의 삶은 어떠하였나?

Maria Montessori(**이탈리아**, 1870. 8. 31.~1952. 5. 6)

몬테소리의 애제자인 Standing의 저서 『마리아 몬테소리: 그녀의 생애와 일(Maria Montessori Her Life and Work)』과 Rita Kramer의 저서 『마리아 몬테소리(Maria Montessori)』를 토대로 몬테소리의 생애를 알아보고자 한다.

몬테소리가 태어난 당시 이탈리아는 바티칸 제국(가톨릭 교회 영토)을 정리하고 로마를 수도로 한 통일 이탈리아 왕국을 성립한 시기였다. '부흥'을 의미하는 '리솔리먼트(risorgiment)'가 정치적 통일을 향한 민족주의 운동에 여러 가지 문화적 · 사상적 · 사회적 변동으로 수반되었으며, 과학과 철학의 학문 영역에서는 오랫동안 억제되었던 연구에 대한 자유가 넓게 허용되어 실증과학의 연구가 활발하게 진행되었다.

이즈음 몬테소리는 1870년 8월 31일 로마의 근교 안코나(Ancona)의 캬라발(Chiarvalle)이라는 곳에서 귀족 출신인 아버지 알레산드로(Alessandro Montessori)와 볼로냐(Bologna)의 교육자 집안 출신의 어머니 레닐데 스테파니(Renilde Stoppani)의 외동딸로 태어났다. 특히 몬테소리는 모친의 용모와 성격을 닮았고, 경건한 신앙심을 물려받았다.

몬테소리이 세계적인 인물로 성장한 것에는 외삼촌 안토니오 스테파니(Antonio Stoppani)의 영향이 크다. 몬테소리가 중학교에 입학하여 수학과 생물에 깊은 흥미를 가지게 된 것도 외삼촌의 영향이었다. 외삼촌은 유명한 철학자이면서 성직자, 지질학 교수, 자연주의자이며 시인이었다. 밀란 대학에는 그의 업적을 기리는 동상이 세워졌을 정도로 유명하였다.

양친은 몬테소리가 12세가 되던 해에 교육을 위해 집을 로마로 옮겼다. 부모는 중학교를 졸업한 그녀가 교직에 몸담기를 원했으나, 그녀는 1890년에 로마대학 의과에 입학하였다. 그러나 학생들의 반감과 더불어, 실험실 시스템이 남성 위주로만 되어 있어 여성이 해부 실습에 동참하기에는 많은 어려움이 따랐지만 잘 극복하고 1896년에 이탈리아 최초로 26세 여성으로서 의학박사의 학위를 취득했다.

몬테소리는 의과대학에서 신경질환에 흥미를 가지고 임상학적 신경의학을 주제로 피해망상의 연구를 하여 이 분야에 기여한 의학박사가 되었다.

학교를 졸업하자마자 로마 대학 부속 정신병원의 조수가 되어 정신장애자의 보호 시설을 방문하였다. 당시의 보호 시설에는 정신장애아 환자와 지능 발달이 늦은 유아가 함께 수용되어 있었다. 이때부터 몬테소리는 정신 장애가 의학보다는 교육으로 치료할 수 있다고 확신하였으며 점차 장애아에게 관심을 갖게 되었다.

1898년 로마에 국립 장애자 학교가 세워지게 되자 몬테소리는 그곳에서 임상 연구 책임을 맡게 되었다. 그러던 중에 그녀는 정신장애자를 지도하는 교육 방법을 일반의 정상아에게도 적용할 수 있다는 확신을 가지게 되었다.

1900년에 대학 강사였던 몬테소리는 또다시 로마 대학의 교육학과 학생이 되어 심리학과 철학을 전공하였다. 이와 같이 인생의 전환기에 직면하면서 몬테소리는 더욱더 교육자의 길은 신이 정해 준 천직이라는 사명감에 불타게 되었다. 그러는 동안 몬테소리는 1904년 로마대학의 교수가 되어 4년간 인류학의 강좌를 담당하였다. 그녀가 집필한 최초의 저서는 『교육학적 인류학(Pedagogical Anthropology)』이다.

1906년 몬테소리는 로마 대학의 교사를 위한 훈련 코스에서 교육인류학을 강의하게 되었다. 그녀는 학교의 기능과 역할에 대해 다음과 같이 강조하였다.

첫째, 판단하기보다는 돕는 교사의 역할을 중시하였으며, 둘째, 정신을 집중하는 일은 정신에 영양을 공급하고 정신에 양식을 주는 것을 의미한다고 강조했다.

이러한 과정을 통해 몬테소리의 명성을 전 세계에 알려지게 되었고, 그녀는 유아의 새로운 정신 세계 즉, 내적 세계를 발견했다는 호평을 받게 되었다.

2. 세계 최초의 어린이집의 창시자

그 당시 로마의 산로렌쪼(San Lorenzo) 지구에는 슬럼가가 있었다. 로마 주택개량협회는 이 지역의 중심부에 공동 주택을 세우고 천여 명의 가난한 사람을 수용하여 주민의 아이들을 키우는 문제를 몬테소리에게 의뢰해 왔다. 당시 몬테소리는 유아에 대한 애정과 연구에 대해 열정적이었으므로 흔쾌히 승낙했다.

1907년 1월 6일에 몬테소리는 3세부터 6세까지 60명을 모아 유아들만이 놀 수 있는 작은 집에서 형제애와 인간애를 느낄 수 있는 환경을 꾸며 주자는 의미의 '어린이집' (Casa dei Bambini)을 창시하였으며, 세계 최초 '어린이집' 의 창시자가 되었다.

몬테소리는 '어린이집' 에서 여러 연령의 유아를 관찰과 실험을 통해 유아가 성인의 생각이 미치지 못할 정도의 질 높은 특성을 가지고 있다는 것을 깨달았다. 이러한 발견으로 그녀는 말년에 『어린이의 비밀(The Secret of Childhood)』라는 책을 발간하였다.

또한 몬테소리는 '어린이집' 에서 유아의 마음에 잠재해 있는 미지의 심연을 발견하게 되어 유아의 심리적 특징들을 유아의 학습 태도의 본질적 특징 중의 하나로 간주하게 되었다.

몬테소리 교육의 원리는 그녀의 교육적 실험이나 경험에서 나온 과학적 성과임에 틀림없다. 그 후 기적적인 일은 언젠가 세상에 알려지듯이 산로렌쪼의 슬럼가의 중심에서 일어난 일은 점차로 사람들에게 화제가 되기 시작했다. '어린이집' 의 뉴스는 전 세계적으로 보도되었으며, 그 결과 세계 각지에서 견학자들이 대거 방문해 왔다.

몬테소리는 '어린이집' 의 실험을 통하여 과학적 교육학의 수립과 동시에 여성들의 해방과 사회 참여를 목표로 하였으며, 몬테소리가 의도한 '어린이집' 은 오늘날의 양호 시설이나 보육원에 해당하는 사회복지의 의미를 가진다.

'어린이집' 은 단지 유아를 맡기는 장소도 보호 시설도 아니고 진심으로 교육시키는 학교이다. 몬테소리는 이곳에서 유아를 신체적 발달의 관찰과 동시에 인류학적인 관점에서 연구하였다. 교육 내용으로 기본 생활 습관인 일상생활을 훈련, 감각 훈련, 계층적인 언어 연습, 계산적인 수 연습 등은 학교 수업의 기본이 되고, 수업 중에는 많은 교구가 제공되면서 객관적인 수업이 진행된다.

몬테소리는 '어린이집'의 실험을 통하여 교육 개혁뿐 아니라 가정의 사회화도 의도했다. 즉, 가정 내의 모친의 역할(maternal function)로서 여성의 의무화와 사회의 한 구성원으로서의 역할을 양립시키려 하였다.

3. 몬테소리의 세계적인 활동과 업적

몬테소리는 '어린이집'에서 유아교육을 실천해 본 후에 의학계를 떠나 종교적 휴머니즘에 입각하여 오로지 유아와 함께 일할 것을 결심했다. 몬테소리의 성년기는 '어린이집'의 성과가 세계적으로 인정되어 그 교육의 이론과 방법이 세계 여러 나라에 보급된 '충실기'라고 할 수 있다. 5개 국어를 할 수 있는 몬테소리는 국제 강연 때에도 모국어로 하였고, 강연 첫마디는 "세계가 단 하루라도 평화가 있기를 원하거든 유아교육을 연구해야 한다."고 지적한 것에서 강한 국가관과 평화주의적 사상을 엿볼 수 있다.

- 1909년 『어린이집에 적용한 유아교육에 적용된 과학적 교육법(The Method of Scientific Pedagogy as Applied to Child Education the Childrens Houses)』이 발표되자 몬테소리 교육은 급속히 보급되기 시작하였다. 이 책은 오늘날 20여 개국에 넘게 번역되었다. 미국 잡지사 편집국장 McClur에 의해 유명해졌으며 그는 몬테소리 방법을 Froebel 교육의 수정안이라고 호평했다. 또한 세계 각국에 몬테소리 협회 지부가 설립되었고 몬테소리 학교도 설립되었다.
- 1911년 이탈리아, 영국 몬테소리 협회 설립과 함께 초등학교에서 정규 교육 프로그램으로 추가되었다.
- 1913년 국제 코스가 설립되면서 학회가 설립되었다. 미국의 반 이상의 주립대학 교육 프로그램에 반영되었으며, 저서 『교육학적 인류학(Pedagogical Anthropology)』을 출간하였다.
- 1914년 저서 『닥터 몬테소리 핸드북(Dr. Montessori Own Hand Book)』을 출간하였다.
- 1916년 저서 『진보된 몬테소리 방법 I (The Advance Montessori Method I)』을

출판하였다.

- 1919년 영국에서 교사 트레이닝 코스 설립(2000명 중 215명 선발, 훈련)하였다.
- 1920년 전 유럽으로 교사 트레이닝 코스 확산(3, 6개월, 1년 과정 설립)되었다.
- 1922년 암스테르담 대학과 베를린에서도 강의하게 되었다.
- 1923년 영국의 타라무 대학에서 명예문학박사 학위를 받았다.
- 1924년 암스테르담 국제적인 트레이닝 코스 설립하였다.
- 1926년 제네바에서 국제연맹의 연사로 초대되었다.
- 1933년 세계 2차 대전이 발발하면서 몬테소리 교육법의 보급은 많은 역경에 처하기도 했다. 왜냐하면 몬테소리 교육이 독립적인 사고를 만들어 낸다는 것을 절감한 Hitler가 독일에 의해 점령된 모든 나라에 몬테소리 학교를 폐쇄했기 때문이다. Mussolini도 이탈리아에 모든 몬테소리 학교를 폐쇄했으나 전쟁 이후 다시 부활하였다.
- 1936년 암스테르담에 국제 몬테소리 협회(Association Montessori International: AMI) AMI의 본부가 설립되었다.
- 1939년 인도에서 세계 2차 대전 동안 인도에서 운둔 생활을 하며 양성 코스를 개설하였다. 저서 『어린이의 마음 0~3세 '유아의 뇌 발달' 에 대해』를 집필하였으며 세계 2차 대전이 종식되자 유럽으로 귀국하였다.
- 1949년 네덜란드에 몬테소리 지부가 설립되었으며, 노벨 평화상 후보에 올랐으나 사양하였다.
- 1949년 프랑스 솔로몬 대학으로부터 십자 훈장을 받았다.
- 1950년 UNESCO 회의에 이탈리아 단원으로 참석하였으며, 네덜란드 암스테르담 대학에서 명예박사 학위를 받았다.
- 1951년 런던에서 개최된 몬테소리의 마지막 국제 몬테소리 협회의 강연 내용은 탄생에서부터 대학생까지의 어린이의 정신의 자연적 발달을 돕는 교육이었다.
- 1952년 네덜란드의 노르트웨크 안제에서 뇌출혈로 82세의 생애를 마쳤다. 그 후 그녀의 아들 Mario M. Montessori가 계속 그녀의 업적과 방법을 전개하고 있다.

이상과 같이 몬테소리 교육은 세계적으로 유아교육계에 지대한 공헌을 하고 있다.

II 몬테소리 교육학의 이해

1. 아동관

일반적으로 인간의 근본을 '성선설'과 '성악설' 중 어느 것에 기초를 둘 것인가에 따라 아동관과 교육관이 결정된다고 할 수 있다. 몬테소리는 '성선설'을 믿고 인간은 본래 선하게 태어났으며, 환경에 의해 잘못된 점은 교육을 통하여 도와주어야 한다고 주장하였다.

1907년 개설한 '어린이집'에서 유아를 관찰하면서 유아가 가지고 있는 내면에 자연의 법칙들을 발견하게 되었다.

몬테소리는 다른 교육학자들이 주장하는 아동관과는 달리 성인들이 하는 행동을 모방하며 그 실제의 작업을 통해 학습한다는 새로운 아동관을 주장하였다.

몬테소리의 **새로운 아동관**은 세 가지로 구분할 수 있다.

첫째, 유아를 존중하고 유아의 작업(work)을 중시하는 사상에 근원을 두고 '새로운 아동(The new children)'을 발견하는 것에서 출발했다.

둘째, 지성의 자발성을 가지고 태어났다. 즉, 인간은 외부 환경에 의해 스스로 탐색하고 발견해가는 능동적인 존재이며, 선천적으로 특유한 정신적 본성을 지니고 태어나 성인에게 배우기보다는 유아 자신이 스스로 환경과 접하는 경험을 통해 배운다고 보았다. 몬테소리는 교육의 기초는 지성의 자발적인 활동이라고 말했다.

셋째, 유아는 성인의 축소형이 아니며 그렇게 취급해서도 안 된다. 따라서 유아는 분리된 개별적인 생명을 지닌 존재로 인식되어야 한다고 보고 있다.

유아는 성인이 되기 위한 과도기에 존재하는 하나의 단계가 아니고 인간성이라고 하는 다른 한편의 끝이다(Lillard, 1972, p.29).

몬테소리는 성인은 유아를 인격체로서 존중해야 하며, 유아는 발달 단계에 따라 성장하고 발달하는 속도에서 개인차가 있다는 사실을 인정해야 함을 강조했다. 그리고 유아가 가지는 성장의 가능성 및 준비성의 실현을 위하여 각 유아의 발달 단계에 따른 교육적 활동인 개별 교육을 실시해야 한다고 보았다.

이와 같이 몬테소리는 '교육은 유아 중심의 자유가 보장된 선택 활동의 분위기에서 유아에 대한 관찰에 기초하며, 이러한 환경을 창조해 나가는 것이 유아교육의 역할' 이라고 주장하였다.

몬테소리 아동관은 민감기(sensible period), 흡수하는 정신(absorbent mind) 및 유아의 정신적 · 내적 발달 양상(pattern of psychic development) 등의 이해를 필요로 한다.

(1) 민감기 (敏感其, sensible period)

'민감기' 라는 말은 네덜란드의 생물학자 Devries(1848~1935)에 의해 처음으로 쓰인 말로서 생물학에서 쓰는 학술용어이지만 교육이나 심리학에서는 쓰지 않았다. 민감기라는 생물학적인 부분을 교육에 채택한 것은 몬테소리가 처음이었다.

어떤 생물이 일정한 시기에 자기 몸에 필요한 것을 얻기 위해 환경 중에 특정한 요소에 대해 특별히 민감한 감수성이 한동안만 나타나게 된다. 유아의 전인적인 성장을 위해서는 유아의 인격을 존중할 뿐 아니라 환경과 자유 역시 밀접한 유대 관계를 맺어야 한다.

유아에게는 창조적인 본능이 있고 주위의 환경을 통해서 정신 세계를 구성해가는 잠재력이 있다. 따라서 밀접한 유대 관계를 위해서는 유아에게 특별한 내적 도움이 주어져야 하는데, 이것이 바로 민감기의 도움이라고 본다(Gettman, 1986).

민감기는 독특한 민감 성향을 말하며, 특수한 민감성은 발달 과정을 거치는 동안 유아의 조기 상태에서 획득되는 것으로서 일단 특별한 특성을 획득한 후에는 특수 민감성은 소멸되는 일시적인 기질이다.

몬테소리는 이 민감기가 유아에게 있어 0~6세 사이에 해당된다고 보았다. 유아는 민감기를 통해 자신을 환경에 적응시키고 그에 따르는 특성을 획득하는 방법을 배운다. 따라서 교사는 그 특성에 대한 민감기가 존재하는 동안 잘 관찰하여 그 시기를 효과적으로 지낼 수 있도록 돕는 것이 매우 중요하다.

(2) 흡수정신 (吸收精神, absorbent mind)

몬테소리는 유아의 정신을 흡수하는 정신으로 정의했다. 몬테소리는 유아의 정신을 '바싹 마른 스펀지 또는 카메라 앵글' 과 같은 정신으로 비유했으며, 이는 유아가 그의 내부에 잠재해 있는 흡수하는 정신 능력을 통하여 환경을 받아들이며 스스로 경험하여 배우게 되는 유아의 특성을 말한다. 흡수하는 정신은 유아에게 보여지는 모든 이미지를 무의식적 과정과 의식적 과정을 통해 받아들이고 저장한다. 따라서 유아의 외적으로 나타나는 모든 활동들은 흡수하는 정신 속에서 진행되고 있는 의식의 결과 또는 사실들인 것이다.

몬테소리는 이러한 유아의 흡수정신은 유아의 내적 생명력의 2가지 법칙을 가지고 있다고 보았다.

1 홀-메 (horme)

희랍어로 절박(切迫) 또는 원동력이라는 의미이며, 육체화해 가는 데 원동력이 되는 강력한 정신적인 에너지 또는 생명의 충동이라고 할 수 있는 힘을 '홀-메' 라고 한다. 또한 진화를 촉진하는 신비적인 힘, 즉 '호기심' 과 같다. 몬테소리는 정신이 주축이 되고 육체가 정신의 도구가 되어가는 것을 정신적 수육(受肉) 또는 육체화(肉體化)라고 한다. 인간 형성을 정신 수육의 원리에서 파악한 것은 몬테소리의 특이한 점이다. 처음 Nunn에 의해 제창되면서 Mcdougull에 의해 발전된 개념이다.

2 무네메 (mneme)

원래는 Hering에 의해 제창되어서 Spemon에 의해 발전된 개념이다. '무네메' 는 특유한 의식하의 능력을 말하며 환경을 흡수하는 '기억소' 이다. 환경을 통해 본 것을 정신의 일부를 형성한다. 유아의 정신 구조는 성인과 달라서 지식과 기능은 물론 감정, 의지 및 자신의 본질까지도 이 무네메의 움직임에 의해 환경을 흡수한다. 무네메는 유아가 부모에 의해 인격을 그대로 흡수해서 그것에 적합한 체질의 인간을 자기 스스로 창조하는 원동력으로서 흡수정신이라 한다(김순옥, 1993).

몬테소리는 유아가 정신을 다음의 2가지 과정을 통해 받아들이고 저장한다고 보았다.

❶ **무의식적 단계** (unconscious mind : 0~3세)

인성의 대부분을 형성하는 유아기에는 가능한 모든 인성들을 무의식적으로 흡수한다. 처음에는 인간의 행동과 문화 환경에 사용한다. 예를 들면, 부모의 가사일, 형제의 놀이 등 가족을 이루며 살아가는 과정에서 발생하는 행동들은 완벽하게 흡수한다. 의지와 무관한 행동임에도 불구하고 초기의 흡수정신은 수동적이지 않고 능동적으로 나타난다. 이 기간 동안에는 모방, 운동, 손끝으로 다루는 조작적 놀이와 쥐는 행동 등이 나타나며 이러한 경험을 통해 자신의 정신을 개발시킨다.

❷ **의식적 단계** (conscious mind : 3~6세)

흡수정신의 기능은 지속되지만 인간, 환경뿐 아니라 교구와의 계획적인 상호 작용을 통해 확실한 인상을 얻는 데 중점을 둔다. 이러한 경험을 견고히 함으로써 의식은 더욱 발달하게 된다. 3세부터 6세 사이의 유아는 0세부터 3세에 이끌었던 기본 능력을 통합시켜 세련되게 하는 데 필요한 자극을 많이 요구하게 된다.

(3) 유아의 정신적 · 내적 발달 양상 (pattern of psychic development)

몬테소리는 유아가 출생 이전부터 정신 발달을 위한 패턴, 즉 자연의 법칙을 가지고 태어난다고 주장한다(Lillard, 1972). 유아가 이 자연의 법칙에 따라 발달된다면 이들을 위한 환경과 자유가 보장되어야 한다고 했다. 유아는 미발달된 정신 구조를 개발하기 위해 특별히 민감기와 흡수정신의 내적 도움을 바탕으로 자연적인 법칙에 따라 정신적 · 내적 성장이 이루어질 수 있다고 보았으며, 몬테소리는 '어린이집(Casa dei Bambini)' 에서 개방된 환경과 자유를 부여함으로써 이런 자연의 법칙을 유아의 작업에서 관찰할 수 있었다.

몬테소리는 유아의 발달을 통해 관찰해낸 가장 중요한 정신적 원리, 즉 '**자연의 법칙**' (Lillard, 1972)을 8가지로 분류했다.

1 작업의 법칙 (law of work)

몬테소리가 '어린이집'에서 관찰한 가장 중요한 발견점은 유아가 작업을 통해 자기 완성을 성취하는 것이었다. 유아는 자유롭게 선택한 과제에 대해서는 최선을 다해 집중하는 현상을 보였으며, 작업을 마친 후에는 대단히 기뻐하는 평온함과 만족감의 모습을 보인다. 이러한 집중 현상 후에는 유아의 공격적, 파괴적, 적대감, 소극적, 무관심한 일탈적인 행위는 사라졌다.

그러므로 유아는 집중하는 활동을 통해 정신적 완성의 세계에 도달한다고 보고, 몬테소리는 이러한 과정을 '정상화(normalization)' 라고 하며 교육의 목적으로 삼았다.

2 독립성의 법칙 (law of independence)

유아가 퇴행 성향을 보일 때를 제외하고는 유아의 본성은 독립하려는 의욕을 나타낸다. 그러나 내적인 힘이 유아의 선택에 영향을 주며, 누군가에 의해 이런 내적인 힘의 기능을 침해받고 간섭받는다면 유아는 의지와 집중력을 개발하는 데 방해를 받게 된다. 따라서 유아의 많은 잠재력이 실현되지 못하는 이유는 잘못된 타인의 개입 때문이다. 그러므로 유아의 완전한 인성 발달은 외부의 간섭이나 의존에서 해방됨으로써 이루어질 수 있다.

3 집중력 (power of attention)

유아는 어떤 발달 단계를 이르게 되면 대단한 흥미를 가지고 주변 환경과 특정한 사물에 관심을 가지기 시작한다. 이때 발달 단계에 맞는 과제를 수행하도록 준비해 줌으로써 유아가 인성을 발달하도록 도와주며 집중력의 새로운 능력을 사용하도록 한다. 유아는 사물에 대해 우선 본능적으로 흥미를 나타내다가 많은 경험을 통해 내부의 개념을 정립한 후에 전혀 알려지지 않은 새로운 부분에 대한 기대와 흥미를 가지게 된다. 이러한 방식으로 흥미의 분별을 충동에 근거한 본능적인 관심에서 지적인 관심으로 의존하게 된다. 유아가 지적인 관심에 근거한 집중력을 성취했을 때에 유아는 집중력이 강한 활동에서 밖으로 표현되는 기쁨과 만족감으로서 과제를 수행한다.

4 의지의 발달 (development of child' s will)

의지의 발달은 유아의 지속적인 주의력과 집중력을 통해 나타나며 환경과 연속되고 지속적인 활동을 통해 천천히 점진적으로 나타난다. 또한 의지에 대한 내부 형성은 선택된 과제만의 한계를 수용함으로써 서서히 개발되는데 과제에 대한 모든 활동은 의지 발달의 기초가 된다. 유아의 의무 사항에 대한 충고는 행동이나 결정에 별다른 영향을 주지 못한다. 왜냐하면 유아의 행동을 통제하는 힘을 주는 것은 도덕적인 설교가 아니라 의지를 훈련하여 개발된 이러한 내부 형성이기 때문이다. 전통적인 학교 교육은 유아의 선택이나 행동을 위한 기회를 심하게 제한하기 때문에, 몬테소리는 그러한 것이 유아의 자기 의지를 사용하는 모든 사회를 부인할 뿐만 아니라 유아의 표현을 직접적으로 방해하거나 금지한다고 생각했다.

5 인지 발달 (development of intelligence)

인지 발달은 삶 자체를 이해하는 핵심 요소이다. 이것은 교육의 필수적인 과정을 행동에 옮기는 핵심이다. 지적인 발달은 환경 안에서 유사점이나 차이점을 구별하는 의식(consciousness)에서 시작한다. 유아는 감수성을 통해 지각을 형성하며, 형성된 지각은 그의 정신 세계에 질서 정연하게 구성한다. 그러나 정신이상을 초래할 정도의 무질서하고 자극적인 환경은 유아가 접하지 않도록 한다. 따라서 몬테소리는 유아의 지능 발달을 위해서는 의식 속의 이미지를 질서 있게 유입하도록 도와주어야 한다고 주장했다.

6 유아기의 상상력(imagination)과 창의력(creativity)

유아의 정신적 능력이 환경과의 상호 작용을 통해 확립되는 것과 같이 개발될 수 있는 타고난 천부적인 능력을 말하는 것이다. 유아는 사물의 주요한 특징을 추상화하고 사물의 이미지를 상호 관련지으며 그 이미지를 의식의 영역에 유지시켜 간다 (Lillard, 1972, p.212).

7 정신 내적 원리(psychic principle)는 유아의 영적인 정서 발달 (development of emotional and spiritual life child)

유아의 정서와 영적 환경에 반응할 수 있는 감각은 태어나면서부터 소유하고 있고, 반면에 지적 발달은 교구나 사물의 환경적 자극을 통해서 이루어간다. 특히 영적인 삶과 정서 발달은 인간의 자극을 필요로 한다. 예컨대 어머니라는 환경에서 중후한 자극을 받았던 유아는 다른 사람에게도 풍부한 사랑을 줄 수 있게 된다. 따라서 유아의 환경에 대한 홍미는 세심한 주의와 관찰을 요구하며, 유아의 홍미가 발생되었을 때에 적절한 자극이 필요하므로 자유 선택을 보장해야 한다. 몬테소리는 도덕적 감각의 발달을 일으키기 위해 유아에게는 선과 악이 명백히 구별되는 환경이 요구된다고 보았다. '선은 생명이요, 악은 죽음이다.' 선악에 대한 실제적인 구분은 그 단어만큼이나 구별이 분명할 것이다(Lillard, 1972).

8 유아의 성장 단계 (stages of child' s growth)

몬테소리는 유아의 발달이 연령 단계에 따라 다르게 나타난다는 것을 발견하고 유아의 성장 단계를 4단계로 나누어 요약하고 있다.

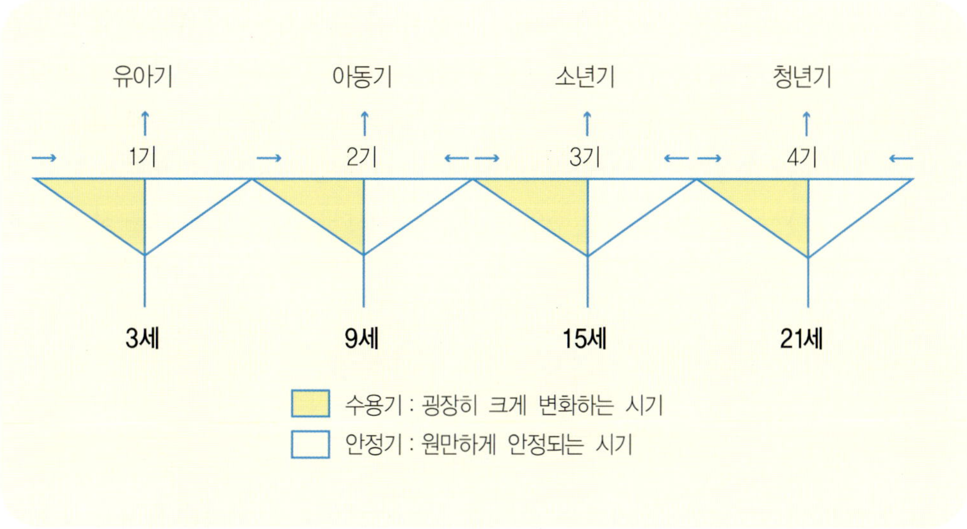

〈유아의 발달 단계〉

유아의 발달 단계를 유아기, 아동기, 소년기, 청년기로 분류할 때에 각 단계마다 나타나는 독특한 환경을 수용하려는 적극적인 흡수정신을 보이며 그 후에는 정착시키려는 발달 심리를 보인다.

2. Montessori의 교육관

몬테소리의 교육관은 교수 · 학습 이론으로서는 작업 이론 및 교육과정으로서 준비된 환경(prepared environment)을 중시하였으며, 교육의 목적은 정상화(normalization)에 두고 있다.

(1) 작업(work)의 이론과 놀이

유아의 작업(일)은 유아의 자아(自我) 전체가 행하는 전인격적인 활동이라는 전제하에 민감기의 에너지를 촉구하고, 전인격으로서 선택하고, 사적(私的)인 리듬으로 환경에 관여하는 인격적인 활동을 가리켜 몬테소리는 유아의 '작업(work)' 이라고 불렀다. 그러므로 유아는 작업자(worker)이며, 생산자(producer)이다. 유아의 노동은 성인과는 다르며, 성장 과정에 있어서 무의식적인 일은 영적인 힘에 의해 일어나게 된다. 유아가 성인으로 성장 · 발달하는 것은 휴식과 성인 모방 행동에 의해 발달하는 것이 아니라 능동적으로 작업에 참여하는 실제 작업자로서 성인으로 발달해 나가는 것이다. 다시 말해서 유아가 무엇을 하였는가보다는 유아가 무엇을 하고 있는가라는 사실에 초점을 맞추어야 한다.

몬테소리는 성인의 작업과 유아의 작업의 차이를 구분지어 성인은 외적 동기를 위한 작업을 필요로 하며, 유아는 내적 자아의 구성을 필요로 하는 작업을 한다고 보았다.

유아가 작업을 할 때는 어떤 목적을 획득하려는 것이 아니라 유아의 작업 그 자체가 목적이다. 하지만 성인은 작업을 위해 최소한의 노력으로 최대한 효과를 얻으려는 '경제법칙' 을 사용한다.

이런 점에서 몬테소리 교육의 개념은 유아를 위해서 모든 것을 준비해 주어야 하며, 준비된 환경에서 유아가 자유롭게 활동하도록 해야 한다는 것을 기존의 교육 개념에서 강조한다. 또한 성인이 유아를 위해 유아에게 적합한 크기와 모양의 작업내용을 준비하는 것만으로는 충분하지 않으므로, 유아를 도울 수 있는 올바른 방법을 강구해야 한다는 것을 새롭게 강조하고 있다.

(2) 정상화(正常化, normalization) 이론

몬테소리는 교육 목적을 유아가 전인적인 성장을 하도록 도와주고, 자신의 주변 환경에 적응할 수 있게 하며, 인간적인 관계에서 사회적 욕구를 받아들이고 더 나아가 '정상화' 되도록 하는 데 두었다. 정상화란 유아가 작업에 진정한 흥미를 가지고 집중 반복하여 만족감을 가짐으로써 자신의 내적 훈련과 자신감을 발달시켜 목적 지향적인 작업을 선택하도록 하는 과정을 말한다.

3. 환경을 구성하는 핵심 요소 6가지

몬테소리는 교실 환경의 기본 요소로 자유(freedom), 구조와 질서(structure and order), 실제(reality)와 자연(nature), 미적 분위기(beauty and atmosphere), 사회성 발달(development of community life), 교구(materials) 등 6가지를 주장했다(Lillard, 1972, p.84).

(1) 자유(Freedom)

몬테소리는 준비된 환경의 근본적인 특징은 유아가 독립적인 활동을 할 수 있는 '자유' 라고 보았다. 진정한 자유는 판단할 수 있는 능력을 갖추는 것과 밀접한 관계가 있다. 판단하는 행위는 선택 행위에 이끌려 유아의 지적인 능력과 의지에 의해 수행된다. 자유의 기초는 유아가 생활하는 곳에서 이루어져야 한다.

(2) 구조와 질서(structure and Order)

유아가 요구하는 흥미에 의해 교구들을 놓아두어야 하며, 난이도와 복잡성에 따라 순서대로 정리해 두어야 한다. 준비된 환경의 구조와 질서는 유아가 정신세계를 형성하고 질서를 내면화하는 데 도움이 된다. 질서 있는 환경이 필수적일지라도 교사는 유아가 성장함에 따라 환경이 유아에게 적합하게 살아 있는 장소가 되도록 교구들을 지속적으로 재배치하는 것이 필요하다.

(3) 실제(reality)와 자연(nature)

유아는 신체적으로나 심리적인 면에서 자연과 현실의 한계를 실감할 수 있는 기회를 가져야 한다. 특히 유아의 지능 발달을 위해 특별히 만들어진 교육적 자료뿐만 아니라 작은 가정을 꾸밀 수 있는 일체의 시설을 갖추어야 한다.

몬테소리 교실의 시설은 현실적으로 꾸며야 하며, 유아의 욕구와 발달 단계에 맞는 크기로 준비되어야 하고, 동식물 사육과 재배 등 자연과의 접촉을 통하여 생명의 관찰 및 자연에 대한 고마움 등에서 성장과 자연의 관계를 알 수 있도록 도와준다.

(4) 미적 분위기(beauty and atmosphere)

모든 환경은 유아의 적극적이고 자발적인 반응을 유도하도록 잘 정리된 분위기이어야 하며, 교실은 밝고 매력적이고 아름다운 색으로 된 교구와 다양한 자료를 준비하여 안락하게 꾸며주어야 한다.

(5) 사회성 발달(development of community life)

자유가 보장되고 모든 교재 교구가 구조와 질서에 의해 준비되어 있는 상태와 현실성에 기초를 둔 실물로 꾸민 환경 속에서 연령이 혼합된 분위기가 형성됐을 때에 타인과의 협력하여 사회 생활을 하는 기본과 질서가 생긴다.

(6) 교구(materials)

몬테소리 학습에 사용되는 교구의 목적은 올바른 사용법을 통해 지식이나 기술을 가르치는 외적인 것에 두는 것이 아니라 오히려 유아의 자기 조성과 정신 발달에 도움을 주는 내적인 면에 두고 있다. 몬테소리는 유아에게 교구를 소개하기 위해 단계별 연령을 제시한다. 그러나 교구는 개별 유아의 민감기에 따라 제시되어야 하는데, 민감기는 관찰과 실험 작업에 의해 결정되어진다. 그러므로 교구 자체에 흥미를 집중할 수 있도록 유도하여 유아의 내적 욕구가 다양하게 나타날 수 있도록 해야 한다.

4. 교사의 임무와 자질

교육의 성패는 교사에게 달려 있다. 교육의 성과를 달성하기 위해서는 시설 설비의 완비와 정비, 다른 교육 조건의 개선도 필요하지만 무엇보다도 중요한 것은 교사다. 특히 유치원의 경우, 교육의 대상이 모방성이 강하고 순진한 어린 유아의 처음 학교생활의 경험이기 때문에 유아에게 교사의 영향력은 크다. 몬테소리 교육에서 교사는 준비된 환경의 하나로서 유아의 각 발단 단계에 나타나는 양상을 잘 관찰하고 다음 단계의 발달을 이룰 수 있는 경험을 제공하며, 한 단계에 도달한 유아가 그 자신에게 도움이 되는 경험을 스스로 찾을 수 있도록 돕는 것으로 정의했다.

몬테소리는 **교사의 역할**의 다음과 같은 세 가지 방법으로 주장하였다.

(1) 유아의 자기 발전의 원조자, 자기 형성의 촉진자(facilitator)

교육은 교사가 가르치는 게 아니고 유아가 자기 발전을 촉진하는 작용이다. 교육은 교사나 부모가 유아를 가르치는 것이 아니고 환경 그 자체가 교육이어야 한다. 성인은 미래에 인간으로서 훌륭하게 성장·발달할 것이라는 가능성을 믿고 겸손하게 유아를 지켜보아야 하며, 존경과 애정을 가지고 유아를 접해야 한다. 이러한 자세는 적극적인 태도이다. 따라서 교사의 자질은 많은 지식과 기술을 요하지만 더 중요한 것은 덕의심(德義心)이 있어야 한다.

(2) 적당한 환경 구성자, 보호자(caretaker)

유아는 환경을 흡수하며 성장한다. 그래서 환경의 구성자로서의 교사는 동 · 서양의 고대부터 현대까지 폭넓은 문화 전반에 대한 이해와 높은 교양이 필요하다.

(3) 유아의 작업 과정과 발달을 관찰하는 관찰자(observer), **이해자**

유아의 발달에는 개인차가 많다. 유아 심신의 각 부분과 기능이 발달하기 위해서는 개인의 민감기에 적합한 환경을 부여해야 한다. 따라서 한 사람 한 사람의 유아의 실태를 관찰하고 아직 나타나지 않은 그 유아의 진정한 모습, 즉 이상상(理想像)을 가지고 유아의 개성이 형성되도록 조성해 주어야 한다.

5. 교수 · 학습 방법

몬테소리는 교실에서의 새로운 혁신이 필요함을 절실히 느끼고, 오로지 혁신을 가져오는 방법은 교육을 과학적으로 인식하는 데 있다고 보았다. 유아의 내면적 욕구의 관찰에 바탕을 두고 작업을 하였다. 다시 말해서 몬테소리 교육 이론에 입각해서 교수 · 학습 방법을 조명해 보면, 결국 작업을 통해 교수 · 학습이 이루어짐을 알 수 있다.

1 3단계 교수법 (three period lessons)

- 1단계 (사물과 명칭을 일치시키는 단계)
  - 예 "이것은 ○○○이다."라고 사물과 이름을 연합시킨다.

- 2단계 (명칭에 해당되는 사물을 지적해 보고 인지하는 단계)
  - 예 "이것들 중에서 ○○○은 어느 것인가?"라고 사물과 이름이 연합되었는지를 질문하여 확인해 본다.

- 3단계 (사물의 명칭을 기억하고 발음해 보는 단계)
  - 예 "이것은 무엇일까요?"하고 질문하여 대상물의 명칭을 기억시키고 발음시켜 본다.

이러한 3단계 교수법을 통해 유아는 생각을 일반화시키는 능력을 갖추게 된다. 이때 유아의 반응에 따라 다시 전 단계로 갈 수도 있다.

3단계 교수법을 하는 이유는 다음과 같다.

2 3단계 레슨을 하는 이유(목적)

- 유아는 자기 자신의 감각적 경험을 기초로 어휘력을 발달시킨다.
- 유아가 경험하는 어휘력은 언제나 환경 속에 있는 대상과 정확하게 관련지을 수 있다.
- 유아는 정확한 단어를 들을 수 있는 능력을 개발시킬 수 있다.
- 유아로 하여금 관찰력과 분별력, 논리적으로 판단할 수 있는 능력을 발달시킨다.
- 유아가 질서감을 가질 수 있도록 권장한다. 권장이란 자극을 받도록 어떤 매개체를 놓아줌(제공)을 뜻한다.

6. 평가 방법

몬테소리 교육은 준비된 환경의 하나인 교구를 통해 자신의 잘못을 발견하고 교정할 수 있는 자동교육(auto-education)이 되도록 하였다. 이러한 시행착오를 거치는 동안 유아의 잘못은 줄어들게 되고 평가의 피드백(feedback)은 교구에 의해서 받게 된다. 따라서 몬테소리 교육의 평가 방법은 유아의 내적 욕구를 철저하게 관찰하는 실험정신에 의존한다. 관찰에 의한 평가 방법은 다음과 같다.

1 문서 기록

유아의 기초 실태 조사서에서 가족 사항, 병원 주치의 및 건강 기록에 관한 것과 비상사태를 위한 전반적인 정보를 기록함으로써 유아의 발달 상태를 알아보는 데 도움을 줄 수 있다.

2 출석부

출석 상황표(아픈 날, 감정의 상태 등을 표시)

3 주간 계획표

특별 활동에 필요한 주간 교육 계획안

4 면담 보고서

학부모 면담 기록지

5 교사 연구회

유아의 문제점, 교재 교구 개발, 환경 구성, 교육 철학 등을 연구

6 언어 전달장

타인의 말을 얼마나 잘 듣고 전달하는지를 알아보며 유아의 기억 능력에 도움

7 유아용 파일

유아 작품, 인쇄물, 그림 등을 모아두는 개인 파일

8 관찰 일지

일일 관찰 일지, 개인 관찰 일지(표 1-2, 1-3, 1-4 참고)

의사가 환자의 상태를 잘 파악하여 그 상태에 따라 처방을 하는 방식과 유사하므로 몬테소리 교육 프로그램을 일명 '관찰 교육'이라고도 한다.

몬테소리 교육은 교구를 중심으로 언제, 어떤 교구를 어떤 유아에게 제공할 것인가를 결정하려면 유아의 발달 및 흥미에 대한 자세한 평가서를 기초로 교사는 결정하게 된다.

일일 관찰 일지는 교사에게 자유 선택 시간에 제한된 자유를 보장해 주어야 한다. 따라서 교사는 선택 시간에 유아의 발달 여부에 따라 누구에게 무슨 교구를 제공해야 할지를 사전에 계획하여 지도하도록 하며 매일 유아가 어떤 종류의 교구에 관심이 있는지에 대한 교구 활동 내용을 기록하여 균형 있는 활동이 이루어지도록 유도해야 한다.

개인 관찰 일지는 일일 관찰 일지를 토대로 유아의 활동 내용을 매달 개인 관찰 일지에 옮겨 적는다. 개인 관찰 일지는 1년분을 책자로 만들어서 교사는 한 달 동안 유아가 활동한 내용을 살펴보고 교사의 의견을 기록하여 가정으로 보낸다.

〈표 1-2〉 일일 관찰 일지

결제	원장	원감	담임

200 년 월 일

번호	이 름	사전 계획	활 동 내 용					비 고
			일상생활	감 각	수	언 어	문 화	
1								
2								
3								
4								
5								
6								
7								
8								
9								
10								
11								
12								
13								
14								
15								
16								
17								
18								
19								
20								
수 수 께 끼								

〈표 1-3〉 개인 관찰 일지 1

결제	원장	원감	담임

_________ 월

영역 / 날짜	일상	감각	수	언어	지리	역사	자연 과학	비고
1								
2								
3								
4								
5								
6								
7								
8								
9								
10								
11								
12								
13								
14								
15								
16								
17								
18								
19								
20								
21								
22								
23								
24								
25								
26								
27								
28								
29								
30								

〈표 1-4〉 개인 관찰 일지 2

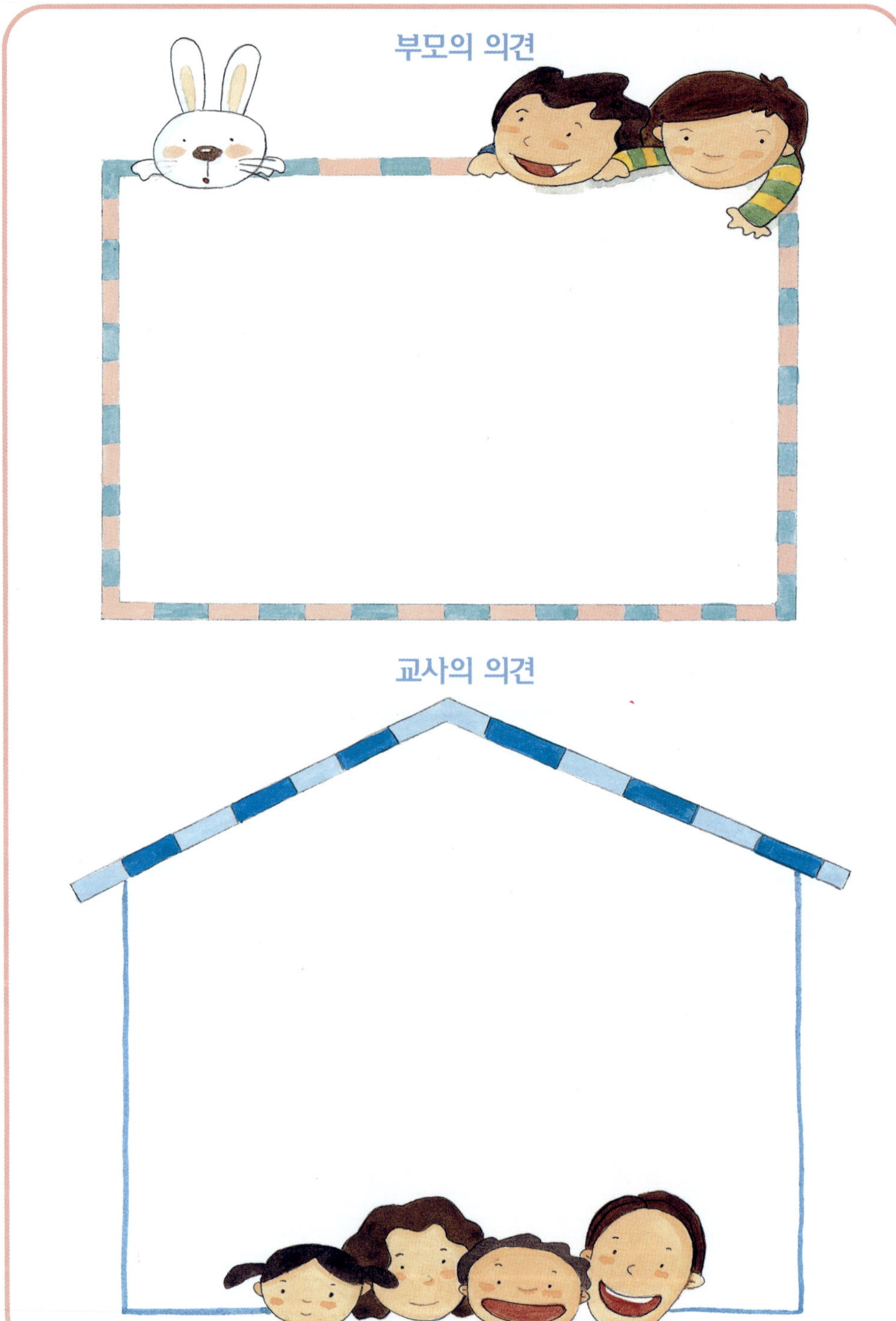

| PART II |

총체적 통합 프로그램과 창의적 몬테소리 교육의 실천 방법

| Chapter 1 |

주제 접근 통합 교육과 창의적 몬테소리 교육

I 주제 접근 통합 교육

현대 유아교육의 학자들은 주제 접근(thematic approach), 프로젝트 접근(project approach), 단원(unit) 중심 교육을 통합적 교육과정을 운영하는 적절한 방법이라고 제안하고 있다. 이러한 주제나 단원 프로젝트를 중심으로 한 교육과정 접근은 이미 Dewey의 생활 중심 교육과정에서 강조되었다.

주제 접근(thematic approach)이란 특정한 주제를 중심으로 지식과 유아의 욕구를 통합하여 다양한 교육 활동을 계획 · 수행하는 교육과정 접근법이라고 정의할 수 있다.

또한 프로젝트 접근법을 지지하는 이탈리아의 레지오 에밀리아(Reggio Emilia)는 사회적 상호 작용과 커뮤니케이션 강조하고 있다. 또래간의 상이한 견해를 서로 접함으로써 타인의 관점을 지각할 수 있고 교사와 유아에게 자신의 생각을 알리는 과정에서 자신의 사고를 재구성할 수 있으며, 다양한 환경과의 상호 작용을 통해 고정화된 사고의 표현에서 벗어날 수 있다는 것이다(오문자 외, 1997). 즉, 주제와 단원에 비해 프로젝트 접근이 좀더 개방적이고 비구조화된 유아 주도적 접근이라는 것이다.

6차 교육과정의 활동 자료집에서는 단원이라는 용어 대신 처음으로 '생활 주제'라는 용어를 사용하고 그 하위 개념으로 '주제'와 '소주제'라는 용어를 사용하여 다양한 전개 방법을 제시하고 있다. 교사가 미리 주제와 소주제를 정해 놓고 이를 단계별로 제시할 수도 있고, 유아가 흥미를 느끼는 내용을 소주제를 선정하여 교육 활동을 계획하거나 전개할 수 있다고 하였다. 이는 보다 유아 중심적인 총체적 통합 교육과정의 운영을 유도하기 위한 시도라고 하겠다.

그러나 유아교육 현장에서 교사의 자질에 따라 주제 접근의 활동시 문제점이 야기되는 경우를 흔히 볼 수 있다. 예를 들면, 교사가 주제에 관련된 충분한 지식도 없이 주제를 다루거나 교실에 몇 가지 환경을 장식하고 입체 구성 활동으로 주제 접근을 시도하기도 한다. 또한 활동이 주제와 논리적 · 체계적으로 연관되지 못하면 그 주제는 깊이가 없고, 내용이 빈약해서 유아의 사고를 자극하는 데 실패하게 된다.

효과적인 주제 접근을 위해서는 이상의 현실적 문제점을 보완하여 창의적 몬테소리 교육 실천 방법을 제안하고자 한다.

II 창의적 몬테소리 교육

유아는 끊임없는 흥미와 호기심을 가지고 주변 환경을 적극적으로 탐색하며 주로 실물을 통해 욕구를 채워나간다. 또한 교육 환경을 어떻게 조직적이고 합리적으로 계획하고 구성하느냐에 따라 유아의 균형 있는 성장 · 발달에 큰 영향을 미친다.

총체적인 통합 교육을 효과적으로 이끌기 위해서는 유아의 대 · 소근육 발달을 향상시켜 주는 교재 · 교구, 창의성과 상상력을 키워주는 교재 · 교구, 인지 능력을 강화시켜 주는 교재 · 교구, 타인과의 사회적 관계를 촉진시키는 교재 · 교구를 선정하여 적합성, 안정성, 견고성, 경제성, 유용성 등의 기능적 조건과 유아의 신체적, 지적, 언어적, 사회적, 정서적, 창의적 성장을 촉진시키는 교육적 조건을 충족시켜야 한다.

몬테소리 프로그램은 위와 같은 조건을 갖추었다고 주장했다(Lillard, 1972).

첫째, 유아-교구의 상호 작용을 강조했다.

자유롭게 선택한 교구를 통해 자신의 능력을 점차적으로 개발해 가며 유아 자신이 활동한 후에 잘못된 점을 스스로 고치도록 하였다. 이는 자동교육(auto-education)이라고 한다.

또한 몬테소리 교구는 우주의 기본적인 질서를 구체화한 것이 특징이며, 교구를 통해 자극되어진 추상력과 상상력을 매개로 창조의 힘을 기를 수 있다고 하였다.

둘째, 유아-교사의 상호 작용을 강조했다.

교사는 가르치는 사람이기보다는 유아가 문제를 해결하고 과제를 수행하도록 돕는 입장에서의 구성자이다. 즉, 교사는 유아의 자신감을 격려하고, 생각이 부족할 때에 대안을 제시하기 등의 역할을 하여 프로젝트 초기의 흥미가 지속적으로 유발하도록 하며, 유아의 경험 및 지식을 통합함으로써 지식과 경험이 내면화되도록 돕는다(김지영, 2000).

셋째, 유아-유아의 상호 작용을 강조했다.

유아는 또래와의 상호 작용을 통해 자신의 태도와 가치관 형성에 영향을 받으며, 가치관이 서로 다른 유아의 중개를 통하여 자신의 의견과 감정을 시험해 볼 수 있으며, 정서적인 안정감 및 사회에 적응하는 방법을 제공한다(지옥정, 1996).

몬테소리는 유아-교사와의 관계를 통해 학습하는 방법과 혼합 연령 반 편성을 하여 또래를 통해 배우는 방법이 있고, 교구를 통해서 배울 수 있다고 제시했다.

특히 혼합 연령의 구성은 사회 공동체 의식과 사회성 발달을 자발적으로 일으키는 전제 조건이라고 보고 높은 연령의 유아가 낮은 연령의 유아를 도와줌으로써 다른 유아들과 경쟁하기보다는 서로 많은 도움을 주고 협동의 공간이 되도록 노력하는 모습을 보여줄 수 있다고 제시했다(강현경, 2000).

이상과 같이 총체적 통합 교육을 효과적으로 수행하기 위해 몬테소리 교육의 기본 교수 · 학습 방법과 철학을 바탕으로 창의적인 교재 · 교구를 개발 연구하였다. 따라서 몬테소리 교실에서의 혼합 연령 반 편성을 기초로 처음에는 교사가 주제를 선정하였지만, 유아의 흥미를 반영하여 각 반별 연령으로 소주제를 선정하였다. 또한 유아 중심 실천 방법을 선택하기 위해 생활과 분리되지 않은 통합적 교육을 토대로 공동체 정신을 살리며 현실 상황에 적극 대처하는 교육과 교육과정의 균형을 이루는 교육이 되도록 연구하였다.

창의적 몬테소리 교육을 실천하기 위해 강조한 점은 다음과 같다.

첫째, 융통성 있는 진행을 하였다.

유아교육 현장에서는 연간 계획안, 월간 계획안 그리고 주간 계획안이 학기 초에 확정된다. 그러나 유아의 흥미나 관심사에 교사의 의견이 참고가 되어 주제가 선정되기 때문에 유아의 흥미도와 난이도에 따라 활동 시간과 기간을 융통성 있게 진행하도록 했다.

둘째, 주제에 따른 기대의 효과를 위해 깊이 있는 탐구 활동이 되도록 유도하였다.

주제에 대한 이해를 깊게 하는 목적으로 현장 견학을 하였고, 전문가나 관계자를 초청하여 면담함으로써 사회생활 연습에 도움이 될 수 있도록 하였다.

셋째, 유아의 생각을 모듬지로 유도하였다(부록 4 참고)

그룹 토의를 통해 자신이 가지고 있는 개념을 수정하거나, 새로운 인식을 하여 또래에게 자신의 생각을 설명해 주려고 노력하는 과정에서 자신의 생각을 새로이 조직해 갈 수 있다.

넷째, 다양한 표현 활동과 표상 활동을 유도하였다.

교사는 유아가 경험한 것을 고찰하기 위해서, 현재 사고 수준의 이해를 돕기 위해 또는 가설을 동반한 검증을 위해 활용하였으며, 그림을 그리거나 만들기, 신체 활동, 극놀이, 통계 활동 등으로 표상 활동을 유도하였다.

Ⅲ 유치원 생활 주제와 몬테소리 교육과정 연간 계획안

몬테소리 교실에서는 유아의 흥미가 언제 어떤 방법으로 무엇에 대해 유발될지 모르기 때문에 공간이 가능한 한 모든 영역의 교구를 준비해야 한다. 그러나 우리나라의 협소한 교실 환경에서 실천하기는 쉽지 않은 것을 감안하여, 6차 교육과정에서 요구되는 '생활 주제'를 중심으로 몬테소리 교육과정을 연령에 맞추어 연간 계획안을 구성하였다. 그러나 혼합 연령 반 구성을 하는 원이나 연령별 반 구성 등의 현상에 따라 융통성 있는 조정을 통해 각 원의 수준에 의해 연간 계획안 〈표 2-1〉를 제시한다.

[유치원 생활 주제와 몬테소리 교육과정 연간 계획안]

영아반(만 3세)

월	생활 주제	일상생활		감각	수	언어	문화
3월	즐거운 유치원	• 옷 입고 벗기 • 바르게 인사하기 • 신발 신고 벗기 • 문 열고 닫기, 코풀기 • 화장실 사용법 • 손 씻기, 식사 예절 • 양치질하기 • 거울 보기 • 정숙의 연습 A, 걷기	• 마카로니 옮기기 • 가방 분류하기 • 쌀 붓기 • 돌리기 • 큰 구슬 끼우기 • 흥미 영역 10가지	• 꼭지있는 퍼즐 맞추기 • 주변에서 나는 소리 구분하기 • 시작과 마침의 종소리 • 분홍탑(기본 제공)	• 수 퍼즐 맞추기 • 날짜 판에 날짜 붙이기 • 신체 부분을 통한 수 세기 • 친구 세어보기 -꼬마 인디언	• 바르게 대답하기 • 자기 이름 말하기 • 좋아하는 사람 말하기 • 인사하기 -친구와 선생님께 • 수수께끼	• 교실 관찰하기 • 유치원의 주변 환경 알기(실내) • 유치원의 주변 환경 알기(실외) • 계절의 변화(봄) • 창조의 역사(공기)
4월	봄	• 의자 사용법 • 선 따라 걷기 1 • 가방 정리하기 • 주단 말고 펴기, 운반하기 • 팔 움켜쥐기, 이 닦기 • 나뭇잎 닦기 • 미니 빗자루 걸고 떼기	• 꽃 구슬 꽂기 • 꽃 분류하기 • 씨앗 붓기 • 병뚜껑 돌리기 • 병아리 옮기기 • 두드리기(망치) • 빻기(달걀 껍데기) • 흥미 영역 10가지	• 분홍탑 (거리를 둔 점차성) • 갈색계단 1 • 갈색계단 2 • 꼭지원기둥 1	• 수만큼 행동하기 • 실물과 숫자카드 • 우리집과 유치원의 전화번호 • 가족 수 세기	• 신체 부위 명칭 말하기 • 놀이 기구 이름 말하기 • 환경의 물건 이름 말하기 • 인사하기 -고맙습니다, 미안합니다	• 씨앗 심기 • 싹 틔우기 • 개구리 성장 과정 • 돋보기로 관찰하기 • 식물의 변화 관찰 • 창조의 역사(온도)
5월	나와 우리 가족	• 숟가락으로 옮기기 • 분류하기(색) • 붓고 따르기 • 가위 사용법 (한 번에 자르기) • 구슬 끼우기	• 빨대 끼우기 • 단추 분류하기 • 솜공 옮기기 • 손톱 깍기 • 옥수수 붓기 • 과자 갈기 • 흥미 영역 10가지	• 꼭지원기둥 2 • 분홍탑 (두 개의 탑 쌓기) • 분홍탑 (3단계 레슨) • 갈색계단 (3단계 레슨) • 온각판 • 색판 1(기본 제공)	• 색 비즈 • 수막대 • 수막대와 숫자카드 • 수 세며 옮기기 -호두 등 • 기억력 게임	• 학용품 이름 알기 • 사진 보고 문답놀이 • 가족 구성원 말하기 • 인사하기 -안녕히 주무세요, 안녕히 주무셨어요 • 문자 찾기	• 식물의 성장 과정 • 환경 안의 꽃 관찰 • 봄 동산 돌아보기 • 우리에게 도움을 주시는 분 • 창조의 역사(소리)

월	생활 주제	일상생활		감각	수	언어	문화
6월	우리 동네	• 빨래집게 꽂기(집) • 분류하기(형태) • 물건 주고받기 • 집게로 옮기기 • 구슬 굴리기(옷)	• 옮기기(음식 모형) • 숟가락 걸고 떼기 • 집 모형 끼우기 • 사는 곳 분류 • 흔들기(스팽글) 분류하기 • 흥미 영역 10가지	• 꼭지원기둥 3 • 꼭지원기둥 4 • 색원기둥(노랑) • 색원기둥(빨강) • 온각병	• 손가락, 발가락 세기 • 가위바위보 게임 • 모래 숫자카드 1 • 수 만큼 세기(동물)	• 모래 문자판 1 • 모래 문자판 2 • 동물 이름 말하기 • 동 · 식물의 이름 알기	• 병원의 종류 • 과일즙의 색 변화 • 동물과 식물 • 동물원 견학 • 창조의 역사(무게)
7월	여름 방학	• 이쑤시개 꽂기 • 병뚜껑 돌리기 • 나사 돌리기 • 찢어 붙이기 • 음식 모형 만들기 • 헝겊 접기(사각형) • 스펀지 짜기	• 얼음을 볼에 옮기기 • 분류하기 • 색물 붓기 • 조개껍데기 닦기 • 과자 갈기 • 소라 구슬 끼우기 • 흥미영역 10가지	• 빨간막대 (기본 제공) • 빨간막대 (3단계 레슨) • 소리상자(2쌍) • 촉각판 1 • 꼭지원기둥 2+3 • 꼭지원기둥 2+4	• 모래 숫자카드 2 • 물레가락 상자 1 • 물레가락 상자 2 • 0의 의미 알기	• 물체와 카드 맞추기 • 그림과 그림 맞추기 • 선긋기(직선,곡선) • 끝말 이어가기 • 이동 24음	• 골고루 먹어요 • 우리 몸이 건강하려면 • 산과 바다 알기 • 방학에 하고 싶은 일 • 창조의 역사(불)
9월	교통 기관 및 운동	• 정숙의 연습 B • 인사하기, 옷 입고 벗기, 신발 신고 벗기 • 화장실 사용법, 손 씻기, 문 열고 닫기 • 주단 말고 펴기, 운반하기 • 도형 붙이기 • 날카로운 물건 주고받기	• 이쑤시개 꽂기 • 코스모스 옮기기 • 보리 붓기 • 돌리기(조립 자동차) • 걸고 떼기 -고리 비행기 • 흥미 영역 10가지	• 기하도형서랍 5 • 촉각판 2 • 촉각판(3단계 레슨) • 색판 1(거리를 둔 동일성) • 기하도형 쌓기	• 비즈 소개 • 기억놀이 1 • 기억놀이 2 • 수막대(비교급) • 손으로 수막대 길이 표현	• 교통기관 그림자 맞추기 • 친구 이름 쓰기 • 덧쓰기 문자판 • 바르게 발음하기 • ㄱ, ㄴ, ㄷ, ㄹ, ㅁ, ㅂ, ㅅ • 수수께끼(교통 기관) • 음 찾기	• 교통 기관 알기 • 교통 규칙 지키기 • 신호등 알기 • 유치원 버스에서의 규칙 • 창조의 역사(자석)

월	생활 주제	일상생활		감각	수	언어	문화
10월	우리 나라와 세계 여러 나라 (추석)	• 가위로 곡선 자르기 • 책상 운반하기 • 머리 빗기 • 옷 개기 • 식빵 갈기	• 장구 옮기기 • 버선 분류하기 • 호박 닦기 • 행성 진주핀 꽂기 • 흥미 영역 10가지	• 기하도형서랍 1 • 소리상자(4쌍) • 소리상자(6쌍) • 중량판 • 중량판(3단계 레슨)	• 카드 소개 • 색 비즈 1 • 색 비즈 2 • 감이 열렸어요 • 도토리 줍기	• 문자 찾기 • 바르게 발음하기 -ㅇ, ㅈ, ㅊ, ㅋ, ㅌ, ㅍ, ㅎ • 철판도형(기본 제공) • 철판도형을 대고 그리기 • 동화 듣기	• 우리나라의 상징 알기 • 태극기 퍼즐 • 계절의 변화(가을) • 낙엽의 모양과 색 • 창조의 역사(빛)
11월	지구와 우주	• 도구 사용-펀치 • 끈 끼우기 (바느질 전 단계) • 실 감기 • 도장 찍기-고구마	• 나누어 붓기 • 옮기기-작은 지구 • 공룡 분류 • 순서대로 꽂기 • 별 걸고 떼기 • 흥미 영역 10가지	• 기하도형서랍 2 • 색원기둥 초록, 빨강 • 구성삼각형 A	• 색 비즈 • 색칠하기 • 1~10 도장 찍기 • 기억놀이 게임 • 같은 나뭇잎 모으기	• 가을과일 카드 맞추기 • 동시 만들기 • 음절 수 대로 칩 놓기 • 바르게 발음하기 -ㅏ, ㅑ, ㅓ, ㅕ	• 가을 과일 • 꽃 부분 퍼즐 • 거북이 부분 퍼즐 • 지구의 역사
12월	겨울	• 가위로 잡지 오리기 • 마스크, 장갑 사용법 • 주단 손질하기	• 콘 프레이크 갈기 • 포인세티아 끼우기 • 흥미 영역 10가지	• 기하도형서랍 3 • 색원기둥 (2조) • 색판 2 • 꼭지원기둥과 색원기둥	• 수막대와 빨강막대 • 장갑 짝 맞추기 • 색비즈 색 맞추기 게임 • 세강판 1	• 바르게 발음하기 -ㅗ, ㅛ, ㅜ, ㅠ, ㅡ, ㅣ • 작은 책 1 • 같은 그림 찾기 • 손 인형 놀이	• 사과 부분 퍼즐 • 계절의 변화(겨울) • 국기 맞추기 • 우리 주변의 어려운 이웃 • 창조의 역사(불, 열)
2월	초등 학교에 가려면	• 목걸이 만들기 • 도구 사용-손톱 깎기 • 교실 정리하기 • 옷 걸고 떼기	• 모자 옮기기 • 짝수, 홀수 분류 • 액자 꽂기 • 흥미 영역 10가지	• 기하도형서랍 4 • 분홍탑과 갈색계단 변형 • 빨간막대 변형 • 소리상자(서열) • 촉각판 합치기	• 세강판 1과 비즈 • 별 따기 게임 • 수막대로 교실 • 물건 길이 측정하기 • 수 막대 잇기	• 겨울철 물건 그림자 맞추기 • 같은 용도로 쓰이는 물건 짝 맞추기 • 끝말 이어가기 • 여러 가지 상황에서의 인사말	• 겨울방학을 지내고 • 얼음 얼리기 • 식물 관찰 • 형님이 되어요 • 창조의 역사(물체)

[유치원 생활 주제와 몬테소리 교육과정 연간 계획안]

유아반(만 4세)

월	생활 주제	일상생활		감각	수	언어	문화
3월	즐거운 유치원	• 바르게 인사하기, 신발 신고 벗기, 화장실 사용법 • 옷 입고 벗기 가방 정리하기 • 문 열고 닫기, 손 씻기 • 식사예절, 양치질 하기 • 코 풀기 • 정숙의 연습 A	• 지우개 옮기기 • 쌀 붓기 • 구슬 분류 • 비즈 끼우기 • 유토에 못 두드리기 • 흥미 영역 10가지	• 여러 가지 소리 구분하기 • 여러 가지 형태 구분하기 • 여러 가지 물건 만져보기 • 분홍탑 제시 1 • 기하도형서랍(기본)	• 1~10까지 숫자 세기 • 1~10의 수와 양 • 1대1 대응 • 패턴 만들기	• 바른 자세로 듣기 • 자기 소개(말하기) • 환경에 있는 물건 이름 알기 • 환경에 있는 물건과 그림카드 맞추기	• 유치원 주변 환경 알기(실내) • 유치원 주변 환경 알기(실외) • 계절의 변화(봄) • 식물의 성장 과정 • 창조의 역사(공기) • 백과 청의 지구본 • 색이 있는 지구본
4월	봄	• 운반하기, 주단 말고 펴기 • 선 따라 걷기 1, 2 걸고 떼기, 먼지 털기 • 청소 도구 사용법 1 • 걸레와 행주 사용법 • 붙이기(봄동산 꾸미기)	• 꽃 옮기기 • 개구리 분류 • 씨앗 붓기 • 바구니에 꽃 꽂기 • 계란 껍질 빻기 • 흥미 영역 10가지	• 분홍탑 제시 2 • 갈색계단 1 • 갈색계단 2 (굵다/가늘다) • 꼭지원기둥 1 • 잎의 서랍 • 기하도형서랍과 카드 5	• 숫자 도장 찍기 • 수막대 1, 2 • 수막대와 숫자카드 • 비즈의 소개 • 분수철판 1	• 라이트 박스 • 끝말 이어가기 • 실물과 그림카드 맞추기 • 그림카드와 맞추기 • 의성어, 의태어	• 씨앗 심기, 씨앗 틔우기 • 식물 가꾸기 • 식물 사전 매칭 • 나무, 꽃 퍼즐 • 백과 청의 지구본 • 창조의 역사(온도)
5월	나와 우리 가족	• 움켜쥐기, 큰 컵에 붓기 • 작은 컵에 붓기, 구슬 끼우기 • 숟가락으로 옮기기 • 집게로 옮기기 • 빨래하기 • 스테이플러(우리 가족)	• 머리핀 옮기기 • 옥수수 붓기 • 손과 발 분류 • 오른손, 왼손 꽂기 • 마카로니 끼우기 • 못 두드리기 • 흥미 영역 10가지	• 꼭지원기둥 2 • 색원기둥 1 • 색원기둥 2 • 색판 1 • 기하도형서랍과 카드 1	• 모래 숫자판 1, 2 • 물레가락 상자 1, 2 • 카드의 소개 • 비즈와 카드에 의한 큰 수 구성 1 • 분수의 소개	• ~으로 시작하는 단어 • 그림카드와 이름 맞추기 • 사진 홀더 • 말놀이, 수수께끼 • 모래 문자판 1 • 음 찾기, 문자 찾기 • 존대어	• 개구리, 닭의 성장 과정 • 나의 성장 과정 • 가족 나무, 가족의 역사 • 우리가 사는 곳 알아보기 • 나무의 부분 명칭 • 국기(아시아), • 지도서랍 1 • 창조의 역사(소리)

월	생활 주제	일상생활		감각	수	언어	문화
6월	우리 동네	• 병뚜껑 열기 • 색종이 접기(강아지) • 쓸어 모으기 나사 맞추기 • 옷틀(단추) • 데칼코마니(집)	• 핀셋으로 옮기기 • 동 이름 분류 • 쌀 스팽글 체치기 • 머리 땋기 • 집 끼우기 • 포크 걸고 떼기 • 흥미 영역 10가지	• 빨간막대 1 • 빨간막대 2 • 촉각판 1, 2 • 소리상자 제시 1 • 미각병 • 색판 2 • 기하도형서랍과 카드 2	• 수의 기억놀이 • 수의 기억놀이 게임 • 숫자와 바둑알 1 • 숫자와 바둑알 2 (짝수, 홀수) • 비즈와 카드에 의한 덧셈 1 • 분수의 역사	• 이동 24음 • 모래 문자판 2 • '가' ~ '하' 도장 찍기 • '가' '나' 로 시작되는 말 • 친구 이름 쓰기 • 판토마임 • 복합어	• 꽃의 부분 명칭 • 잎의 부분 명칭 • 생물과 무생물 분류 (실물) • 집짐승과 들짐승 • 기체, 액체, 고체 실험 • 국기(아프리카) • 지도서랍 2 • 창조의 역사(무게)
7월	여름 방학	• 머리 손질하기 • 작은 집게로 옮기기 • 옷틀(지퍼) • 꽂기 • 옷틀(똑딱 단추) • 천 접기 • 꽃에 물 갈아주기	• 밀가루 체치기 • 색물 붓기 • 산, 바다 분류 • 수박 진주핀 꽂기 • 스펀지 짜기 • 흥미 영역 10가지	• 소리상자 제시 2 • 분홍탑과 갈색계단 변형 • 중량판, 온각병 • 꼭지원기둥 3 • 기하도형 쌓기 • 기하도형서랍과 카드 3	• 1~10 색 비즈 • 색 비즈 색깔 알기 • 비즈의 소개 2 (1, 10, 100, 1000) • 세강판 1 • 뱀놀이 덧셈 1	• 작은 책 1, 2, 3 • 덧쓰기 문자판 • 철판도형(기본 제시) • '다' '라' 로시작하는 말 • 읽고 써보기 • 그림으로 읽는 동화	• 생물과 무생물(그림 카드) • 동물과 식물 분류(모형) • 동물과 식물(그림 카드) • 국기(북아메리카) • 창조의 역사(물)
9월	교통 기관 및 운동	• 바르게 인사하기, 옷 입고 벗기, 신발 신고 벗기 • 문 열고 닫기 식사 예절, 이 닦기 • 모양 펀치 사용하기 • 식탁의 준비 • 가방 짜기(베틀)	• 바퀴 옮기기 • 교통 기관 분류 • 수수 붓기, 나사 돌리기 • 푸싱핀 꽂기, 비행기 닦기 • 캔 걸고 떼기 • 흥미 영역 10가지	• 꼭지원기둥 4 • 색원기둥 3 • 색원기둥 4 • 꼭지원기둥 변형 • 구성삼각형 A • 기하도형서랍과 카드 4	• 카드의 소개 • 비즈와 카드에 의한 큰 수 구성 2 • 은행놀이 뺄셈 1	• 고사성어 • 작은 바구니 1, 2 • 바둑판 무늬의 종이 • 여러 가지 탈것의 이름 알기 • 받침 없는 단어 만들기	• 척추 · 무척추 동물 분류 • 척추동물 소개 (말, 개구리) • 땅, 물, 공기의 소개 • 국기(유럽) • 교통 기관의 발달 • 창조의 역사(자석)

월	생활주제	일상생활		감 각	수	언 어	문 화
10월	우리 나라와 세계 여러 나라 (추석)	• 스펀지 사용 • 물 따르기 • 깔때기 사용하기 • 스포이트로 옮기기 • 다리미 사용(버선)	• 은행 옮기기 • 원두 갈기 • 자 · 모음 분류 • 식빵 갈기 • 호박 닦기 • 흥미 영역 10가지	• 색판 2 제시 1 • 색판 2 제시 2 • 기하도형서랍(기본) • 구성삼각형 B • 색판 변형	• 뱀놀이 뺄셈 1 • 세강판 1과 비즈 • 비즈 사슬 (100의 사슬) • 은행놀이 덧셈 2	• 철판도형 틀 사용 • 반대어 • '마', '바'로 시작하는 말 • 2색의 이동 24음 • 속담	• 백과 청의 지구본 • 색이 있는 지구본 • 우리나라 지도 • 5대양 6대륙 • 국기(남아케리카) • 창조의 역사(빛) • 민속놀이 책
11월	지구와 우주	• 손톱 깎기 사용 • 실패 감기(우주선) • 바느질(홈질) • 계란 껍질 빻기 • 목도리 짜기(원통) • 직조 짜기	• 별 옮기기 • 행성 분류 • 팽이 돌리기 • 스티로폼에 진주핀 꽂기 • 달의 변화 걸고 떼기 • 흥미 영역 10가지	• 촉각판 합치기 • 천 합치기 1 • 곡물의 분리 • 비밀주머니 1 • 잎의 서랍과 카드	• 세강판 2 • 우표놀이 덧셈 1 • 덧셈의 계산판과 잘못의 정정판 1, 2 • 색비즈 곱셈놀이	• 행동놀이 1 • 작은 바구니 3 • '사', '아'로 시작하는 말 • 끝말 이어가기 • 명사의 소개	• 잎의 서랍과 카드 • 지형의 종류(섬, 호수, 만, 반도, 해협, 지협) • 불의 역사, 지구의 역사 • 국기(오세아니아)
12월	겨 울	• 매듭짓기 • 옷, 양말 개기 • 색종이 접기(산타) • 거울 닦기 • 천 접기	• 패턴 옮기기 • 보리 붓기 • 양말 분류 • 과자 갈기 • 트리 끼우기 • 흥미 영역 10가지	• 비밀주머니 2 • 천 합치기 2 • 색원기둥 변형 • 꼭지원기둥과 색원기둥 • 기하입체바구니 (기본)	• 덧셈의 암산판 1, 2 • 우표놀이 뺄셈 1 • 뺄셈의 계산판과 잘못의 정정판 1 • 뺄셈의 계산판 2	• 작은 책 4, 5, 6 • '자', '차'로 시작하는 말 • 작은 흑판 • 행동놀이 2 • '카', '타'로 시작하는 말 • 형용사의 소개	• 역사의 중심이 되는 예수 그리스도 • 대조지형 카드 • 백과 청의 세계지도 • 달의 변화 • 창조의 역사(불, 열)
2월	초등 학교에 가려면	• 비누 깎기 • 옷틀(리본) • 바느질(홈질-곡선) • 단추 달기	• 입체 옮기기 • 실 감기 1, 2 • 진주핀 꽂기 • 청소도구 걸고 떼기 • 흥미 영역 10가지	• 구성삼각형 (삼각형 상자) • 2항식	• 덧셈의 암산판 3, 4 • 뺄셈의 암산판 1, 2 • 작은 색비즈의 주판 • 시계의 소개	• 빠른 말 • '파', '하'로 시작하는 말 • 동사의 소개	• 과거, 현재, 미래 • 1년의 변화 • 생명의 표 • 창조의 역사(물체)

[유치원 생활 주제와 몬테소리 교육과정 연간 계획안]

유아반(만 5세)

월	생활 주제	일상생활		감각	수	언어	문화
3월	즐거운 유치원	• 바르게 인사하기, 옷 입고 벗기, 신발 신고 벗기 • 문 열고 닫기, 손 씻기 • 식사예절, 코 풀기 양치질하기	• 옮기기 • 단추 분류하기 • 색쌀 붓기 • 과자 갈기 • 스팽글 끼우기 • 엮어 매기(개나리) • 흥미 영역 10가지	• 분홍탑 제시 1 • 분홍탑 제시 2 • 갈색계단 제시 1 • 갈색계단 제시 2 • 기하서랍 기본 • 기하서랍 5	• 패턴 만들기 • 수와 양(1대1 대응) • 수막대와 숫자카드 • 시계(시침)	• 바른 자세로 듣기, 자기 소개하기 • 환경에 있는 물건 이름 알기 • 친구 이름 쓰기 • 3단계 카드 • 수수께끼 • 말에 음 붙이기	• 유치원 주변 환경 알기 • 달력 소개, 요일 소개 • 나의 하루 • 식물의 성장 과정 • 백과 청의 지구본 • 색이 있는 지구본 • 이름있는 세계지도 • 공기의 특징(실험) • 창조의 역사(공기)
4월	봄	• 운반하기, 걸고 떼기 주단 말고 펴기 • 선 따라 걷기 II • 청소 도구 사용법 • 걸레 행주 짜기 • 스펀지 짜기 • 땋기, 엮어 매기	• 나비 옮기기 • 씨앗 붓기 • 곤충 분류하기 • 팽이 돌리기(봄동산) • 달걀 껍질 빻기 • 성장과정 꽂기 • 나뭇잎(닦기) • 흥미 영역 10가지	• 꼭지원기둥 1, 2 • 꼭지원기둥 3, 4 • 색원기둥 1, 2 • 색원기둥 3, 4 • 색판 3 • 기하서랍 1, 2 • 잎의 서랍	• 기수법과 서수법 알기 • 모래 숫자판 • 물레가락 상자 • 수의 기억놀이 • 숫자와 바둑알 • 시계 1, 2	• 사전 찾기 • 모래 문자판(자음) • 덧쓰기 문자판 • 철판도형(기본) • 바둑판 종이에 쓰기 • 이동 24음	• 흙 작은 책 • 계절의 변화(봄) • 씨앗 심기, 싹 틔우기 식물 가꾸기, 식물 노트 • 나무, 꽃 부분 명칭 • 잎, 뿌리 부분 명칭 • 나비의 부분 명칭 • 창조의 역사(온도)
5월	나와 우리 가족	• 식탁의 준비 • 젓가락 사용법 • 차 서비스 • 쓸어 모으기 • 나사 맞추기 • 옷틀(단추) • 식기 닦기 • 눌러 따르기 • 작은 천 빨기	• 작은 컵에 붓기 순가락으로 옮기기 • 입체 분류하기 • 작은 구슬 끼우기 (반지) • 작은 찻잔 걸고 떼기 • 흥미 영역 10가지	• 색판 1 • 빨간막대 제시 1, 2 • 소리상자 제시 1 • 소리상자 제시 2 • 기하입체 도형 1 • 2항식 • 기하도형 쌓기	• 1~10 색비즈 • 비즈의 소개 • 카드의 소개(1111) • 비즈와 카드에 의한 큰 수 구성 • 우표놀이 덧셈 1 • 분수의 소개, 역사 • 분수의 계산 1	• 음 찾기, 문자 찾기 • 모래 문자판(모음) • 엽서 쓰기, 편지 쓰기 • 작은 책 1, 2, 3, 4 • 존대어 • 끝말 이어가기 • 어려운 말 찾기	• 집의 변천 • 나의 성장 과정 • 가족 나무 • 여러 가지 직업 알기 • 개구리, 닭의 성장 과정 • 가축 • 창조의 역사(소리)

월	생활 주제	일상생활		감 각	수	언 어	문 화
6월	우리 동네	• 옷틀(지퍼) • 목기 닦기 • 꽃에 물 갈아 주기 • 손톱 깎기 사용 • 다리미 사용 1 • 나뭇잎 닦기 • 과일, 채소 분류하기	• 동전 누르기 • 주사기로 옮기기 • 망치 두드리기 • 흔들기(체) • 집 모형 끼우기 • 핸드폰 고리 걸고 떼기 • 흥미 영역 10가지	• 기하서랍 3, 4 • 색판 2 • 촉각판 1, 2 • 촉각판 합치기 • 천 합치기 • 기하도형 쌓기 변형 • 미각병	• 비즈와 카드에 의한 큰 수 구성 2 • 세강판 1과 비즈 • 뱀놀이 덧셈	• 철판도형 • 작은 흑판 • 행동놀이 1 • 동시 쓰기 • 2색의 이동 24음 • 의성어, 의태어	• 옷의 변천 • 생물과 무생물 • 동물과 식물 • 무척추 동물과 척추 동물 • 척추 동물 부분 명칭 (말, 새) • 상업의 발달 • 쌀이 되기까지 • 1일, 1년과 그 부분 • 창조의 역사(무게)
7월	여름 방학	• 색 물 따르기 • 깔때기 사용 비누 깎기 • 스포이트 사용 • 옷 개기 • 실패 감기 • 오이 껍질 벗기기 • 바느질(곡선) • 다리미 사용 2	• 작은 스펀지 옮기기 • 물놀이 모형 분류하기 • 계량컵에 붓기 • 진주 구슬 끼우기 • 조개 껍데기 닦기 • 흥미 영역 10가지	• 중량판 • 곡물의 분리 • 비밀주머니 1, 2 • 분홍탑, 갈색계단 변형 • 온각병	• 점놀이 1 • 은행놀이 덧셈 1, 2 • 우표놀이 덧셈 2 • 덧셈의 계산판 1, 2	• 수를 여러 가지 방법으로 읽기 • 동화책 만들기 • 빠른 말 • 받침이 없는 단어	• 척추 동물 부분 명칭 (개구리, 물고기) • 땅, 물, 공기의 소개 • 어류 • 물에 뜨는 것과 가라앉는 것 • 창조의 역사(물)
9월	교통 기관 및 운동	• 바르게 인사하기, 옷 입고 벗기, 신발 신고 벗기 • 식사 예절, 양치질하기 • 선 따라 걷기 3 • 거울 닦기, 천 접기 • 가방 짜기(베틀)	• 팥 붓기 • 고무 자동차 옮기기 • 오른쪽과 왼쪽 분류 • 돌리기와 분해하기 • 잎맥 분류하기 • 자동차 닦기 • 공 걸고 떼기 • 흥미 영역 10가지	• 꼭지원기둥과 색원기둥의 변형 • 구성 삼각형 (직사각형 상자 A)	• 은행놀이 뺄셈 1, 2 • 우표놀이 뺄셈 1, 2 • 세강판 2 • 연속수 쓰기 • 뺄셈의 계산판 1, 2 • 뺄셈의 암산판 1, 2	• 홑받침 • 쌍받침 • 동음이의어 • 작은 바구니 1, 2, 3 • 조수사	• 동물 노트 • 불의 변천 • 국기와 수도명 • 교통의 발달 • 5대양 6대주 • 창조의 역사(자석)

월	생활 주제	일상생활		감각	수	언어	문화
10월	우리나라와 세계 여러 나라(추석)	• 빵에 잼 바르기 • 옷틀(리본 매기) • 바느질(풍차) • 단추 달기(카우보이) • 실패 감기 2 • 목도리 짜기(원통) • 직조 짜기(지구본)	• 고리 걸어 옮기기 • 알파벳 분류 • 원두 갈기 • 은행잎 끼우기 • 호박 닦기 • 녹두 붓기 • 흥미 영역 10가지	• 피타고라스의 카드 나열 • 기하 입체 도형 • 기하 입체 도형과 카드 • 3항식 • 미각병, 후각통 • 천 합치기	• 은행놀이 곱셈 1, 2 • 은행놀이 나눗셈 1 • 우표놀이 곱셈 1,2 • 판과 입체 • 곱셈의 계산판 • 작은 색비즈의 주판	• 속담, 사자 성어 • 단수와 복수 • 여성과 남성 • 반대말 • 서열 (대, 중, 소) • 외래어	• 대륙의 이름과 국가 • 우리나라 지도 • 북아메리카 지도 • 남아메리카 지도 • 나의 한달 • 토산품 • 창조의 역사(빛)
11월	지구와 우주	• 타월 짜기 • 차 서비스 • 과자 갈기 • 모양 붙이기(우주선) • 옷틀(혁대), 금속 닦기 • 푸싱핀(태양계)	• 손전등 돌리기 • 별자리 분류 • 우주선 주사위 돌리기 • 로켓 발사대에 꽂기 • 태양계 행성 걸고 떼기 • 흥미 영역 10가지	• 구성 삼각형(삼각형 상자, 육각형 상자 대, 소) • 온각병, 온각판 • 촉각판 맞추기	• 은행놀이 나눗셈 2 • 점놀이 2 • 2의 사슬, 5의 사슬 • 뱀놀이 덧셈 1, 2 • 덧셈의 암산판 1, 2 • 나눗셈의 계산판 • 시계(분침)	• 명사의 역할 • 동사의 역할 • 동사의 게임 • 형용사의 역할 • 복합어	• 지구의 역사 • 아시아의 지도 • 달의 변화, 낮과 밤 • 지도 만들기 • 역사의 문법 • 태양계 가족, 별자리
12월	겨울	• 구두 닦기 • 옷틀(구두끈) • 옷틀(안전핀) • 다리미질하기	• 종 옮기기(자석) • 깨 붓기 • 트리 분류하기 • 과자 갈기 • 양말 끼우기 • 캔 걸고 떼기 • 흥미 영역 10가지	• 2항식 변형 • 비밀주머니 3, 4 • 피타고라스 카드의 나열 변형	• 6의 사슬 • 뱀놀이 뺄셈 1, 2 • 뺄셈의 암산판 1, 2 • 분수봉 1 • 분수봉 2	• 형용사의 게임 • 관형사의 역할 • 부사의 역할 • 대명사의 역할 • 접속사의 역할	• 역사의 중심이 되는 예수 그리스도 • 대조 지형(섬, 호수, 만, 반도, 해협, 지협) • 대조 지형 만들기 • 화산 실험 • 창조의 역사(불, 열)
2월	초등학교에 가려면	• 밀가루 체치기 • 색쌀 붙이기 • 망치질 하기 • 교실 정리하기	• 음표 옮기기, 배수 분류 • 국기 큐빅 돌리기 • 글자 꽂기 • 학사모 걸고 떼기 • 흥미 영역 10가지	• 기하도형 카드 게임 • 구성삼각형 (직사각형 상자 B) • 3항식 변형	• 100과 1000의 사슬 • 7의 사슬 • 곱셈의 암산판 1, 2 • 분수의 계산 2 • 기하의 도입	• 수사의 역할 • 조사의 역할 • 감탄사의 역할 • 문 구성 1, 2	• 12간지 • 생명의 표 • 생명의 역사 • 창조의 역사

Ⅳ 가족과 함께하는 생활 중심 교육과 창의적 몬테소리 교육

밀레니엄 시대를 맞이한 오늘날의 유아를 위한 교육기관과 교육 매체가 매우 다양화되고, 부모의 교육열은 더욱 영아 시기까지 하향화하여 조기 교육이 확산되고 있다. 하지만 부모가 유아에게 교육적으로 지도하려고 하면 무엇을 어떻게 지도할지 몰라 대부분 글자 지도나 숫자 지도가 전부인 것처럼 생각한다.

21세기를 열어가는 2000년부터 적용된 6차 유치원 교육과정은 전인적 성장의 기반 위에 개성을 추구하는 사람, 기초 능력을 토대로 하는 창의력과 비판력, 우리 문화에 대한 이해의 토대 위에 민주 시민 의식을 기초로 공동체 발전에 공헌하는 인간상을 요구하였다. 이에 부흥하여 유아교육기관과 초등학교에서는 열린 교육 방법으로 몬테소리 교육 방법을 도입하는 기관이 더욱 확산되고 있으며, 유아교육기관에서는 초등학교 저학년에게 적용 가능한 방과 후 지도 프로그램으로 활용하고 있다.

이러한 시점에서 몬테소리 교육 방법이 현대 유아교육에서 가지는 시사점은 매우 크다. 따라서 이러한 교육적 현실 속에서 유아교육 현장에서 실시하고 있는 특정한 프로그램만을 선호하지 말고 가정과의 밀접한 관계를 형성하여 연계 교육이 이루어져야만 한다.

이러한 점을 계몽하고 재인식하는 차원에서 가정과의 연계 교육이 이루어지도록 활용하기 쉽게 가정에서 가족과 함께할 수 있는 프로그램을 개발하였다.

<교육 목적>

- 유아의 자립심과 독립심을 길러주고 적극적인 사고와 자신감을 길러주는 데 있다.
- 핵가족과 산업사회에서 산출된 소산물인 가족의 구성원이 붕괴되는 것을 가족과의 만남과 대화로서 가족애를 느끼도록 하는 데 있다.

- 몬테소리 교육 철학과 방법을 응용 · 활용하여 교구 없이도 가정의 생활 환경을 이용하여 유아의 호기심을 자극하는 데 있다.
- 지식보다는 생활의 지혜를 익히고 어떤 환경이든 대처하는 능력을 기른다.

<교육 내용>

- 연령에 제한 없이 가족 전원이 참여할 수 있도록 되어 있다.
- 유아교육과정을 기초로 매월 단원의 내용이 가정과 연계되도록 되어 있다.
- 자율성을 고려하여 모든 활동을 권장하거나 도와주도록 유도되어 있다.
- 특히 일상생활의 기본 습관을 강조하였다.
- 매월 매주의 요일을 고려하여 몬테소리 교육과정의 내용(일상생활 교육, 감각 교육, 수 교육, 언어 교육, 문화 교육)이 종합적으로 적용되었다.

<주의점>

- 가정과 교육기관은 유아가 계속적으로 실행할 수 있도록 제도를 설정해야 한다(예 매달 유아에게 포상을 하든가 졸업 때 부모에게 보상하는 제도 등).
- 교사는 매일 등원, 귀가 전후에 의식적으로 시간을 할애하여 학습 → 평가 → 자극을 지속적으로 유아들에게 지도해야 한다.
- 유아가 실행 여부에 대한 수치심을 느끼지 않는 선에서 자발적으로 행할 수 있도록 격려와 사랑을 주어야 한다.
- 처음에는 실행여부나 실시할 내용을 부모가 유도하지만 점차적으로 유아 스스로 할 수 있도록 유도하는 것이 중요하다.
- 매달 실행하지 못한 활동이나 지속성을 필요로 하는 활동은 반복하여 실행함으로써 좋은 행동 습관이 생길 수 있다.

3월 가족과 함께하는 생활 중심 교육과 창의적 몬테소리 교육

	1) ☺ ☹ 3 · 1절의 의미(우리나라의 독립을 위하여 운동한 것을 기념하는 날)를 이야기해 주세요.	2) ☺ ☹ 유치원에 갈 때 필요한 물건들을 챙겨 보도록 하세요. (주머니에 손수건을 챙겨주세요.)	3) ☺ ☹ 유치원에 가는 날을 달력에 표시한 후 몇 밤 자면 유치원에 가는지 물어보세요.	4) ☺ ☹ 매일 오늘은 몇 년, 몇 월, 몇 일, 무슨 요일인지 이야기해 주세요.
5) ☺ ☹ 우리 집의 주소와 전화번호를 기억하도록 도와주세요.	6) ☺ ☹ 유치원에 갈 때와 집으로 돌아와서 어떻게 인사하는지 알려주세요.	7) ☺ ☹ 선생님께 인사하는 법과 친구들끼리 인사하는 법을 도와주세요.	8) ☺ ☹ 매일 이 닦는 습관을 길러 주시고 혼자서 닦도록 도와주세요.	9) ☺ ☹ 잠자리를 정리할 수 있도록 도와주세요.
10) ☺ ☹ 자녀가 다니는 유치원 이름과 전화번호를 기억하도록 도와주세요.	11) ☺ ☹ 의자에 앉는 법과 이를 운반하는 법을 가족과 함께 해보게 하세요.	12) ☺ ☹ 화장실 사용법을 익히도록 도와주세요.	13) ☺ ☹ 가족과 함께 집안 대청소해 보세요. (청소할 때 필요한 용구들을 알려 주세요.)	14) ☺ ☹ 동화책을 읽어준 후 줄거리를 이야기하도록 하세요.
15) ☺ ☹ 유치원을 왜 가야 하는지 자녀에게 이야기하도록 하세요.	16) ☺ ☹ 집에서 유치원으로 안전하게 가는 방법에 대해서 자녀와 함께 이야기 하세요.	17) ☺ ☹ 유치원에서 지킬 일은 무엇인지 (바깥놀이, 실내놀이시) 알려주세요.	18) ☺ ☹ 집안에 있는 물건들은 어떻게 세는지 도와주세요.	19) ☺ ☹ 식사 때 감사하는 마음을 갖도록(기도 또는 잘 먹겠습니다 등) 표현하도록 도와주세요.
20) ☺ ☹ 가족을 위해서 도와줄 수 있는 것이 무엇이 있을까 이야기하도록 하세요.	21) ☺ ☹ 3월은 무슨 계절에 속하는지 계절에 관하여 함께 이야기하세요.	22) ☺ ☹ 자녀가 유치원에서 돌아오면 꼭 안아주면서 "사랑해"라고 이야기 하세요.	23) ☺ ☹ 집에 있는 화분에 물을 주도록 역할을 정해 주세요.	24) ☺ ☹ 식사 준비시 그릇을 쟁반에 담아 운반하도록 도와주세요.
25) ☺ ☹ 걸을 때 자세는 어떻게 걸어야 하는지 (허리를 펴고, 주머니에 손을 넣지 않도록) 도와주세요.	26) ☺ ☹ 유치원에서 사귄 친구의 이름을 물어보고, 친구의 이름을 종이에 적어주세요.	27) ☺ ☹ 가족과 함께 색종이를 접어보도록 도와주세요.	28) ☺ ☹ 귓속말 전달하기(예 오늘은 즐거운 월요일입니다.)를 가족과 함께 해보세요.	29) ☺ ☹ 가위로 (잡지나 광고지) 그림을 오려보도록 하세요.
30) ☺ ☹ 자녀의 키를 벽에 표시해 주세요.	31) ☺ ☹ 유치원 원장 선생님, 담임 선생님의 성함을 물어보고 선생님의 성함을 종이에 적어주세요.			

함께한 날에는 ☺표, 하지 못한 날에는 ☹표 하세요.

4월 가족과 함께하는 생활 중심 교육과 창의적 몬테소리 교육

		1) ☺ ☹ 4월달 달력의 숫자를 세어보도록 기회를 주세요.	2) ☺ ☹ 봄에 제일 먼저 볼 수 있는 동물이나 식물에 대해 이야기해 주세요.	3) ☺ ☹ 일주일에 한 번, TV 안 보는 날을 어떤 요일로 정할까 의논해 주세요.
4) ☺ ☹ 유아에게 작은 화분을 사주고 가꾸도록 역할을 정해 주세요.	5) ☺ ☹ 식목일에 대해 이야기해 주고 왜 나무를 심는지 이야기해 보세요.	6) ☺ ☹ 아빠나 엄마를 위해 하루에 한 가지씩 도와달라고 부탁하세요.	7) ☺ ☹ 유치원에는 어떤 교구 놀잇감이 있는지 이야기하도록 해주세요.	8) ☺ ☹ 자녀에게 알고 있는 이야기를 해달라고 요청하세요.
9) ☺ ☹ 신문에서 유아가 알고 있는 글자에 원을 그려보도록 하세요.	10) ☺ ☹ 자녀와 함께 화장실 청소하는 모습을 보여주세요.	11) ☺ ☹ 가족과 함께 알고 있는 노래 종류는 몇 가지나 있는지 이야기 나누어 보세요.	12) ☺ ☹ 매일 거울을 보고 웃는 모습을 해보도록 도와주세요.	13) ☺ ☹ 친구들과 어떻게 하면 사이좋게 지낼 수 있는지 이야기 나누어 보세요.
14) ☺ ☹ 상황에 맞는 인사법(예 감사합니다, 죄송합니다, 실례합니다, 안녕히 주무세요 등)을 이야기 나누어 보세요.	15) ☺ ☹ 버스나 지하철, 음식점 등에서는 어떤 자세로 있어야 하는지 이야기 나누어 보세요.	16) ☺ ☹ 가족 이름을 한자로 써서 보여주고 한글과 다른 점을 비교해 보세요.	17) ☺ ☹ 유아에게 칼을 사용하여 과일이나 야채를 잘라보도록 기회를 주세요.	18) ☺ ☹ 종이에 원을 그려주고, 상상하여 그림을 그려보도록 도와주세요.
19) ☺ ☹ 집에 있는 가구들의 모양(예 삼각형, 사각형, 원형 등)은 어떤 형태인가 살펴보고 도형 이름을 이야기해 주세요.	20) ☺ ☹ 컵에 음료수를 따라 보도록 하고 쟁반이나 접시에 담아 대접하도록 요청하세요.	21) ☺ ☹ 만약에 눈으로 볼 수 없게 된다면 어떨까 이야기를 나누어 보세요.	22) ☺ ☹ 유아와 함께 방향이나 위치(오른쪽, 위, 안 등)에 대해서 이야기 나누어 보세요.	23) ☺ ☹ 매일 무슨 일들을 했는지 기억나는 대로 이야기하도록 해보세요.
24) ☺ ☹ 집에 있는 가구들의 이름 카드를 만들어서 해당 물건에 붙여 보게 해주세요.	25) ☺ ☹ 판토마임(예 몸으로 어떤 행동을 하고 맞히는 놀이)을 가족과 함께 해 주세요.	26) ☺ ☹ 유아가 좋아하는 모든 것들을 말하게 하고 글씨를 써주세요.	27) ☺ ☹ 가족 모두가 각자 좋아하는 운동을 정하고 실천할 수 있는 방법을 토의하세요.	28) ☺ ☹ 가족과 함께 키를 대보고 누가 누구보다 어떤지 (예 비교급과 최상급) 비교해 보게 하세요.
29) ☺ ☹ 전화받는 자세를 이야기해 주세요.				

함께한 날에는 ☺표, 하지 못한 날에는 ☹표 하세요.

5월 가족과 함께하는 생활 중심 교육과 창의적 몬테소리 교육

			1) ☺ ☹ 이번 달에는 어떤 행사가 있는지 이야기해 주세요.	2) ☺ ☹ '가'로 시작하는 말은 어떤 것이 있는지 이야기 나누어 보고 써보도록 배려해 주세요.
3) ☺ ☹ 가족의 나이를 전부 합하면 얼마나 될까 세어보도록 도와주세요.	4) ☺ ☹ 내일은 무슨 날인지 이야기해 주세요. 그리고 어떻게 지낼지 가족과 함께 계획해 보세요.	5) ☺ ☹ 어린이들이 해야 할 일과 어른이 해야 할 일은 어떤 것이 있는지 이야기하도록 하세요.	6) ☺ ☹ 남녀의 차이를 이야기해 주시고 신체의 중요한 부분을 어떻게 해야 하는지도 이야기해 주세요.	7) ☺ ☹ 자녀의 성장 과정에 대해 이야기해 주고, 앨범을 보면서 기억하도록 도와주세요.
8) ☺ ☹ 어버이날에 대해 이야기해 주세요. 그리고 아빠나 엄마의 직업에 대해 이야기해 주세요.	9) ☺ ☹ 집에 있는 물건을 매일 젓가락으로 집어보도록 해주세요.	10) ☺ ☹ 가족의 호칭을 알려주세요(언니, 누나, 형, 외할머니, 친할아버지 등).	11) ☺ ☹ 석가탄신일에 대해 이야기해 주시고, 종교의 종류에 대해서도 이야기해 주세요.	12) ☺ ☹ 공기를 준비하여 자녀에게 공기놀이를 할 수 있도록 도와주세요.
13) ☺ ☹ 오늘 하루를 어떻게 보냈는지 아침부터 생각나는 내용들을 이야기해 보도록 하세요.	14) ☺ ☹ 선생님께 편지나 그림카드를 보내도록 도와주세요.	15) ☺ ☹ 선생님이 하시는 일에 대해 이야기하도록 도와주세요.	16) ☺ ☹ 만약에 물이 없다면 어떨까 자녀에게 이야기하도록 도와주세요.	17) ☺ ☹ 바늘귀에 실을 꿰어보도록 해주세요.
18) ☺ ☹ 손으로 할 수 있는 일은 몇 가지나 되는지 세어보고 적어보도록 도와주세요.	19) ☺ ☹ '윗물이 맑아야 아랫물이 맑다'라는 속담을 가족과 함께 어떤 내용인지 알아보세요.	20) ☺ ☹ 가족과 함께 전시장이나 박물관을 견학할 수 있도록 시간을 마련해 주세요.	21) ☺ ☹ 떡볶이를 만들 때 필요한 재료를 이야기해 주시고 자녀와 함께 만들어 보세요.	22) ☺ ☹ 내가 들어본 소리는 어떤 소리가 있는지 이야기하도록 도와주세요(새소리, 친구 목소리, 싸우는 소리).
23) ☺ ☹ 살고 있는 동네 지도를 준비하고 고궁이나 명소에 대해 이야기해 주세요.	24) ☺ ☹ '작다' 하면 생각나는 것을 이야기해 보도록 하세요(개미, 먼지, 아기 등).	25) ☺ ☹ 우리 동네에는 어떤 상점들이 있는지 기억해 보고 이야기하도록 도와주세요.	26) ☺ ☹ 어떤 모양의 집에서 살고 싶은지 이야기해보도록 하고 그림을 그려보도록 도와주세요.	27) ☺ ☹ TV를 안 보는 날을 잘 지키고 있는지, 이 약속의 좋은 점과 나쁜 점을 이야기하도록 도와주세요.
28) ☺ ☹ 알고 있는 동네 이름을 이야기하도록 도와주시고 적어보도록 해 주세요(예 간석동, 홍제동).	29) ☺ ☹ 친구들과 싸우지 않으려면 어떻게 해야 할까 하고 이야기하도록 도와주세요.	30) ☺ ☹ 신체의 각 부분을 색테이프로 재어보고 자로 비교해 보도록 도와주세요.	31) ☺ ☹ 코로 맡을 수 있는 냄새는 어떤 냄새가 있는지 이야기하도록 하세요.	

함께한 날에는 ☺표, 하지 못한 날에는 ☹표 하세요.

6월 가족과 함께하는 생활 중심 교육과 창의적 몬테소리 교육

1) ☺ ☹ 6월은 어떤 계절인지, 사계절에 대한 차이를 이야기해 주세요.	2) ☺ ☹ 자녀에게 엄마와 아빠의 얼굴을 그려보도록 부탁하세요.	3) ☺ ☹ 엄마, 아빠 어깨를 주물러 달라고 부탁하세요.	4) ☺ ☹ 가족의 띠를 알아보고 12간지에 대한 순서도 이야기해 주세요.	5) ☺ ☹ 자녀와 함께 샌드위치를 만들어 보세요.
6) ☺ ☹ 현충일이 어떤 날인지 이야기해 주세요.	7) ☺ ☹ 자녀에게 알고 있는 동화나 옛날 이야기를 해달라고 부탁하세요.	8) ☺ ☹ 온도계를 사주시고 매일 온도계를 살펴보도록 지도해 주세요.	9) ☺ ☹ 길다, 짧다 하면 생각나는 것이 무엇인지 이야기하도록 하세요.	10) ☺ ☹ 가족들의 구두를 닦아보도록 도와주세요.
11) ☺ ☹ 재활용품을 분류하여 버리도록 도와주세요.	12) ☺ ☹ 자녀가 수박 화채 만들기를 할 수 있도록 도와주세요.	13) ☺ ☹ 주방에서 사용하는 물건 이름을 알려주고 사용하는 용도에 대해서도 이야기해 주세요.	14) ☺ ☹ '바늘 도둑이 소 도둑 된다.'라는 속담을 가족과 함께 어떤 내용인지 알아보세요.	15) ☺ ☹ 친구들이나 친척의 전화번호를 기억할 수 있도록 도와주세요.
16) ☺ ☹ 발로 할 수 있는 일은 무엇이 있을까 이야기하도록 하세요.	17) ☺ ☹ 작은 걸레를 준비해 주고 집안의 유리창이나 거울을 닦을 수 있도록 도와주세요.	18) ☺ ☹ 자녀와 함께 가까운 동물원에 갈 수 있도록 계획해 보세요.	19) ☺ ☹ 새끼 낳는 동물과 알을 낳는 동물은 어떤 동물이 있는지 동물도감을 준비해 주세요.	20) ☺ ☹ 가족과 함께 색종이로 동물들을 접어 볼 수 있도록 도와주세요.
21) ☺ ☹ 동물들의 울음소리와 사람들의 웃음소리를 흉내내어 보도록 해보세요.	22) ☺ ☹ 사람을 포함하여 두 발로 또는 네 발로 걷는 동물들의 이야기를 해주세요.	23) ☺ ☹ 가족과 함께 몸무게를 재어보고 무게를 나타내는 단위(Kg)를 이야기해 주세요.	24) ☺ ☹ 6.25전쟁은 어떤 날인지 이야기해 주세요.	25) ☺ ☹ 공기(산소)가 하는 일은 어떤 것이 있을까 이야기하도록 하세요.
26) ☺ ☹ 자녀와 함께 '실뜨개놀이'를 해보세요.	27) ☺ ☹ 어떻게 하면 칭찬을 받을까 가족과 함께 토론해 보세요.	28) ☺ ☹ 자녀가 알고 있는 동물 이름을 적어 주세요.	29) ☺ ☹ 가족과 함께 한 발로 오래 서 있기를 해보세요.	30) ☺ ☹ 자녀에게 어른이 되면 어떤 어른이 되고 싶은지 이야기하도록 하세요.

함께한 날에는 ☺표, 하지 못한 날에는 ☹표 하세요.

7월 가족과 함께하는 생활 중심 교육과 창의적 몬테소리 교육

			1) ☺ ☹ 1분 동안 가족과 함께 할 수 있는 것에는 무엇이 있을까 토론해 보세요(예 서로 안아주기, 악수하기 등).	2) ☺ ☹ 수를 셀 때는 어떤 방법이 있는지 이야기해 주세요(예 1, 2, 3, … , 2, 4, 6, 8 등).
3) ☺ ☹ 얼음 조각을 준비해 주고 손에 오래 쥐고 있게 하여 느낌을 이야기하도록 해보세요.	4) ☺ ☹ 동네를 산책하면서 어떤 병원이 있는지 찾아보고 병원에서 하는 일을 설명해 주세요.	5) ☺ ☹ 수영장에서 지켜야 할 규칙에 대해 토론하고 종이에 적어주세요.	6) ☺ ☹ 공중전화 카드를 어떻게 사용하는지 방법을 알려주고 직접 걸어보도록 도와주세요.	7) ☺ ☹ 여름방학은 왜 하는지 이야기해 주고 며칠 남았는지 세어보도록 하세요.
8) ☺ ☹ 선풍기를 안전하게 사용하는 방법에 대해 이야기해 주시고, '플러그와 콘센트' 라는 언어를 지도해 주세요.	9) ☺ ☹ 만일 물이 없다면 어떤 불편함이 있을지 이야기해 달라고 부탁하세요.	10) ☺ ☹ 손으로 할 수 있는 일은 어떤 것이 있을까 이야기하도록 도와주세요.	11) ☺ ☹ 집안에서 직육면체의 모양을 찾아보도록 도와주세요.	12) ☺ ☹ '여름' 하면 생각나는 단어들을 이야기하도록 하고 종이에 적어주세요.
13) ☺ ☹ 수영장에 갈 때 필요한 물건을 적어주고 몇 가지나 되는지 세어보도록 하세요.	14) ☺ ☹ 여름방학 동안 어떻게 지낼지 계획하도록 하고 계획표를 만들어 주세요.	15) ☺ ☹ 수박을 먹고 씨를 모아 세어보도록 하세요.	16) ☺ ☹ 장마철에 햇볕이 나면 왜 이불을 밖에 널어두는지에 대해 이야기해 주세요.	17) ☺ ☹ 제헌절에 대한 이야기해 주고 국기를 게양하는 방법을 알려주세요.
18) ☺ ☹ 가족과 함께 멀리뛰기를 하고 누가 멀리 뛰었는지 줄자로 재어보도록 도와주세요.	19) ☺ ☹ 지하철이나 버스 안에서 지켜야 할 질서에는 어떤 것이 있는지 이야기해 주세요.	20) ☺ ☹ 물놀이를 하고나서 느낌을 이야기하도록 하고 그림으로 그려보세요.	21) ☺ ☹ 확대경을 준비해 주고 몸에서 땀이난 곳을 살펴보도록 도와주세요(예 왜 땀이 날까?).	22) ☺ ☹ '감옥' 은 어떤 곳인지를 이야기해 주세요.
23) ☺ ☹ 계란 프라이를 할 수 있도록 도와주세요.	24) ☺ ☹ 자녀가 외우고 있는 동시를 읊어보도록 부탁하세요.	25) ☺ ☹ 우리 동네에는 어떤 상점들이 있는지를 기억해 보고 이야기하도록 도와주세요.	26) ☺ ☹ 동전으로 홀수, 짝수를 맞혀보는 놀이를 할 수 있도록 도와주세요.	27) ☺ ☹ 신체에서 제일 중요한 부분을 알려주고 어떻게 해야 소중히 간직할 수 있는지를 이야기해 주세요.
28) ☺ ☹ 감자나 양파, 무, 당근 등을 저울에 달아보고 무게를 비교할 수 있도록 도와주세요.	29) ☺ ☹ 여행을 하고 싶은 곳을 계획하고(친척집 혹은 관광지) 필요한 물건을 가방에 챙겨보도록 도와주세요.	30) ☺ ☹ 식사준비에 필요한 것을 도와 달라고 부탁하세요.	31) ☺ ☹ '작다' 란 단어를 사용하여 이야기하도록 도와주세요.	

함께한 날에는 ☺표, 하지 못한 날에는 ☹표 하세요.

8월 가족과 함께하는 생활 중심 교육과 창의적 몬테소리 교육

		1) ☺ ☹ 자녀가 좋아하는 계절을 물어보고 왜 좋은지를 이야기해 보게 하세요.	2) ☺ ☹ 외출이나 여행을 했을 부모를 잃어버린다면, 집에 어떤 방법으로 찾아올 수 있는지 토의해 보세요.	3) ☺ ☹ 확대경을 준비해 주고 개미들의 움직임을 관찰하게 하세요.
4) ☺ ☹ 장난감이나 인형을 깨끗이 닦아보도록 필요한 도구를 준비해 주세요(예 비누, 수건 등).	5) ☺ ☹ 자녀가 좋아하는 것을 수집하도록 도와주세요(예 우표, 종, 돌, 조개껍데기, 나뭇잎 등).	6) ☺ ☹ 가족과 함께 '수박 겉핥기'란 속담이 어떤 내용인가 알아보세요.	7) ☺ ☹ 자녀와 함께 밤하늘에서 별자리를 찾아보세요.	8) ☺ ☹ 자녀가 선생님께 또는 친구에게 편지를 쓰도록 도와주세요.
9) ☺ ☹ 만약에 목소리가 안 나온다면 어떤 어려움이 있을지 토의해 보세요.	10) ☺ ☹ '말복'이란 단어에 대해 이야기를 들려주세요.	11) ☺ ☹ 자녀가 먹어본 과자 상표를 오려 붙여보고, 그림으로 표현할 수 있도록 도와주세요.	12) ☺ ☹ 달력을 보며 며칠 있으면 선생님과 친구들을 볼 수 있을까 이야기해 보게 하세요.	13) ☺ ☹ 양말을 정리할 때 접는 방법을 두 가지 이상 알려주시고, 혼자 할 수 있도록 도와주세요.
14) ☺ ☹ 라면을 요리할 때 편리한 도구나 물의 양을 알려주시고 혼자해 보도록 도와주세요. (가스레인지나 불을 사용할 때는 성인이 꼭 지켜봐야 합니다.)	15) ☺ ☹ 광복절에 대한 이야기해 주고 국기를 자녀와 함께 달아보세요.	16) ☺ ☹ 죽마고우(竹馬故友)란 고사성어에 대해 알기 쉽게 설명해 주시고, 한자와 한글을 비교해 주세요.	17) ☺ ☹ 견우와 직녀에 대한 전설 이야기를 들려주세요.	18) ☺ ☹ 친척집이나 친구집에 놀러 갔을 때 지켜야 할 예절을 알려주세요.
19) ☺ ☹ 자녀와 함께 반대말 놀이를 하세요(예 길다, 가다, 울다 등).	20) ☺ ☹ 자녀와 함께 주먹밥을 만들어 보고 그림으로 그려보도록 도와주세요.	21) ☺ ☹ 가족과 함께 핫케이크를 만들어 보시고, 맛의 종류에 대해 이야기해 보게 하세요(예 신맛, 쓴맛, 단맛 등).	22) ☺ ☹ 지도를 보여주고 산이 있는 곳을 찾아 표시하고 이름도 적어주세요.	23) ☺ ☹ 죽음에 대해 이야기해 주고, 왜 죽을까에 대해 이야기해 주세요.
24) ☺ ☹ 가족의 신발을 전부 합하면 몇 켤레일까 세어보도록 하세요.	25) ☺ ☹ 카메라 작동법을 알려 주고 자녀가 찍어볼 수 있도록 도와주세요.	26) ☺ ☹ 자녀가 혼자서 손톱, 발톱을 깎아보도록 도와주세요.	27) ☺ ☹ 집에 있는 책을 세어보고 숫자도 적어보도록 도와주세요.	28) ☺ ☹ 아기는 어떻게 해서 탄생할까 물어보고 이야기해 주세요.
29) ☺ ☹ 시계는 왜 필요할까 물어보시고, 시계의 종류에 대해 알아보도록 도와주세요.	30) ☺ ☹ 집안에서 혹은 그 외의 곳에서 원기둥 모양의 물건을 살펴보고, 어떤 것들이 있는지 이야기하도록 도와주세요.	31) ☺ ☹ 집에 있는 숟가락과 젓가락을 합하면 몇 개인가 세어보도록 도와주세요.		

함께한 날에는 ☺표, 하지 못한 날에는 ☹표 하세요.

9월 가족과 함께하는 생활 중심 교육과 창의적 몬테소리 교육

	1) ☺ ☹ 9월은 계절 중 어느 계절에 속하는지 이야기하게 해보세요.	2) ☺ ☹ '9' 자로 시작하는 단어를 이야기하도록 도와주세요.	3) ☺ ☹ 집에서 유아가 할 수 있는 일은 어떤 것이 있는지 이야기하고 몇 가지인지 세어보도록 도와주세요.	4) ☺ ☹ 바람이 할 수 있는 것은 어떤 일이 있는지 이야기하도록 부탁하세요.
5) ☺ ☹ 청소기를 혼자 사용할 수 있도록 도와주세요.	6) ☺ ☹ 자동차가 하는 일을 이야기하도록 부탁하세요.	7) ☺ ☹ 실내에 있는 화분에 나뭇잎의 먼지를 닦을 수 있도록 도와주세요.	8) ☺ ☹ 과일 이름 말하기 게임을 하고 적어보도록 부탁하세요(혹은 모양과 색을 이야기).	9) ☺ ☹ 옷고름이나 대님의 길이를 측정하도록 도와주세요.
10) ☺ ☹ 애국가를 불러보도록 도와주시고 우리나라를 나타내는 것은 어떤 것이 있는지 이야기해 보도록 하세요.	11) ☺ ☹ 음력 8월 15일을 찾아 추석임을 알려주고 추석에 관하여 이야기해 주세요.	12) ☺ ☹ 윷놀이 규칙을 알려주고 그림으로 그려보도록 부탁하세요.	13) ☺ ☹ 밤에 달을 관찰하게 도와주시고 그림으로 그려보도록 도와주세요.	14) ☺ ☹ 좋아하는 색을 이야기하고 생각나는 물건이나 느낌을 이야기하도록 도와주세요.
15) ☺ ☹ '소문난 잔치에 먹을 것 없다.'는 속담의 뜻에 대해 이야기해 주세요.	16) ☺ ☹ 지도는 왜 필요한지 알려주고 우리나라 땅의 생김새에 대해 이야기해 주세요.	17) ☺ ☹ 유아가 가본 친척집은 지도에서 어디에 있는지 찾아보도록 도와주세요.	18) ☺ ☹ 교통 표지판은 어떤 것이 있는지 도로변에서 찾아보도록 도와주세요.	19) ☺ ☹ 제기차기를 가족과 함께 해보세요.
20) ☺ ☹ 교통 법규에 대해 이야기해 주고 바닥에 그어진 파란 줄, 노란 줄, 실선에 대해 이야기해 주세요.	21) ☺ ☹ 다리미를 사용할 수 있도록 작은 천이나 옷을 준비해 주시고 직접 사용해 보도록 도와주세요.	22) ☺ ☹ 신체의 어느 부분이든 혼자 닦을 수 있도록 격려하세요.	23) ☺ ☹ 자녀에게 반 친구 이름을 이야기해 보도록 하고 몇 명이나 외우는지 세어보도록 부탁하세요.	24) ☺ ☹ 아파트 안에서나 거리에서 걸음을 어떻게 걸어야 하는지 이야기하도록 부탁하세요.
25) ☺ ☹ 떡의 종류를 이야기하도록 하고 적어주세요	26) ☺ ☹ 판토마임 게임(몸동작으로 행동을 맞춘다)을 해보세요.	27) ☺ ☹ 신체 부자유자를 보면 어떤 자세로 대해야 할지에 대해 이야기해 주세요.	28) ☺ ☹ 만약에 엄마, 아빠가 안 계신 친구를 보면 어떤 느낌이 드는지 이야기하도록 도와주세요.	29) ☺ ☹ 유아가 좋아하는 인물(가수, 스포츠인 등)을 이야기해 보게 하세요.
30) ☺ ☹ 매일 신발 정리를 하도록 부탁하세요.				

함께한 날에는 ☺표, 하지 못한 날에는 ☹표 하세요.

10월 가족과 함께하는 생활 중심 교육과 창의적 몬테소리 교육

1) ☺ ☹ 국군의 날이 어떤 날인지 이야기해 주세요.	2) ☺ ☹ 지진은 왜 일어날까? 지진이 나면 어떤 일들이 일어나는지를 이야기해 주세요.	3) ☺ ☹ 개천절에 대해 이야기해 주시고, 경복궁을 가족과 함께 가보세요.	4) ☺ ☹ 신문에서 'ㅅ'으로 시작되는 글자를 찾아 오려서 붙여보도록 하세요.	5) ☺ ☹ 감, 밤을 먹어보고 맛을 비교해 보도록 부탁하세요.
6) ☺ ☹ 둘씩 셀 수 있는 (예 신발, 젓가락 등) 물건을 알아보고 세어보도록 하세요.	7) ☺ ☹ 나뭇잎을 주워 단풍이 들어가는 모습을 이야기하도록 하고 그림을 그려보도록 하세요.	8) ☺ ☹ 우리나라에서 제일 가까운 나라는 어느 나라일까 지도를 보고 이야기해 주세요.	9) ☺ ☹ 세종대왕은 어떤 분이었는지 이야기해 주세요.	10) ☺ ☹ 청소 도구들은 어떤 것이 있는지 이야기하도록 하고 빗자루 사용법을 알려주세요.
11) ☺ ☹ '스펀지를 물에 넣으면 어떻게 변화할까? 흡수성에 대해 경험하도록 도와주세요.	12) ☺ ☹ 글자를 모르면 불편한 점을 이야기해 보도록 하세요.	13) ☺ ☹ 생활 속에서 외래어를 그대로 쓰고 있는 단어를 찾아보도록 도와주세요(예 테이프, 바나나 등).	14) ☺ ☹ 우리나라에 제일 면적이 작은 도를 찾아볼 수 있도록 지도를 준비해 주세요.	15) ☺ ☹ '작다'란 단어를 사용하여 이야기하도록 도와주세요.
16) ☺ ☹ 집에서 가장 긴 물건이 무엇인지 찾아보게 하세요.	17) ☺ ☹ 색종이로 접을 수 있는 것을 접어보도록 도와주세요.	18) ☺ ☹ 내가 할 수 있는 일은 몇 가지나 되나 이야기해 보도록 하세요.	19) ☺ ☹ 만약에 소리를 들을 수 없다면 어떤 불편함이 있을까를 이야기하도록 도와주세요.	20) ☺ ☹ 가을의 날씨는 어떤지 변화에 대해서 이야기해 주세요.
21) ☺ ☹ 만약 친구가 없다면 어떤 불편함이 있을까 이야기하도록 부탁하세요.	22) ☺ ☹ 달걀 프라이를 할 수 있도록 지도해 주세요.	23) ☺ ☹ 가족의 이름을 한자로 써주고 한글과 비교하게 해주세요.	24) ☺ ☹ 밀가루 반죽을 해주고 수제비를 가족과 함께 만들어 보세요.	25) ☺ ☹ 머리를 혼자 빗을 수 있도록 부탁하세요.
26) ☺ ☹ 어른이 되면 할 수 있는 일이 어떤 것들이 있는지 이야기해 보도록 하세요.	27) ☺ ☹ 날짜 세는 법을 (예 하루, 이틀 등) 이야기해 주세요.	28) ☺ ☹ 아빠, 엄마 어깨를 주물러 달라고 부탁하세요.	29) ☺ ☹ 식사 준비에 필요한 것을 도와달라고 부탁하세요(예 수저 놓기, 반찬 놓기 등).	30) ☺ ☹ 지점토로 우리나라 지형을 만들도록 도와주세요.
31) ☺ ☹ '빨간색' 하면 생각나는 것을 그림으로 그려보도록 도와주세요.				

함께한 날에는 ☺표, 하지 못한 날에는 ☹표 하세요.

11월 가족과 함께하는 생활 중심 교육과 창의적 몬테소리 교육

				1) ☺ ☹ 달력에 며칠까지 있는지 읽을 수 있도록 도와주세요.
2) ☺ ☹ 유아 이름으로 삼행시를 지어보도록 도와주세요.	3) ☺ ☹ 돈의 종류를 알아보게 하고, 돈에 그려진 인물에 대해 이야기해 주세요.	4) ☺ ☹ 집에서 가까운 소방서를 다녀와서 가족과 함께 이야기 나누어 보세요.	5) ☺ ☹ 식사 후 먹은 그릇을 설거지하기 쉽게 정리해 보게 하세요.	6) ☺ ☹ 슈퍼마켓에서 본 물건 이름들을 이야기해 보도록 하세요.
7) ☺ ☹ 내가 좋아하는 음식 이름 말하기 게임을 해보세요(어느 나라 음식인지 이야기해 주세요).	8) ☺ ☹ 동네를 산책하고 나뭇잎을 모아 어떤 모양인지 이야기하도록 하세요.	9) ☺ ☹ 바둑알로 숫자를 만들어 보세요.	10) ☺ ☹ 반찬 만들기(예 두부를 똑같은 크기로 자르기)를 도와달라고 부탁하세요.	11) ☺ ☹ 하루에 한 가지씩 남을 도와주도록 부탁하고 도와준 일을 이야기하도록 하세요.
12) ☺ ☹ 새 소식을 알려주는 보도기관에 대해서 이야기해 주세요(예 책, 신문, 잡지, TV 등).	13) ☺ ☹ 마른 세탁물을 종류별로 접어보도록 부탁하세요.	14) ☺ ☹ 머리에 수건을 얹고 몇 걸음이나 걸을 수 있는지 세어보도록 하세요.	15) ☺ ☹ 집 근처에 있는 지하철을 타보고 역 이름을 알아보게 해주세요.	16) ☺ ☹ 집안에서 볼 수 있는 색깔에 대해 이야기해 보도록 하세요.
17) ☺ ☹ 알고 있는 TV 프로그램 제목을 이야기하게 하고, TV의 바른 시청법을 알려주세요.	18) ☺ ☹ 성냥불을 켜고 끄는 법을 알려주고, 혼자 할 수 있도록 도와주세요.	19) ☺ ☹ 주고 싶은 선물을 이야기해 보도록 하세요.	20) ☺ ☹ 제일 재미있었던 일을 그림으로 그려보도록 도와주세요	21) ☺ ☹ 한 발로 몇 번이나 뛸 수 있는지 해보게 하세요.
22) ☺ ☹ 동화책을 읽어준 후 자녀에게 책 내용을 이야기하도록 하세요.	23) ☺ ☹ 집안에 있는 물체들의 형태를 알려주세요(예 냉장고는 직육면체, 컵은 원기둥 등).	24) ☺ ☹ 동시나 동화를 외워 보도록 도와주세요.	25) ☺ ☹ 회오리바람 만들기 빈 병에 작은 돌멩이를 넣고 색 물을 가득 넣어 돌려보세요.	26) ☺ ☹ 바늘과 실에 관한 속담을 들려주세요(예 바늘 도둑이 소도둑 된다).
27) ☺ ☹ 음식을 맛있게 먹을 수 있게 도와준 분에 대해 이야기해 보도록 하세요.	28) ☺ ☹ 신문이나 잡지를 이용해서 콜라주를 만들어 보세요	29) ☺ ☹ 물건을 셀 때는(예 신발, 양말 등) 어떻게 말하는지 이야기해 주세요.	30) ☺ ☹ 끝말 이어가기 게임(예 나라-라디오-오징어 등)을 해보세요.	

함께한 날에는 ☺표, 하지 못한 날에는 ☹표 하세요.

12월 가족과 함께하는 생활 중심 교육과 창의적 몬테소리 교육

		1) ☺ ☹ 달력에 며칠까지 있는지 읽을 수 있도록 도와주세요.	2) ☺ ☹ 지난달에 함께한 활동 중 재미있었던 것을 이야기해 보고 반복하도록 도와주세요.	3) ☺ ☹ 식사 후 가족 수대로 물을 따라 한 컵씩 대접해 보게 하세요.
4) ☺ ☹ 외출했다 돌아오신 아빠께 어떤 인사를 하면 좋을까 이야기하도록 하세요.	5) ☺ ☹ 내가 집에서 할 수 있는 일은 어떤 것이 있는지 이야기하도록 하세요.	6) ☺ ☹ 가족들의 몸무게를 달아보고, 누가 제일 무거운지 알아보도록 도와주세요.	7) ☺ ☹ 불이 없다면 불편한 점이 무엇이 있을지 이야기해 보게 하세요.	8) ☺ ☹ 반찬 만들기(예 파, 마늘 껍질 까기)를 도와달라고 부탁하세요.
9) ☺ ☹ 유아가 알고 있는 동화 혹은 옛날이야기를 가족들에게 들려주도록 부탁하세요.	10) ☺ ☹ 4종류의 물을 준비하고 온도를 이야기하도록 하세요(예 차다, 뜨겁다, 미지근하다, 따뜻하다).	11) ☺ ☹ 교통기관을 이용할 때의 값을 알 수 있도록 도와주세요(예 버스, 택시, 전철 등).	12) ☺ ☹ 자녀에게 동화책을 들려주세요.	13) ☺ ☹ 훌라후프를 몇 번이나 할 수 있는지 세어보게 하세요.
14) ☺ ☹ 집안에 있는 물건을 살펴보고 이름이 가장 긴 것과 짧은 것을 찾아보세요.	15) ☺ ☹ 전화번호 외우기(예 집, 친척, 유치원, 소방서 등).	16) ☺ ☹ 유아에게 손수건이나 양말을 세탁할 수 있도록 기회를 주세요.	17) ☺ ☹ 실내 온도와 실외 온도를 재어보고 온도계에 그려보세요.	18) ☺ ☹ 방학은 왜 하는지, 무엇을 하고 지내면 좋을지 이야기해 보도록 부탁하세요.
19) ☺ ☹ 자녀와 함께 크리스마스 트리를 장식해 보세요.	20) ☺ ☹ '겨울' 하면 생각나는 물건들을 이야기해 보도록 하세요(신문이나 잡지를 이용하세요.).	21) ☺ ☹ 유아의 책장에 꽂혀 있는 책을 키대로 정리하도록 부탁하세요.	22) ☺ ☹ 몇 밤을 자야 성탄절이 되는지 달력을 보며 세어보게 하세요.	23) ☺ ☹ 가족들이 받고 싶은 선물을 꾸며보세요(신문을 이용하거나 쓰세요.).
24) ☺ ☹ 구세군 자선냄비에 대해 이야기해 주세요.	25) ☺ ☹ 오늘은 성탄절(예수께서 태어나신 날을 기념하는 날)임을 이야기해 주세요.	26) ☺ ☹ 성탄절에 재미있었던 일을 그림으로 그려보게 하세요.	27) ☺ ☹ 글자 알아맞히기 게임(예 등에다 유아가 알 수 있는 글자를 쓰고 맞히어 보는 것)을 해보도록 하세요	28) ☺ ☹ 유치원 선생님들 성함을 얼마나 알고 있는지 이야기하게 하세요.
29) ☺ ☹ 녹음기에 노래를 녹음한 후 들어보도록 하세요.	30) ☺ ☹ '사랑' 이라는 동요를 함께 불러보세요.	31) ☺ ☹ 가는 해를 마무리하고 오는 해를 맞이할 준비를 하도록 도와주세요.		

함께한 날에는 ☺표, 하지 못한 날에는 ☹표 하세요.

1월 가족과 함께하는 생활 중심 교육과 창의적 몬테소리 교육

1) ☺ ☹ 새해가 되어서 달라진 것들은 무엇인지 물어보세요.	2) ☺ ☹ 윷놀이 게임 방법을 알려주세요.	3) ☺ ☹ 내 키와 몸무게, 나이를 표현하는 단위와 숫자를 알려주세요	4) ☺ ☹ 유아가 할 수 있는 색종이 접기는 몇 가지나 되는지 접어보도록 하세요.	5) ☺ ☹ 부엌에서 사용하는 도구들의 이름을 알아보게 하세요.
6) ☺ ☹ 아빠, 엄마 구두를 닦아보도록 도와주세요.	7) ☺ ☹ 집에서 보는 신문 이름을 알려주세요. 신문에서 볼 수 있는 글자는 어떤 것이 있나 함께 찾아보세요.	8) ☺ ☹ 설거지(밥그릇, 수저 등)를 해보도록 기회를 주세요.	9) ☺ ☹ 과자 포장지에 있는 글자 모으기를 하도록 도와주세요.	10) ☺ ☹ 유아에게 필요한 책의 종류를 물어본 후 함께 서점에 가서 구입해 주세요.
11) ☺ ☹ 몇 밤을 자야 유치원에 가는지 달력에 표시하고 세어보게 하세요.	12) ☺ ☹ 수저에 구슬을 올려놓고 걸어보도록 해보세요.	13) ☺ ☹ 존대어(예 먹다-드시다, 나이-연세, 생일-생신)는 어떻게 말해야 하는지 알려주세요.	14) ☺ ☹ 떡볶이 만들기(예 흰떡 썰기)를 도와달라고 부탁하세요.	15) ☺ ☹ 은행에 가서 저금하는 과정을 직접 체험해 볼 수 있도록 도와주세요.
16) ☺ ☹ 선생님께 편지를 쓴 후 부치도록 도와주세요.	17) ☺ ☹ 유아와 함께(미술 전시회, 연극, 극장 등) 견학을 계획한 후 실행해 보세요.	18) ☺ ☹ 내가 만일 앞을 보지 못한다면 어떨지 상상하여 이야기해 보게 하세요.	19) ☺ ☹ 엄마가 알고 계신 전래동요를 가르쳐 주시고 유아와 함께 불러보세요.	20) ☺ ☹ 유치원에 있는 교구 이름이나 놀이를 상상하여 이야기해 보세요.
21) ☺ ☹ 유아에게 다리미 사용법과 필요한 용구의 이름을 알려주세요.	22) ☺ ☹ 식사할 때의 예절을 이야기하도록 하세요.	23) ☺ ☹ TV에서 무슨 이야기를 듣고 보았는지 표현하도록 도와주세요.	24) ☺ ☹ 집안에 있는 물건이름 대기 게임을 함께 해보세요.	25) ☺ ☹ 유치원에 갈 때 필요한 것을 이야기하고 혼자 챙겨보도록 해주세요.
26) ☺ ☹ 방학 동안 즐거웠던 일을 상상해보고 그림을 그려보도록 하세요.	27) ☺ ☹ 어떻게 하면 친구들이 싫어할까 이야기해 보게 하세요.	28) ☺ ☹ 아프지 않으려면 어떻게 해야 할까를 이야기해 보게 하세요	29) ☺ ☹ 엄마, 아빠가 안 계신다면 어떻게 될까 상상하여 이야기해 보게 하세요.	30) ☺ ☹ 얼음으로 할 수 있는 것은 무엇이 있을까 생각하도록 도와주세요.
31) ☺ ☹ 어른과 어린이의 치아 개수가 각각 몇 개씩인지 세어보도록 도와주세요.				

함께한 날에는 ☺표, 하지 못한 날에는 ☹표 하세요.

2월 가족과 함께하는 생활 중심 교육과 창의적 몬테소리 교육

			1) ☺ ☹ 2월은 며칠까지 있는지 세어보도록 하고, 어제, 오늘에 대해 이야기해 주세요.	2) ☺ ☹ 연의 종류에는 어떤 것들이 있는지 알려주세요.
3) ☺ ☹ 아버지와 어머니를 낳아 주신 분들을 어떻게 부르는지 알아보고 친척의 촌수를 알려주세요.	4) ☺ ☹ 유치원이나 초등학교 주변 지역을 견학하고 본 것을 이야기한 다음 그림으로 그려보도록 도와주세요.	5) ☺ ☹ 가래떡을 칼로 잘라 볼 기회를 주세요.	6) ☺ ☹ 가족과 함께 떡의 종류를 알아보세요.	7) ☺ ☹ 만약에 대통령 할아버지를 만난다면 무슨 부탁을 할지 이야기해 보세요.
8) ☺ ☹ 가족의 나이를 전부 합하면 얼마나 될지 계산해 보세요.	9) ☺ ☹ 하늘을 보면서 달의 종류를 알려주시고 그림으로 그려보도록 도와주세요.	10) ☺ ☹ 담임선생님께 감사의 편지나 그림을 그려보도록 도와주세요.	11) ☺ ☹ 엄마, 아빠께 음료수를 대접하도록 도와주세요(예 커피 타는 법 등).	12) ☺ ☹ '머리에는 왜 머리카락이 날까'를 생각하도록 도와주세요.
13) ☺ ☹ 밥 먹은 그릇들을 설거지하거나 정리할 수 있는 기회를 만들어 주세요.	14) ☺ ☹ 코로 맡을 수 있는 냄새를 말해 보도록 하세요.	15) ☺ ☹ 수를 세는 방법을 알려주세요(예 짝수와 홀수 등).	16) ☺ ☹ 119 전화번호는 어떠한 상황에서 사용하는지를 알려주세요.	17) ☺ ☹ 공기는 어떠한 힘을 가지고 있는지 생각해보고 이야기할 수 있게 해주세요.
18) ☺ ☹ 초등학교에 다니는 형이나 언니를 초대하여 초등학교에 관한 이야기를 들어보도록 기회를 주세요.	19) ☺ ☹ 대보름에 대해 이야기해 주세요. 가족 모두 달을 보고 소원을 이야기해 보세요	20) ☺ ☹ 방에 있는 책의 개수를 자녀와 함께 세어보도록 하세요.	21) ☺ ☹ 손톱, 발톱을 혼자 깎을 수 있도록 도와주세요.	22) ☺ ☹ 바둑알이나 동전을 이용하여 홀수와 짝수를 알아맞혀 보는 게임을 해보세요.
23) ☺ ☹ 어린이집(또는 유치원)을 졸업하면 어디서 공부를 하게 되는지 물어보시고 교육의 단계를 알려주세요(초, 중, 고 …).	24) ☺ ☹ 5개씩 세는 방법은 어떤 것이 있나 알아보도록 도와주세요(예 시계의 긴 바늘).	25) ☺ ☹ 초등학교에는 어떤 분들이 있는지 생각해 보고 그 분들의 역할을 부모님이 설명해 주세요.	26) ☺ ☹ 빠른 말하기 게임을 가족과 함께 해보세요(예 이 콩깍지는 안 깐 콩깍지냐 깐 콩깍지냐 …).	27) ☺ ☹ 글자를 읽고 쓸 수 있으면 편리한 점을 말해 보세요.
28) ☺ ☹ 여러 가지 속담의 의미를 알려주세요(예 우물 안 개구리).				

함께한 날에는 ☺표, 하지 못한 날에는 ☹표 하세요.

| Chapter 2 |

자연의 법칙과 꽃피는 계절－봄

I 주제 접근의 전개 과정

자연의 법칙에 따라 계절이 변화되는 것에 관심을 가지고 관찰해 보면서 자연계의 변화를 느끼고 변화 속에 적응하는 능력을 기르며, 동·식물의 개념과 성장 과정을 이해하는 것에 의의를 두었다.

1. 반 구성-만 3세, 만 4세, 만 5세 혼합반
2. 활동 기간-4월 6일~5월 27일 (약 50일)

1. 계획하기

(1) 주제 선정의 배경

계절이나 특정 시기를 놓치면 다룰 수 없는 주제였기 때문에 교사가 선정해 놓은 '자연의 법칙과 꽃피는 계절-봄' 이라는 주제로(표 2-1 참고) 이야기 나누는 중에 유아들은 곤충과 동물에 많은 관심을 보였다.

한 유아가 "난 병아리가 너무 귀여운데… 병아리 정말 귀엽다." 라고 말하자 또 다른 유아가 "○○ 초등학교 앞에서 파는 거 봤었어. 얼마나 귀여웠는데." 라고 하였다. 이처럼 유아들의 관심사는 이미 병아리에게로 기울었고, 병아리를 집에서 키우지 못하니 유치원에서 키워보고 싶다는 생각을 하였다. 또 나비 외에도 봄꽃에 관심을 보이는 유아들이 있어서 투표를 하여 '나비' 를 소주제로 택하였다. 이처럼 유아들의 흥미에 의해 따라 소주제로 '병아리'와 '나비' 2가지가 설정되었다(표 2-2 참고).

〈표 2-1〉 자연의 법칙과 꽃피는 계절-봄 주제망

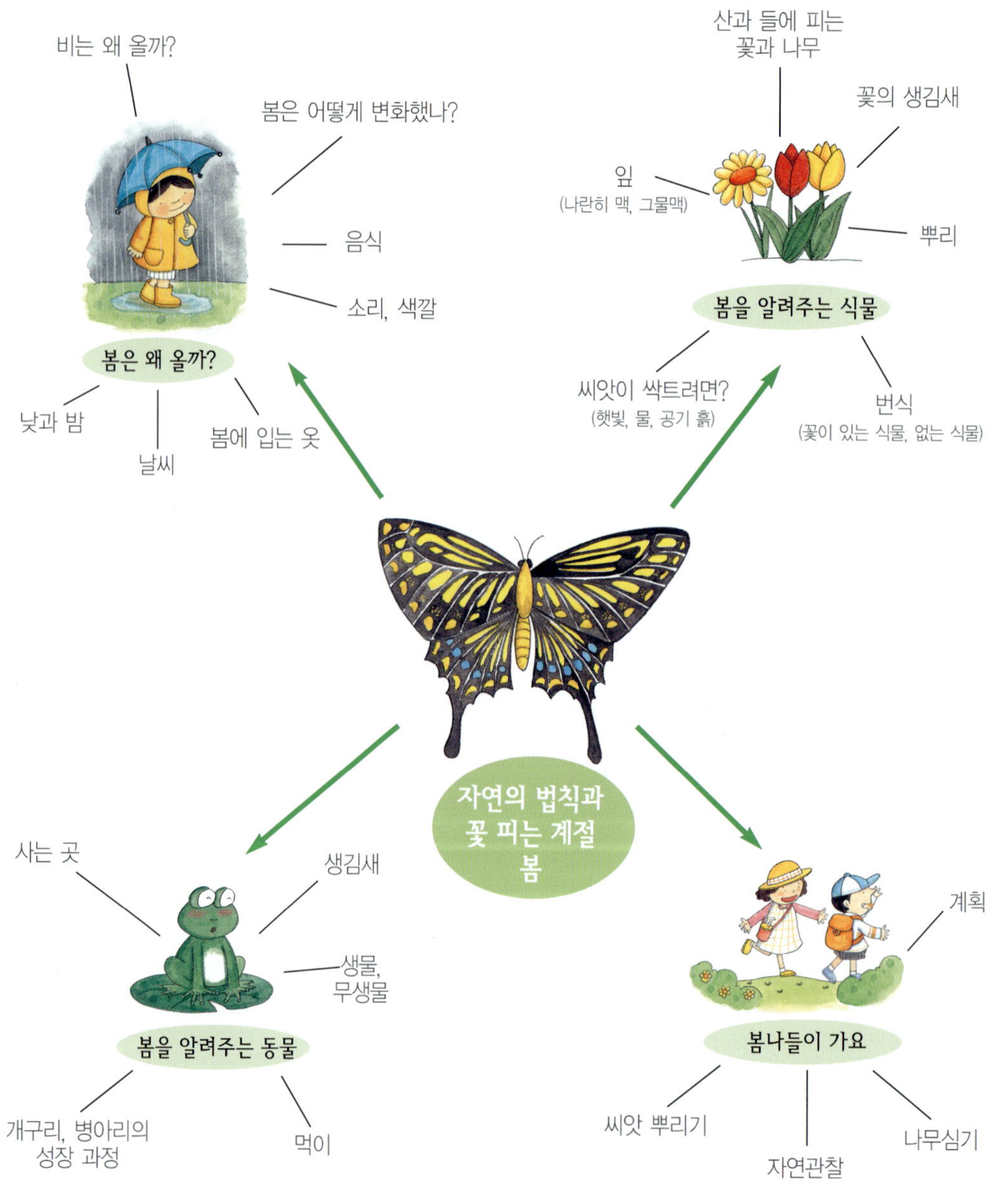

(2) 소주제망 구성

주제가 선정되면 각 학급의 교사 혼자서 하는 것보다 교사회의를 통해 함께 협의를 하여 다루어야 할 학습 내용이나 앞으로 전개되어 갈 활동들을 예상해야 한다. 교사가 하나의 주제에 대한 전체적인 통찰력을 갖고, 유아들과 주제를 진행하는 데 중요한 의미를 가지게 된다.

새로운 주제가 선정되면 월간 교육계획안을 짜서 가정에 협조문과 함께 보낸다.

전체 주제망, 소주제망(표 2-2), 월간 교육계획안(표 2-3)을 준비하는 과정에서 생활주제를 좀 더 강조하고 이미지를 부각하기 위해 상징적 그림을 넣어주면 유아들의 흥미를 더 높일 수 있다. 소그룹 토의 때에도 주제에 따른 상징적 그림을 넣어 주고 생활 주제, 날짜, 토의자, 기록자, 참석자 등을 기록할 수 있도록 배려함으로써 유아들이 토론하는 형식이 체계화되고 역할 분담을 통해 타인의 인권을 배려하는 심성을 익히게 된다.

〈표 2-2〉 소주제망

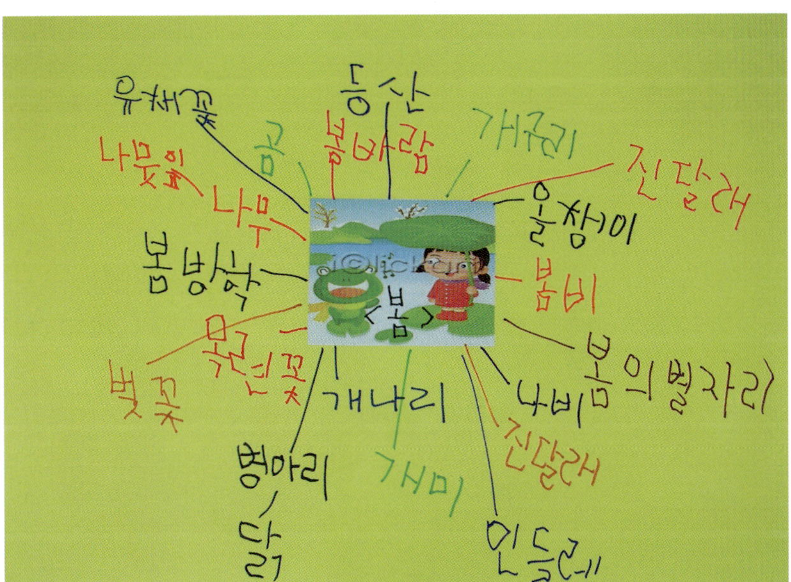

봄 소주제망

나비 소주제망

병아리 소주제망

〈표 2-3〉 월간 교육 계획안

생활주제	자연의 법칙과 꽃피는 계절-봄	주제 선정 기간	2005년 4월 6일~5월 27일
교육적 의의 & 목표	• 계절의 변화에 따라 달라지는 색깔과 모양들에 대해서 이야기해 보고 다양한 자연계에 관심을 갖고 동물과 식물을 가꾸고 보호하는 태도를 갖는다. • 봄에 친숙하게 볼 수 있는 곤충과 동물에 대해 살펴보고 특징에 대해 알아본다.		
가정협조문	이번 주부터 희망반 친구들이 '병아리'를 주제로 프로젝트를 전개할 예정입니다. 교육 내용은 수업 진행에 따라 변경될 수 있습니다. 4월 20일(수) 양계장 견학 4월 25일(월)까지 달걀 껍데기를 유치원으로 보내 주세요.		

건강

〈게임〉
- 개구리 뜀뛰기
- 꽃 다리 건너기
- 여왕벌 닭싸움

〈신체 표현〉
- 봄 동물 몸짓 따라 해보기
- 병아리가 알을 깨고

〈기본 생활 습관〉
- 쓰레기는 쓰레기통에 버리고 공공장소에서는 질서를 지켜요
- 계절에 맞는 옷을 입어요

사회

〈토의〉
- 애벌레는 무슨 생각을 할까?
- 달걀을 관찰해 보아요
- 병아리 집을 예쁘게 꾸미려면…
- 병아리, 나비 이름 짓기
- 삐악 일보
- 나비에 대해 궁금한 것이 있어요

〈가정조사 활동〉
- 나비의 부분 명칭
- 나비의 종류와 색
- 닭이 들어가는 고사성어
- 병아리, 나비 3행시 짓기

〈견학〉
- 양계장 견학
- 나비 박람회

표현

〈미술〉
- 나비 모자이크 색칠
- 나비 안개 그림
- 나비 왕관 만들기
- 달걀 껍데기 모자이크
- 병아리 집 만들기
- 봄 동산 액자
- 병아리 모빌

〈새 노래〉
- 병아리
- 나무
- 악기 연주 : 숲속의 합창

〈게 임〉
- 꽃 뒤집기 게임

언어

〈주제탐색〉
- 생각 모으기
- 주제망(나비, 병아리)
- 봄 품사

〈이야기 나누기〉
- 나비의 부분 명칭
- 나비의 성장 과정
- 병아리의 성장 과정
- 먹이, 사는 곳
- 어미와 새끼
- 어떤 생각을 할까요?

〈동시〉
- 노랑나비
- 나비 2행시 짓기
- 병아리

〈동화〉
- 어린이 동물, 곤충 도감
- 우리 순이 어디 가니?
- 배고픈 애벌레
- 봄꽃을 보았나요

〈동극〉
- 봄이 왔어요

자연의 법칙과 꽃 피는 계절 -봄

탐구

〈그래프〉
- 나와 닭의 벤다이어그램
- 병아리 이름 정하기
- 병아리 탄생 달력
- 나비와 나방의 벤다이어그램

〈실험 및 관찰〉
- 번데기 방
- 나비 관찰
- 나비 변태
- 병아리 부화

〈시청각 자료〉
- 닭의 성장 과정
- 나비의 성장 과정
- 나비의 종류

〈요리〉
- 바나나 우유 만들기
- 과자 샌드위치 만들기

몬테소리 활동	일상생활	감 각	수	언 어	문 화
	• 홍미 10가지 • 봄 꽃 목걸이 • 주단 말고 펴기, 운반하기 • 걸레, 행주 사용법 • 달걀 껍데기 빻기 • 나비 옮기기	• 꼭지원기둥 • 꼭지원기둥으로 봄 동산 꾸미기 • 갈색계단 2 • 잎의 서랍 • 색판 1, 2, 3	• 기수법과 서수법 익히기 • 실물과 숫자카드 • 전화번호 기억하기 • 수막대 • 물레 가락 상자 • 수의 기억놀이 • 시계(시침)	• 3단계 카드 • 봄-이동 24음 • 철판 도형 • 실물 상자 • 봄꽃, 나물 사전 찾기 • 수수께끼(동, 식물) • 의성어, 의태어	• 날씨와 생활 • 식물의 성장 과정 • 여러 가지 꽃씨 관찰 후 싹 틔우기 • 흙 작은 책 • 식물의 변화 관찰 • 나비, 꽃, 개구리, 병아리 부분 명칭

(3) 실내 · 외 환경 구성

출석부 붙이는 곳에 '나비와 병아리'의 이름 모래 문자판을 놓아 두어 매일 써보도록 한다. 분단별 이름도 주제에 맞게 진달래 분단, 개나리 분단, 목련 분단, 튤립 분단 등 꽃 이름이나 나비의 이름으로 바꿔주고, 도우미 이름표 모양도 개구리, 병아리, 무당벌레 등 봄의 생활주제와 관련된 것으로 바꾸는 것도 유아들의 흥미를 끌어낼 수 있다. 또한 이 달의 음악가라는 코너에 '사계'를 작곡한 비발디에 대한 책과 음악을 들을 수 있게 조용한 곳에 카세트를 비치한다.

교실에는 주제와 관련된 예비 주제망, 실물 자료 등을 전시함으로써 유아들과 부모의 호기심을 자극할 수 있다. 자유 놀이 선택 시간에 활동할 수 있는 영역별 환경 구성을 주제에 맞게 꾸며 줌으로써 교육적 효과가 높일 수 있다. 예를 들어, 이동 24음의 '읽고 써보세요'를 봄 주제로 쓸 수 있게 환경을 꾸며주고, 과학 영역에는 꽃, 나비, 개구리, 거북이 등의 부분 명칭 벽걸이를 걸어 놓는다. 음률 영역에는 '숲속의 합창'이라는 악보를 준비하고, 리듬악기로 트라이앵글, 딱딱이, 우드블록 등을 연주할 수 있게 구성한다(표 2-4 참고).

교실뿐만 아니라 현관, 복도, 화장실, 역할 놀이방 등 유치원 내의 모든 장소를 주제와 관련된 환경으로 구성한다.

(4) 정보 수집

양계장, 식물원, 생태박물관, 나비 박람회 등을 견학하거나 화보나 사전, 잡지 등 관련된 도서를 참고도서로 준비하고 시청각 자료를 수집하여 준비해 둔다.

〈표 2-4〉 환경 구성을 위한 자료

구분	자료
벽면 구성 영역별 구성	• 사계절 변화 화보 • 잎의 서랍과 종류별 벽걸이용 카드 • 꽃이 피기까지의 과정 • 산과 들에 피는 꽃과 나무 종류별 화보 • 봄에 피는 꽃, 곤충, 동물 종류별 화보 • 산림보호 포스터 • 개구리가 되기까지의 과정 • 나비 성장 과정 그림 자료 • 곤충의 부분 명칭 카드 • 나무로 만든 물건 사진 • 나비 모빌 • 병아리 모빌 • 나무, 꽃, 가지, 잎, 뿌리의 부분 명칭과 벽걸이용 카드 • 나비 한지 물들이기 • 기하도형을 이용한 선 긋기 • 꽃씨 관찰(과학) • 애벌레 만들기 • 동극 배경판 • 창작 동화(누가 빨리 날 수 있나?) • 지문찍기 • 복합 색판–꽃 모양
언 어	• 봄에 피는 꽃과 동물 모형과 단어카드 • 이동 24음 상자 (자음+모음) • 봄 수수께끼 책 • 그림카드 맞추기 (꽃, 동물, 곤충) • 모양 도장 찍고 이름 쓰기와 패턴놀이(토끼, 병아리, 오리…) • 나무로 만든 물건 작은 책 • 의성어와 의태어 (파릇파릇, 깡충깡충) • 동물의 어미와 새끼 화보와 단어카드 연결 짓기 • 그림카드 맞추기 (과일, 채소, 곡식) • 듣기 테이프와 그림 자료(새소리, 시냇물 소리…) • 내가 만약 꽃, 나비, 개구리, 개미 ~가 된다면 • 그림사전 만들기 • 봄 동산 돌아본 후 토의하기 • 작은 책–개구리가 되기까지의 과정, 나비의 성장 과정 • 문자 찾기 • 음 찾기 • 반쪽 그림 완성하기 (나무, 꽃, 나비, 개구리…) • 봄 품사 • 창작 동화 만들기 • 단어카드 만들기 자료 • 선 긋기 (곤충과 먹이 연결하기) • 한자 라이트 박스 • 어떤 생각을 할까요? • 그림 보고 순서대로 이야기하기 (나비, 새, 강아지, 꽃의 성장 과정) • 병아리 신문 • 병아리에게 편지 쓰기 • 봄, 병아리, 나비 생각 모으기 • 병아리가 들어가는 속담, 고사성어 〈동시〉 • 나비와 꽃 • 나비 2행시 짓기 • 노랑나비 • 병아리
동 화	• 민들레 꽃씨의 여행(보림) • 넌 누구니(보림) • 완두콩 오형제(보림) • 봄꽃을 보았나요(보림) • 날고 싶어요(보림) • 벌레가 좋아요(보림) • 비가 오는 날(보림) • 지렁이(보림) • 사과와 나비(보림) • 꽃과 새 선비의 마음(보림) • 시인과 여우(보림) • 꽃을 좋아하는 소 페르디난도(비룡소) • 높이높이(아이세움) • 요정 고리 속에서(황매) • 개구리의 한살이–내가 누굴까?(보리) • 나비의 한살이–너는 누구니?(보리) • 약초-도토리 세밀화(보리) • 풀꽃 세밀화(보리) • 나무 꽃 세밀화(보리) • 산열매 세밀화(보리) • 우리 순이 어디 가니?(보리) • 뿌리와 줄기와 잎과 꽃–우리는 모두 한 몸이야(보리) • 식물의 번식–씨야 씨야 퍼져라(보리) • 곤충의 한살이(보리) • 콩으로 만든 거야(보리) • 곤충의 먹이–이것 좀 먹어봐(보리) • 세밀화로 그린 어린이 식물(곤충, 나무, 동물) 도감(보리) • 들나무 하러 가자(보리) • 나는 잠만 잤는걸(보리) • 무슨 나무야(보리) • 아하! 보리였구나 • 보리의 한 살이(보리) • 무슨 풀(꽃)이야?(보리)
조 작	• 1 : 1 대응–코르크판 정해진 위치에 꽃 모양 압 핀 꽂기 • 씨앗 분류하기 (봄꽃 씨앗) • 스펀지 진주핀 꽂기–봄 풍경 그림 위에 일정한 간격으로 꽂기 • 띠 벽지 만들기–패턴놀이(우산 붙이고 대 그리기) • 빨판(고양이 모양)에 핀셋 사용하여 구슬 옮기기 • 봄에 볼 수 있는 동물 퍼즐 • 꽃팔찌 만들기 • 꽃향기 맡기 • 씨앗 붓기 • 옮기기–봄 동산 그림 위에 꽃잎 모형 놓고 그 위에 핀셋으로 구슬 옮기기 • 수틀에 수놓기 (꽃, 동물 그림) • 꽃꽂이 (꽃병, 꽃바구니, 침봉, 오아시스 등) • 꽃바구니 이고 선 위 걷기 • 빨래집게 사용–거북이, 병아리, 사자 머리, 게다리, 염소 수염, 강아지 다리 • 꽃, 나무, 잎 퍼즐 • 꽂기–핀에 스팡글 끼우고 당근 모양 정해진 위치에 꽂아보기 • 달팽이 색칠하기 (색판) • 움직이는 개구리 만들기 (Y핀 이용) • 동물원, 농장, 공원 꾸미기 (자석 붙이기) • 달걀 모양을 이용한 활동

수 학	• 홀수, 짝수 (씨앗) • 쓰여진 숫자만큼 모루에 꽃 모형 끼우기 • 수 기억놀이 • 쓰여진 숫자만큼 꽃병에 꽃 꽂기 • 연속 수 (꽃, 거북이 모형에 순서대로 연결하기) • 달팽이 시계 만들기 • 나비와 벌 비교 벤다이어그램 • 딸기, 바나나, 토마토 등분–분수 개념 • 달걀과 메추리알 벤다이어그램 • 단위 수 쓰기 • 내가 좋아하는 나비 그래프 • 나와 닭의 벤다이어그램 • 병아리 탄생 달력
과 학	• 개구리 성장 과정 스탬프 찍기 • 씨앗 심고 관찰 기록하기 • 씨감자 키우기 • 계절의 변화 (사계절 그림 오려 붙이기) • 동물이나 곤충의 사는 곳 연결 짓기 • 계절옷 입히기 (자석 이용) • 동물과 먹이 연결 짓기 • 개미집 만들기 • 꽃과 잎 연결 짓기 • 식목일–씨앗 심기, 꽃 심기, 봄동산 꾸미기 (팻말) • 동물 그림 카드 분류하기 • 작은 책 만들기–나비의 구조, 개구리, 나무, 잎, 뿌리, 꽃 • 식물노트 • 농촌의 봄, 비닐하우스 재배 • 생물과 무생물, 동물과 식물, 채소와 과일 분류 • 병아리 부화 • 줄기 관찰하기–크레파스나 색연필로 문질러 관찰하기 • 온도 재기 • 닭(나비)의 성장 과정 • 나비 변태 관찰 • 나비 관찰 • 번데기 방 • 식물 잎 닦기 〈견학〉 • 양계장 견학 • 나비 박람회
음 악	• 자연과 관련된 음악 테이프(봄의 소리) • 씨앗으로 만든 소리상자(꽃씨 마라카스 연주) • 음감벨 • 봄노래 악보–봄을 파는 꽃가게 • 전통 음악에 맞추어 개구리 신체 표현하기 • 곤충 깡통 북 연주하기 • 병아리(개사) • 악기 연주–숲속의 아침 • 땅 속에서 • 염소 • 유치원 원가 • 개구리 • 개구리 가족 • 꽃노래 • 봄바람 • 봄 아가씨 • 아기 • 나무 • 봄노래
미 술	• 색원기둥으로 꾸미기(나비) • 색종이 접기(꽃) • 애벌레 만들기 • 요구르트 병 이용한 벌 만들기 • 잎의 서랍으로 나무 만들기 • 색원기둥으로 만들기(꽃) • 구성 삼각형으로 꾸미기(나비) • 병아리 스텐실 • 달걀 껍데기 모자이크 • 봄 동산 액자 • 병아리 집 만들기 • 병아리 모빌 • 병아리 찢어 붙이기 • 애벌레 꼴라주 • 나비의 부분 명칭 • 나비 모자이크 색칠 • 나비를 점토로 만들기 • 나비 날개 유성 매직화 • 나비 안개 그림 • 나비 만들기 • 병아리 색 솜붙이기 • 나비 왕관 만들기 • 뻥뻥이로 물감 찍어 병아리에 찍기 • 개나리, 진달래 불기 • 잎의 서랍으로 얼굴 꾸미기 • 지문찍기 • 봄 모빌 만들기–펀치 찍어서 • 나의 모습 꾸미기
역할 놀이	• 꽃가게, 화원 놀이–조화, 화분, 꽃병, 꽃씨, 삽, 물뿌리개, 간판, 리본, 은박지, 비닐, 전화, 꽃가위, 계산기, 돈, 영수증 • 과일가게 놀이–과일 모형, 과일 바구니, 가격표시판, 전화, 비닐봉투, 저울, 조명등, 상자, 끈, 간판 • 일기예보 기상 캐스터 • 꿀벌과 나비, 꽃놀이 • 동극–봄이 왔어요
게 임	• 개구리 뜀뛰기 • 봄비가 와요 • 두드리고 문지르기 • 벌집에 알 낳고 돌아오기 • 벌 뒤집기 게임 • 꽃 다리 건너기 • 여왕벌 닭싸움
요 리	• 양배추 잎 썰기 (새, 동물 먹이 주기) • 요리에 필요한 도구, 요리 순서도 • 화전 붙이기 (진달래꽃잎) • 비빔밥 만들기–봄나물 종류 알아보기 • 쑥개떡 만들기 • 바나나 우유 만들기 • 과자 샌드위치 만들기

2. 활동의 전개

(1) 도 입

주제로 정해진 '병아리', '나비' 에 대해 경험 나누기를 하고 이전에 알고 있는 나비나, 병아리에 대해 그림으로 표상 활동을 하도록 하였다. 또 유아들이 병아리나 나비에 대해 어느 정도의 사전 지식과 얼마나 관심이 있는지를 대그룹과 소그룹으로 나누어 토의하면서 유아들의 생각을 모아 주제망을 구성하였다.

(2) 브레인 스토밍(Brainstorming)

유아들과 주제에 맞는 단어를 음절에 맞추어 문자 찾기를 한다든가, 나비와 나방과의 다른 점과 공통 점을 적어 보는 벤다이어그램, 나와 닭의 벤다이어그램, 달걀과 메추리알의 벤다이어그램도 표현해 보도록 한다.

이러한 과정 후에 유아들이 알고 싶어하는 궁금한 질문 목록을 만드는 단계를 거치면서, 동 · 식물의 성장 과정에 의문을 가져보고 알고자 하는 욕구도 강해지게 된다. 유아들은 브레인스토밍 과정을 거쳐 교사가 짠 주제망에 유아들의 생각을 통합하고 조정하여 교사-유아의 공동 주제망을 완성하였다.

소그룹 토의 활동과 대그룹 토의 활동을 통해 결정된 활동으로 부화기를 준비하여 알에서 병아리(나비)가 되기까지의 성장 기간을 달력으로 체크해 보기도 하고, 병아리 이름 짓는 통계내기, 폐품을 활용하여 병아리가 살 집 만들기, 태어난 병아리에게 줄 선물 그리기, 병아리에게 편지쓰기, 노래 개사, 병아리로 삼행시 짓기, 개구리 뛰뛰기 게임 등을 하였다.

여러 가지 활동과 행사를 병행하는 과정에서 시간을 절약하고 가정과의 협력 관계를 활성하기 위하여 가정 활동 조사서를 몬테소리 교육과정과 통합한 자료를 만들었다.

3. 평가하기

주제에 대해 회상하고 평가하면서 유아들은 토의 활동과 발표 활동에 자신감을 갖게 되었고, 한편 한글을 읽고 써야 하는 필요성도 느끼게 되었다.

병아리와 나비를 직접 부화시켜 기르는 과정에서 죽음을 경험하고 무덤과 묘비도 만들어 자신의 슬픔도 표현하였다. 또 왜 나비와 병아리가 죽게 되었는지 토론하는 과정을 통해 동물과 인간과의 관계를 조금은 이해하였으며, 나비나 병아리의 생명의 속성에 대해서도 이해하고, 생명의 소중함과 동물을 사랑하는 것은 일방적 사랑이 아닌 상호적 사랑을 해야 한다는 경험을 하게 되었다.

4. 교사들의 소감

매주 다른 생활 주제를 실천하는 데 있어서 시간적 부족함 때문에 아쉬움이 많았다. 그러나 한 가지 주제를 50일 정도의 기간을 가지고 진행한 결과 다양한 활동을 할 수 있어서 좋았다. 또 유아들이 오랫동안 병아리 때문에 수업을 진행할 수 없을 정도로 기뻐하고 그 때문에 유치원 생활을 더 좋아했을 정도로 움직이는 동물에 많은 관심과 애정을 보였다.

아쉬움이 있다면 병아리는 길러서 양계장에 보내고 나비는 자연으로 보낼 예정이었으나, 모두 죽어버리는 바람에 실행할 수 없었다.

보완점은 혼합연령 구성에서 연령별 수업을 해야 할 때 교사가 담당하지 않는 유아들의 반응을 파악할 수 없어서 소홀했고, 그에 대한 방법을 연구해야겠다고 생각했다.

Ⅱ 가정 활동 조사서

주제가 선정되면 현장에서 교사가 자료나 화보 등을 모두 준비하기에는 하루 일과 시간이 빠듯하다. 그러므로 가정과 연계 활동의 필요성을 느낀다. 주제에 대해 가족과 함께 조사하는 과정에서 또 다른 문제점을 발견하고 주제에 대해 깊게 알아보면서 자발적인 흥미와 관심이 지속될 수 있다.

가정 활동 조사는 몬테소리 교육 내용을 바탕으로 생활 주제를 접목하여 활동할 수 있도록 고안하였다(표 2-5, 부록 3, pp.342~343 참고).

〈표 2-5〉 가정 활동 조사서

대주제 소주제	자연의 법칙과 꽃피는 계절-봄
봄의 동물 (나 비)	• 곤충의 특성 (집, 먹이, 나이, 길 찾기, 변태) • 곤충 밴다이어그램 (나비, 개미) • 곤충 박물관 소개(부천 자연생태박물관, 은암 자연사 박물관, 영월곤충박물관, 나비 생태관, 강화 곤충 박물관…) • 거미는 곤충일까? 아닐까? 이유는? • 나비의 종류, 부분 명칭
봄의 동물 (병아리)	• 암수 구분은 어떻게 할까? • 튼튼한 병아리는 어떤 병아리일까? • 닭의 성장 과정 • 내 피부는 무엇으로 되어 있을까? (털, 비늘…) • 닭이 들어가는 고사성어, 속담 • 달걀과 메추리알의 벤다이어그램 • 병아리 삼행시
봄의 변화 봄나들이	• 생각나는 것 이야기 • 봄동산 소풍을 가려고 해요 • 동물원, 식물원에 가서 본 봄 동 · 식물 조사 • 누가 겨울잠에서 깨어났나요? • 노래-봄의 ( ) 부분에 넣어서 부르기
봄의 식물	• 봄에 볼 수 있는 꽃 (이름, 색, 특징) • 식물은 어떻게 자랄까? (과정, 기록 방법 소개) • 싹틔우기 해보고 결과와 느낌을 이야기해 봐요 • 나무의 나이테는 왜 생길까?

Ⅲ 미술 교육을 위한 흥미 영역

몬테소리는 유아가 자유화를 그릴 수 있기 위해서는 자연스러운 보조 수단으로 손과 인지 능력, 감각 능력의 훈련을 강조했다. 이와 관련하여 몬테소리는 감각교구와 일상생활 영역을 통한 손의 훈련과 인지 능력의 발달로 상상력이 분화되고, 조화로움에 대한 미적 인식이 생겨날 때 소위 자유화를 그릴 수 있게 된다고 말하였다. 따라서 유아의 정신과 근육 운동이 훈련되지 않은 혼돈된 채로는 유아의 창의적 표현 능력이 없다고 주장하였다(Montessori, 1969).

또한 유아의 상상력과 그림에 대한 관찰과 이해에 대해서는 유아들은 현실의 관찰자이며 그들이 보는 사물에 대한 형태와 색을 구별할 수 있다고(Montessori, 1991) 보았다. 유아들은 색에 대한 민감성은 어릴 때부터의 감각 연습을 통해서 발달하기 시작하는 것이며, 저절로 되는 것은 아니라는 것이다. 따라서 내적인 면을 가꾸고 영양분을 주어 그의 내면을 표현할 수 있도록 기다려야 한다고 말하고 있다.

몬테소리(1984)는 그림을 통해서 그림을 가르치는 것이 아니라 표현 수단을 연습할 가능성을 제공함으로써 그림을 가르치며, 이것이 바로 유아가 성장하도록 북돋우는 자유스러운 그림을 그리기 위한 진정한 도움이라고 여긴다. 즉, 유아에게 그림을 그리고 만들기 위한 기술적 도움을 주어야 함을 주장하였다.

연필이나 붓을 잡는 법, 색을 섞는 법, 재료와 도구의 사용법을 가르쳐야 하는 것은 유아가 자신의 표현을 자유롭게 하기 위한 것이라고 했다(Helming, 1982).

Lowenfeld(1999, 신화식 외)는 미술 활동은 창조 활동을 위한 가장 훌륭한 준비가 되며, 이러한 활동의 기본적 요소를 주위 환경과 유아와의 상호 작용이라고 하였다.

이상에서의 이론을 근거로 미술 교육을 위한 흥미 영역 10가지는 주제를 좀 더 강조하고 발달 수준에 맞게 언어의 쓰기 읽기를 고려하여 개발 · 연구하였다(부록 2, pp. 326~329, 참고).

〈표 2-6〉 미술 교육을 위한 흥미 영역

자연의 법칙과 꽃피는 계절–봄				
번 호	구 분	5 세	6 세	7 세
1	자르기 및 붙이기	스티커–무당벌레, 개구리 선 오려 붙이기	새 털실–버스 솜공 붙이기–봄동산	털실–달팽이, 봄동산 나무
2	펀치 뚫기	올챙이	튤립, 나비, 닭	개구리, 식탁매트 구름
3	바느질	나 무	개미, 개구리	꽃 바구니, 달걀 유치원 버스
4	푸싱핀		꽃, 병아리	점심시간, 바퀴
5	스테이플러	개구리	개미, 봄비	딸기, 씨앗 심기 모자
6	직조 짜기		버스, 도시락	튤립
7	종이접기		튤립, 개구리	나비, 달팽이, 올챙이
8	데칼코마니	나비	꽃	새
9	고리 연결하기		나비	나무
10	도장 찍기	닭, 병아리, 나비	케이크, 초(핑거페인팅)	손으로 그리는 세상 (핑거페인팅)

Ⅳ 영역별 환경 구성

몬테소리 교육의 일상생활 영역과, 감각 영역, 수 영역의 교구 내용물을 '자연의 법칙과 꽃피는 계절–봄' 주제에 관련 있는 내용물로 바꾸어서 주제를 강화하였다. 예를 들면 꽃, 병아리, 개구리, 나비, 무당벌레 등을 이용하여 꽃집게 꽂기, 나비 패턴 놀이, 개구리 짝 맞추기, 나뭇가지에 개나리 묶기, 병아리 옮기기 등으로 교육 내용은 같으나 소품을 주제와 관련시켜 바꾸어 주어 유아들의 흥미가 더욱 지속되게 하였다. 영역별 환경 구성은 다음과 같다.

번호	교 구 제 목	생 활 영 역	페이지
1	구슬 올려놓기	건 강	p. 115
2	구슬 손으로 옮기기	건강/ 탐구	p. 115
3	핀셋으로 옮기기(명화 완성)	건강/ 표현	p. 115
4	코르크 도형에 꽃핀 꽂기	건강/ 표현/ 탐구	p. 115
5	스펀지에 진주핀 꽂기	표현/ 탐구	p. 115
6	꽃 클립 끼우기	표현/ 탐구/ 언어	p. 115
7	스팽글로 화분 만들기	표 현	p. 116
8	나뭇가지에 리본 매기	표현/ 탐구	p. 116
9	나비가 날아옵니다	표현/ 탐구	p. 116
10	그림자놀이 게임(모양틀)	표현/ 탐구/ 언어	p. 116
11	색쌀 붙이기	표 현	p. 116
12	움직이는 개구리	표현/ 탐구	p. 117
13	개구리 낚시하기	건 강	p. 117
14	병아리 옮기기	건강/ 탐구	p. 117
15	개구리 짝 맞추기	탐 구	p. 117
16	나비 패턴 놀이	탐 구	p. 117
17	나비 분류	표현/ 탐구	p. 117
18	나비 핀 꽂기	건강/ 표현	p. 118
19	튤립에 스팽글 꽂기	건 강	p. 118
20	무당벌레 꽃집게 집기	건강/ 탐구	p. 118
21	종 올려놓는 점차성	표현/ 탐구	p. 118
22	잎의 서랍을 이용한 봄 나무 꾸미기	표현/ 탐구/ 언어	p. 118
23	진주핀 꽂기	건강/ 탐구	p. 118
24	거북이 등에 비즈 놓기	건강/ 탐구	p. 119
25	모루에 숫자 꽂기	표현/ 탐구	p. 119
26	수를 세는 방법	탐구/ 언어	p. 119
27	자 · 모음 바느질(개구리)	건강/ 언어	p. 119

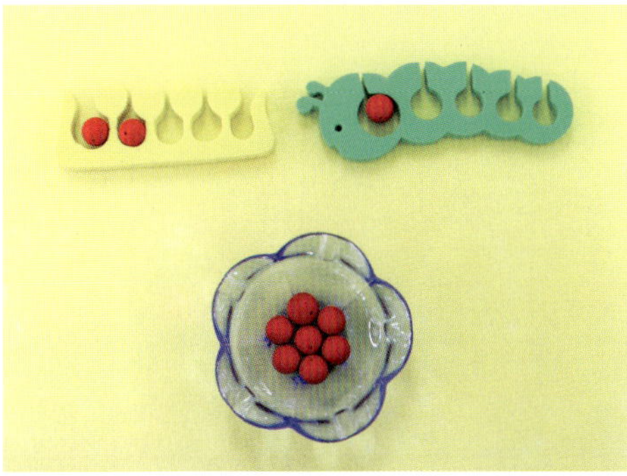

구슬 올려놓기

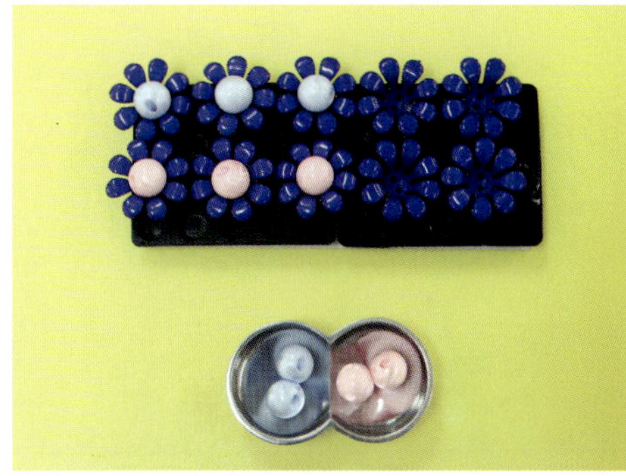

구슬 손으로 옮기기

핀셋으로 옮기기-명화 완성

코르크 도형에 꽃핀 꽂기

스펀지에 진주핀 꽂기

꽃클립 끼우기

스팽글로 화분 만들기

나뭇가지에 리본 매기

나비가 날아옵니다

그림자놀이 게임

색쌀 붙이기

움직이는 개구리

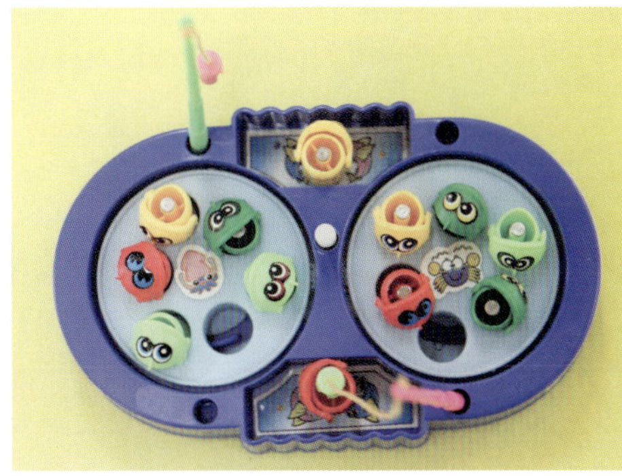

개구리 낚시하기

병아리 옮기기

개구리 짝 맞추기

나비 패턴 놀이

나비 분류하기

나비 핀 꽂기

튤립에 스팽글 꽂기

무당벌레 꽃집게 집기

종 올려놓는 점차성

잎의 서랍을 이용한 봄 나무 꾸미기

진주핀 꽂기

거북이 등에 비즈 놓기

모루에 숫자 꽂기

수를 세는 방법(2의 배수)

자 · 모음 바느질(개구리)

Ⅴ 유아 활동 자료

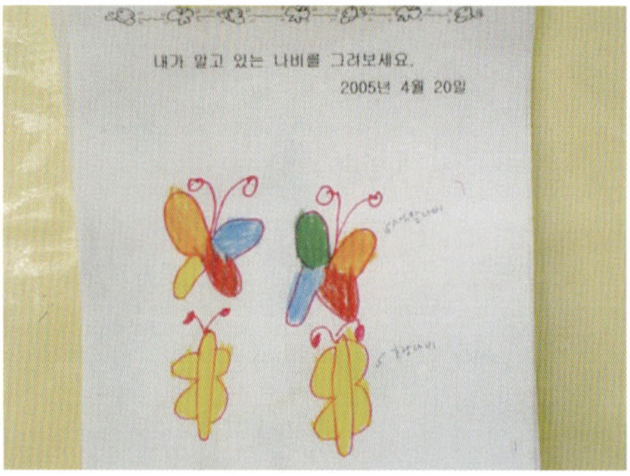

내가 알고 있는 나비 그려보기

7세-병아리 1, 2차 표상

6세-병아리 1, 2차 표상

병아리에 대해 궁금해요

병아리는 지금 무슨 생각을 할까?

병아리 부화 달력 및 약속

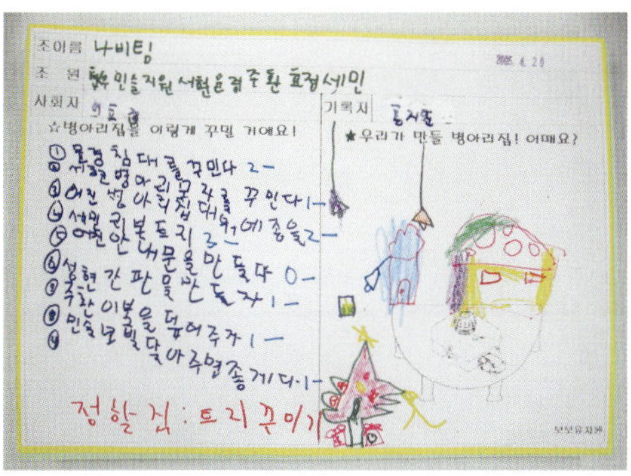

토의-병아리 집을 만들어 주세요

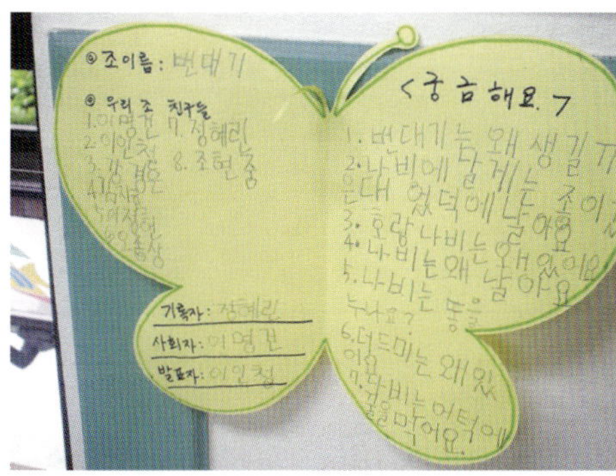

나비에 대해 궁금해요

애벌레는 무슨 생각을 할까?

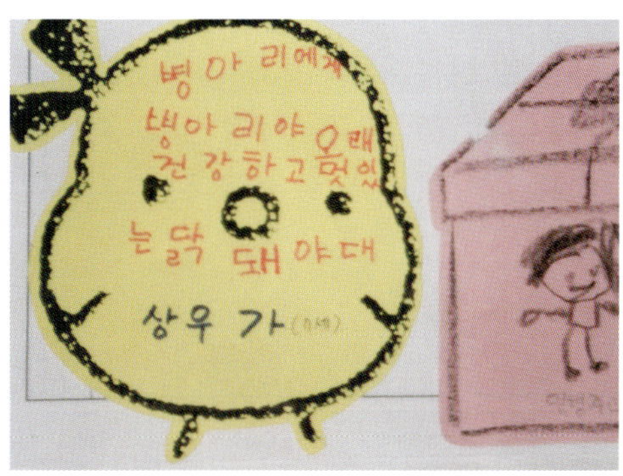

7세-태어난 병아리에게 축하 편지 쓰기

7세 창작 동화-누가 빨리 날 수 있나?

자두가 죽었어요-묘비 세우기

뽕뽕이로 만든 병아리

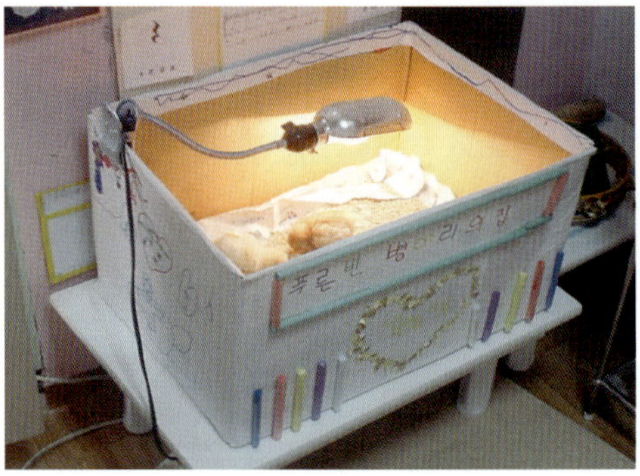

병아리 집

병아리 노래는 언제 불러도 재미있어!

어! 어디있지? 같은 꽃이 분명히 여기 있었는데…

우리가 알아본 병아리

이름표 모양을 바꾸어 보았어요 1

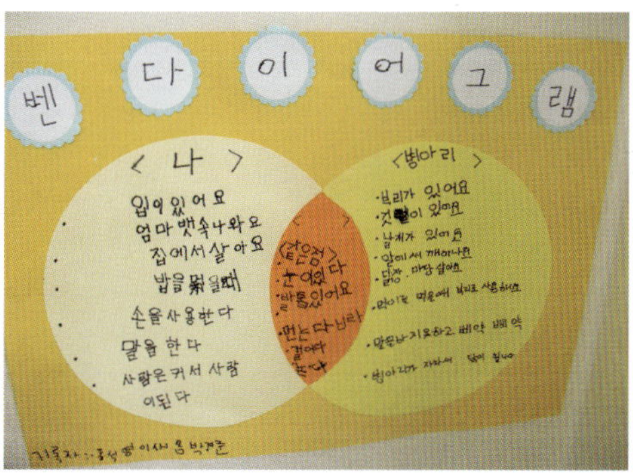

나와 병아리 벤다이어그램

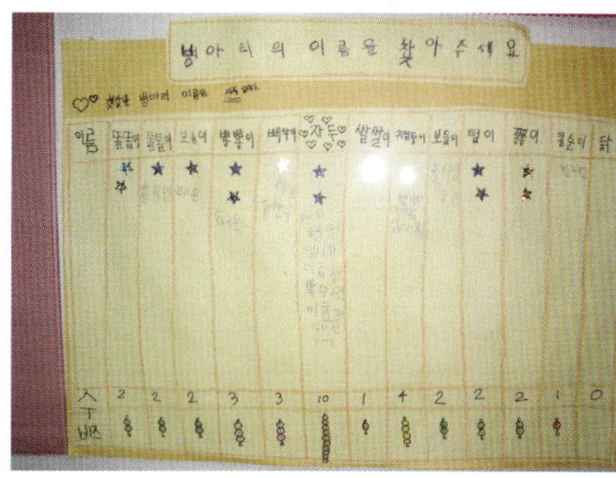

병아리 이름 정하기–색비즈로 통계

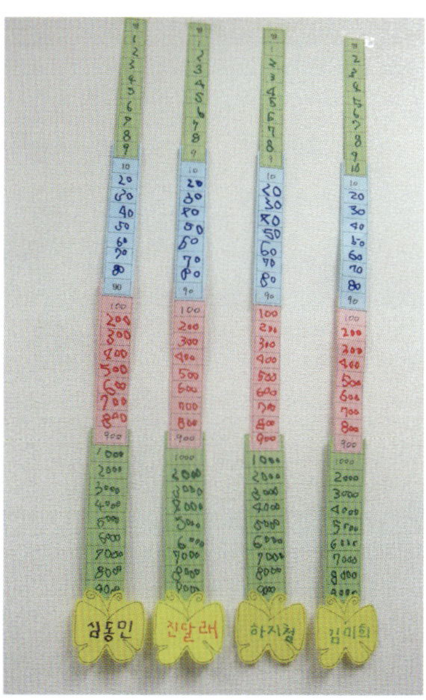

단위 수 쓰기를 병아리 이름으로
붙여 보았어요

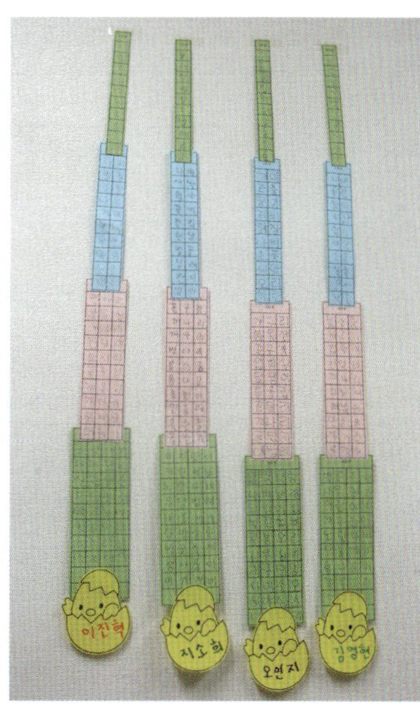

음절놀이–봄

6세-봄의 색(복합색판 응용)

색원기둥을 이용한 봄동산

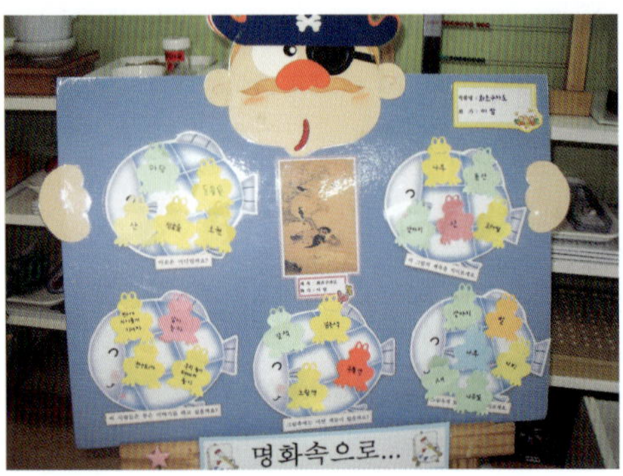

이암의 화조구자도-명화감상

복합색판 3과 잎의 서랍을 응용한 봄꽃

구성 삼각형으로 나비 만들기

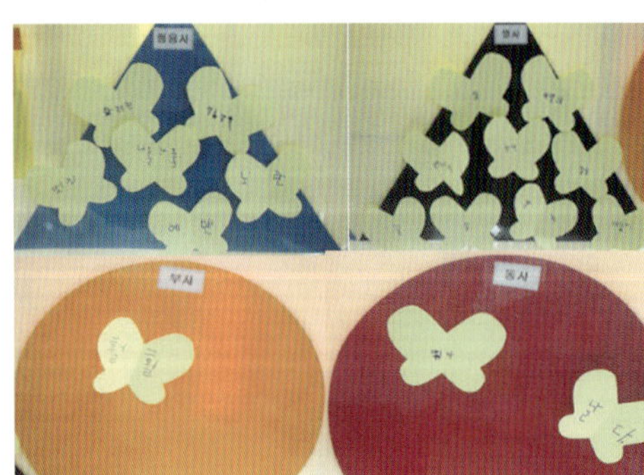

봄 품사

닭의 성장 과정 도장 찍기

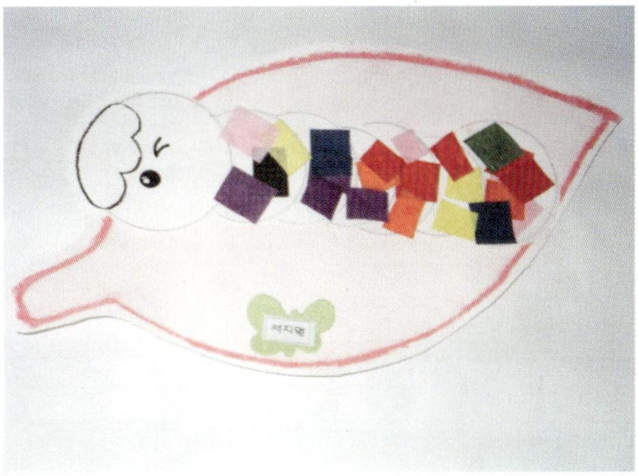

잎의 서랍을 이용한 애벌레 꾸미기

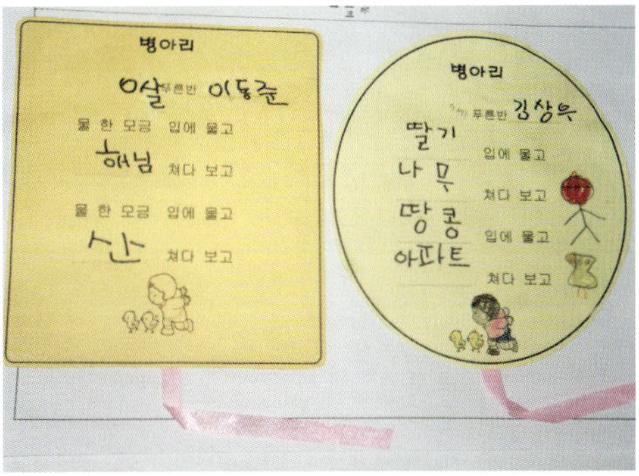

기하 철판 도형을 이용한 동시 쓰기-병아리

잎의 서랍을 이용해 꽃잎 만들기

색비즈로 봄동산을 꾸며보아요

기하 도형 서랍을 이용한 벌집 구성

잎의 서랍을 이용해 얼굴을 만들었어요

잎의 서랍으로 봄나무 꾸며보기

7세 공동작업-감각교구를 이용한 봄동산 꾸미기

꽃 부분 명칭 라이트 박스

Ⅵ 창의적 몬테소리 응용교구

자유 놀이 선택 시간에 유아들의 생활 주제인 '자연의 법칙과 꽃 피는 계절–봄'에 대한 흥미와 관심을 지속시키고, 균형 잡힌 활동을 경험할 수 있도록 유치원 교육과정과 몬테소리 교육과정을 기초로 한 창의적 교구를 개발하여 실내 환경 구성으로 준비하였다.

번 호	교 구 제 목	생 활 영 역	몬테소리 영역	페이지
1	봄나물 게임	건강/ 언어	일 상	p. 128
2	병아리 패턴 책	표현/ 탐구	감 각	p. 129
3	여러 가지 봄의 색깔을 느껴보아요(봄의 색깔)	표현 /언어		p. 130
4	나비의 이름을 알아요(짝짓기)	언어/ 탐구		p. 131
5	병아리 모이 주기 게임	탐 구	수	p. 132
6	계란의 수를 세어보아요	탐 구		p. 133
7	2마리씩 증가하는 개미집 찾기	탐 구		p. 134
8	나비와 벌의 벤다이어그램	탐 구		p. 135
9	봄 품사 게임(명사, 형용사)	언 어	언 어	p. 136
10	봄 동사 퍼즐	언 어		p. 137
11	부사 게임(사다리 타기)	언 어		p. 138
12	알쏭달쏭 나는 어떻게 읽을 수 있을까요?	언 어		p. 139
13	나무로 만든 물건 수수께끼	탐구/ 언어		p. 140
14	봄꽃 사전–나는 누구일까요?	탐구/ 언어		p. 141
15	복합어(문자 찾기)	언 어		p. 142
16	동시 퍼즐(나비와 꽃)	언 어		p. 143
17	날씨를 알려드립니다(일기예보판)	건강/ 언어	문 화	p. 144
18	생명의 역사	탐 구		p. 145
19	별자리 빙고 게임	표현/ 탐구		p. 146

봄나물 게임

대상연령 만 4세 **관련영역** 건강 · 언어 생활/ 일상 영역

목 표

- 실물의 이름과 종류를 알아보고 바르게 식사하는 습관을 기른다.

활동자료

- 밥상－부직포(8cm×8.5cm×2.5cm)
- 칩－봄나물 그림 칩 5종류 2세트, 세팅용 칩 6개 2세트
- 주사위, 압정, 우레탄 또는 스펀지(수납용)

놀이방법

1. '봄' 에 먹을 수 있는 나물 종류에 대해 이야기해 본다.
2. 봄나물 사전을 읽어보며 봄나물에 대해 이야기해 본다.
3. 각자 밥상을 하나씩 나누어 갖는다.
4. '식탁 차리기' 의 기본상을 차린다.
5. 주사위를 던져 나온 나물을 상에 올리며 나물 이름을 이야기한다.
6. 먼저 상을 완성하게 되면 게임이 끝난다.

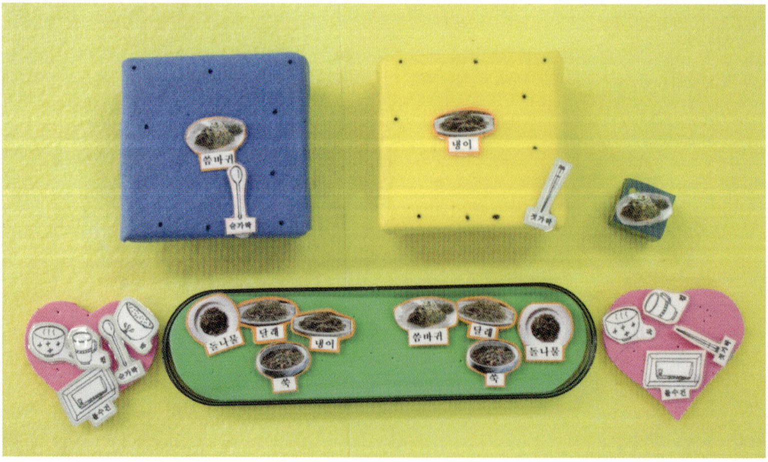

병아리 패턴 책

대상연령 만 3세 **관련영역** 표현 · 탐구생활/ 감각 영역

목 표

- 자연과 사물의 다양한 모양과 방향을 변별한다.
- 일정한 규칙이 반복되는 패턴을 이해한다.

활동자료

- 책－하드보드지(24㎝×6㎝) 2장
- 칩－병아리 그림자 칩 24개, 병아리 칩 24개, 자석

놀이방법

1. 병아리의 다양한 모습을 관찰한다.
2. 패턴책의 그림자 위에 맞는 병아리 칩을 붙인다.

여러 가지 봄의 색깔을 느껴 보아요 – 봄의 색깔

대상연령 만 3~4세 **관련영역** 표현 · 언어생활/ 감각 영역

목 표

- 관심 있는 것에 대한 자료를 찾아 활용하며, 봄의 느낌을 물건의 색으로 분류하여 표현한다.

활동자료

- 책 – 하드보드지(12.5㎝ × 12.5㎝) 2장, 색지(12㎝ × 12㎝) 6장
- 칩 – 그림 및 글자 칩 24개, 자석, 수납통

놀이방법

1. '봄' 하면 생각나는 색깔을 이야기해 본다.
2. 봄의 색깔 책을 읽어보며 색깔 이름을 이야기해 본다.
3. 같은 색 물건의 칩을 찾아 이름을 이야기하며 붙여본다.

나비의 이름을 알아요(짝짓기)

대상연령 만 3~4세 **관련영역** 탐구 · 언어생활/ 감각 영역

목 표

- 시각적인 변별력을 기르며 사물을 자세히 관찰하는 태도를 기른다.

활동자료

- 색지(9㎝×7㎝) 20장, 10종류의 나비 사진 2세트, 나비 명칭 2세트, 그림(앞), 설명(뒤)

놀이방법

1. 나비의 종류에 대해 이야기해 본다.
2. 카드에 제시되어 있는 나비의 이름을 읽어본다.
3. 읽어본 카드와 같은 카드를 찾아 짝짓기를 한다.

병아리 모이 주기 게임

대상연령 만 4세 **관련영역** 탐구생활/ 수 영역

목 표

- 수와 수량을 인지하며 대근육 발달 및 조정 능력을 향상시킬 수 있다.

활동자료

- 숟가락, 주사위, 좁쌀, 유리볼, 예쁜 그릇, 종지

놀이방법

1. 주사위를 던진다.
2. 주사위의 숫자만큼 자기 병아리의 먹이 통에 좁쌀을 숟가락으로 옮긴다.
3. 좁쌀의 양이 많은 병아리가 이긴다.

계란의 수를 세어 보아요

대상연령 만 4~5세 **관련영역** 탐구생활/ 수 영역

목 표

- 10, 20 … 100의 십진법 개념을 이해, 사물의 수량과 숫자의 관계를 알아본다.

활동자료

- 게임판－하드보드지(24㎝×24㎝) 2장, 코팅계란 10줄씩 2세트
- 주사위판(9㎝×11.5㎝)

놀이방법

1. 게임판을 탐색한다.
2. 가위바위보를 통해 먼저 시작할 순서를 정한다.
3. 주사위판을 돌려 바늘의 방향을 보고 지시문을 읽는다.
4. 지시문의 내용에 따라 계란판을 채운다.
5. 1줄에 10개씩 증가하여 10줄 100까지 계란판을 다 채우면 완성된다.

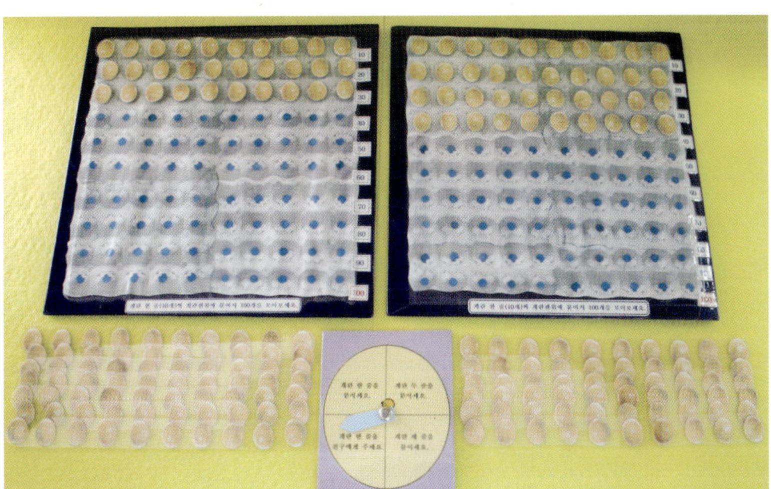

2마리씩 증가하는 개미집 찾기

대상연령 만 4~5세 **관련영역** 탐구생활/ 수 영역

목 표

- 배수의 개념을 알아보고 숫자의 일정한 규칙을 이해한다.

활동자료

- 개미집 그림의 활동판－하드보드지(22㎝×14㎝) 2장

놀이방법

1. 게임판을 탐색한다.
2. 배수란 무엇인지에 대해 이야기해 본다.
3. '2'의 배수에 대해 말놀이를 해본다.
4. 출발점에서 길을 따라 '2'의 배수를 찾아간다.
5. 왕개미가 그려져 있는 곳에 도착하면 완성!!

나비와 벌의 벤다이어그램

대상연령 만 5세 **관련영역** 탐구생활/ 수 영역

목 표

- 나비와 벌의 같은 점과 다른 점을 알아보고 간단한 그림이나 표로 정리하여 나타내 본다.

활동자료

- 게임판-하드보드지(25㎝×20㎝), 셀로판지, 화살표 스티커
- 칩-나비의 특징 칩, 벌의 특징 칩, 공통점 칩, 정정 스티커

놀이방법

1. 게임판을 탐색한다.
2. 벤다이어그램이 무엇인지 이야기해 본다.
3. 나비와 벌의 같은 점을 이야기해 본다.
4. 나비와 벌의 다른 점을 이야기해 본다.
5. 이야기해 본 같은 점의 칩을 보라색에 올려놓는다.
6. 이야기해 본 다른 점은 나비는 파란색, 벌은 빨간색 위에 칩을 올려놓는다.

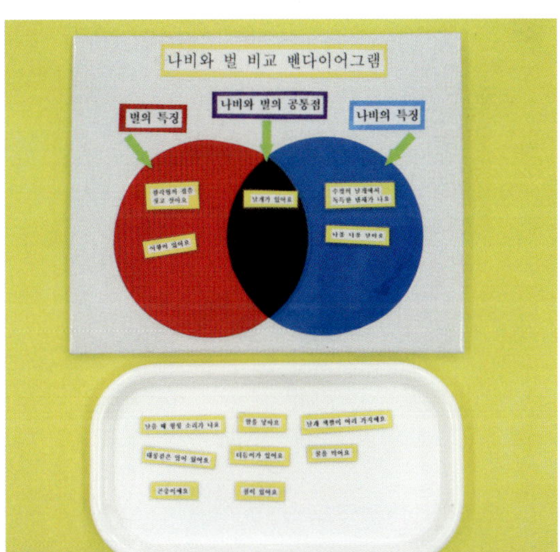

봄 품사 게임(명사, 형용사)

대상연령 만 5세 **관련영역** 언어생활/ 언어 영역

목 표

- 봄에 관련된 명사 형용사에 관심을 갖는다.

활동자료

- 게임판－하드보드지(20cm×29cm)
- 칩－형용사, 명사 칩, 정정 스티커

놀이방법

1. 게임판을 탐색한다.
2. ‘봄’ 하면 생각나는 형용사와 명사에 대해 이야기한다.
3. 그림에 해당되는 단어를 읽어본다.
4. 단어를 읽으면서 게임판에 어울리는 칩을 올려놓으며 문장을 완성한다.

봄 동사 퍼즐

대상연령 만 4세 **관련영역** 언어생활/ 언어 영역

목 표

- 봄에 관련된 동사에 관심을 갖는다.

활동자료

- 동사판-하드보드지(27㎝×21㎝), 칩 10개, 자석

놀이방법

1. 게임판을 탐색한다.
2. '봄' 하면 생각나는 동사에 대해 이야기한다.
3. 그림에 해당되는 단어를 읽어본다.
4. 단어를 읽으면서 칩을 올려놓아 게임판을 완성한다.

부사게임 (사다리 타기)

대상연령 만 5세 **관련영역** 언어생활/ 언어 영역

목 표

- 명사와 부사의 관계를 이해하고 다양한 어휘력을 확충한다.

활동자료

- 게임판 (15㎝×21㎝) 2장, 자석, 검은 삼각형 · 주홍색 원 스티커 · 번호 스티커 · 그림 칩 각 7개씩

놀이방법

1. 게임판을 탐색한다.
2. '봄' 하면 생각나는 부사에 대해 이야기한다.
3. 그림에 해당되는 단어를 읽어본다.
4. 단어를 읽으면서 게임판에 사다리를 타고 내려가며 그림 칩을 놓아 어울리는 부사 짝짓기를 한다.

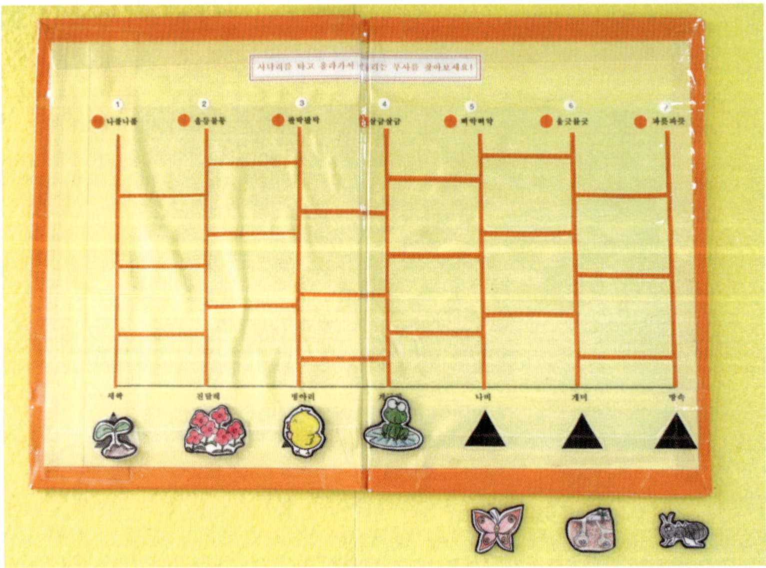

알쏭달쏭 나는 어떻게 읽을 수 있을까요?

대상연령 만 4~5세 **관련영역** 언어생활/ 언어 영역

목 표

- 사물의 수량을 표시하는 수사에 관심을 갖고, 적절한 표현을 알아본다.

활동자료

- 게임판 – 하드보드지(20㎝ × 28㎝) + (28㎝ × 6㎝) 연결
- 책 – 겉표지: 하드보드지(21㎝ × 7㎝) 2장, 속지: 색지(20㎝ × 6㎝) 10장
- 모양 펀치(개구리, 병아리, 무당벌레, 나비, 튤립, 나뭇잎), 원형 자석

놀이방법

1. 게임판을 탐색한다.
2. 수수께끼 문제를 읽어보고 답을 이야기해 본다.
3. 정답의 칩을 게임판에 붙이면서 봄동산을 꾸며본다.
4. 정답은 수수께끼 책 뒷장에서 확인한다.

나무로 만든 물건 수수께끼

대상연령 만 3~4세 **관련영역** 탐구 · 언어생활/ 언어 영역

목 표

- 주변의 여러 가지 물체와 물질을 관찰하고 그 성질을 탐색하며, 물체의 변화 과정을 인지한다.

활동자료

- 게임판－하드보드지(10.5㎝×10.5㎝) 2장, 색지(22㎝×22㎝) 2장, 나무 그림
- 그림 칩－신문, 이쑤시개, 의자, 집, 종이, 피아노

놀이방법

1. 나무로 만들 수 있는 것에는 어떤 것이 있는지 이야기를 나누어 본다.
2. 각 위치의 질문에 맞는 답을 이야기한 후 열어서 확인한다.

봄꽃 사전-나는 누구일까요?

대상연령 만 5세 **관련영역** 탐구 · 언어생활/ 언어 영역

목 표

- 봄에 피는 꽃이 무엇이 있는지 알아보고 명칭을 익힌다.
- 생각과 느낌을 다양하게 표현해 본다.

활동자료

- 책－겉: 하드보드지(11㎝×11㎝) 2장, 색지(14㎝×14㎝) 2장
  속: 색지(9㎝×9㎝) 7장
- 활동판－하드보드지(9㎝×12㎝) 2장, 색지(12㎝×15㎝)

놀이방법

1. 봄에는 어떤 꽃들이 피는지 이야기를 나누어 본다.
2. 사전을 보고 꽃들에 관해 자세히 알아본다.
3. 수수께끼로 반복 한습한다.

복합어 (문자 찾기)

대상연령 만 4~5세　　**관련영역** 언어생활/ 언어 영역

목　표

- 봄에 볼 수 있는 동 · 식물과 사물의 이름을 알아본다.
- 글자에 관심을 갖고 변별하여 새로운 단어를 만들 수 있다.

활동자료

- 하드보드지(15.5㎝×6㎝)를 3등분한 것 6개, 그림 칩 6개, 글자 칩 6개

놀이방법

1. 봄에 볼 수 있는 동물과 식물에 대해 이야기를 나누어 본다.
2. 칩의 글자를 읽어본다.
3. 퍼즐을 맞추어 본다.
4. 퍼즐 속에 봄에 관련된 어울리는 그림과 단어를 합성하여 새로운 단어를 만들어 본다(예: 김+밥=김밥)

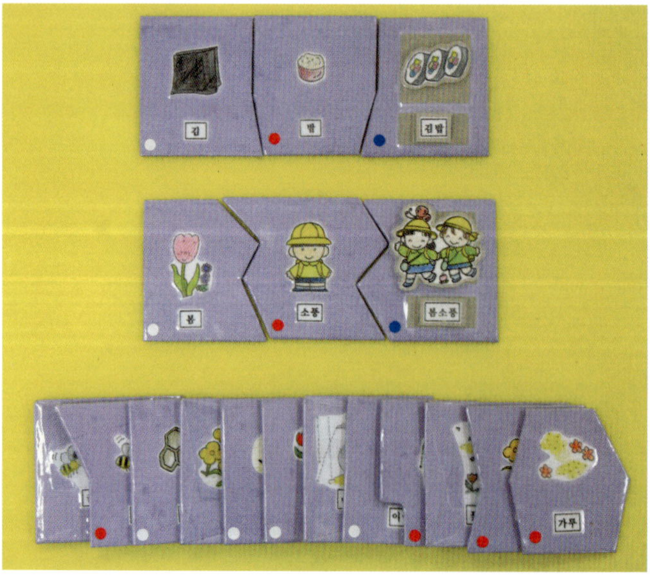

동시 퍼즐 (나비와 꽃)

대상연령 만 4~5세　　**관련영역** 언어생활/ 언어 영역

목　　표

- 동시를 즐겨 들으며 동시에 대한 이해와 심미감을 기른다.

활동자료

- 게임판－하드보드지(25㎝×19㎝), 정정판
- 정정판 및 칩 보관 판－하드보드지(11㎝×19㎝)
- 그림 칩 9개, 글자 칩 7개, 정정 스티커

놀이방법

1. 동시판을 읽어본다.
2. (　　) 속의 낱말에 그림 칩을 붙인다.
3. 낱말 칩을 붙인다.
4. 정정판을 보며 붙인 그림 칩과 낱말을 확인한다.

날씨를 알려 드립니다(일기예보판)

대상연령 만 4~5세 **관련영역** 건강 · 언어생활/ 문화 영역

목 표

- 날씨의 변화에 관심을 갖고 생활과의 관계를 이해하며 자신의 경험과 생각을 언어로 표현한다.

활동자료

- 게임판－하드보드지(13㎝×13㎝) 2장, 우리나라 지도, 자석
- 책－겉: 하드보드지(16㎝×7.5㎝) 2장, 속: 색지(16㎝×7㎝) 8장
- 날씨 그림 칩 19개

놀이방법

1. 게임판을 탐색한다.
2. 일기예보가 무엇인지에 대해 알아본다.
3. 작은 책의 내용을 읽어본다.
4. 작은 책 내용의 지역에 날씨에 따라 적절한 그림 칩을 일기예보판에 붙인다.
5. 일기예보판이 완성되면 활동은 완성된다.

생명의 역사

대상연령 만 4~5세　　**관련영역** 탐구생활/ 문화 영역

목　　표

- 닭, 개구리, 나비의 성장 순서를 알아보고 차례대로 표상해 본다.

활동자료

- 게임판－하드보드지(26㎝×19㎝) 2장, 자석, 압정, 닭 개구리 나비의 성장 과정 그림

놀이방법

1. 퍼즐판을 탐색한다.
2. 닭, 개구리, 나비의 성장 과정에 대해 이야기한다.
3. 닭의 성장 과정부터 순서에 맞게 퍼즐을 완성한다.
4. 나비의 성장 과정까지 순서에 맞게 퍼즐을 맞추면 퍼즐판이 완성된다.

별자리 빙고게임

대상연령 만 4세 **관련영역** 표현 · 탐구 생활/ 문화 영역

목 표

- 다양한 봄의 별자리를 탐색, 비교하며 문제 해결 능력을 기른다.

활동자료

- 게임판－포맥스(15㎝×13㎝) 2장, 자석(12㎝×12㎝) 2장
- 봄의 별자리 칩 9개 2세트

놀이방법

1. 2개의 빙고판을 나누어 갖는다.
2. 봄의 별자리에 대해 이야기해 보며 별자리의 전설을 알아본다.
3. 가위바위보를 통해 별자리 이름을 이야기하며 자신의 빙고판에 부착한다.
4. 먼저 빙고한 유아가 게임에서 이기게 된다.

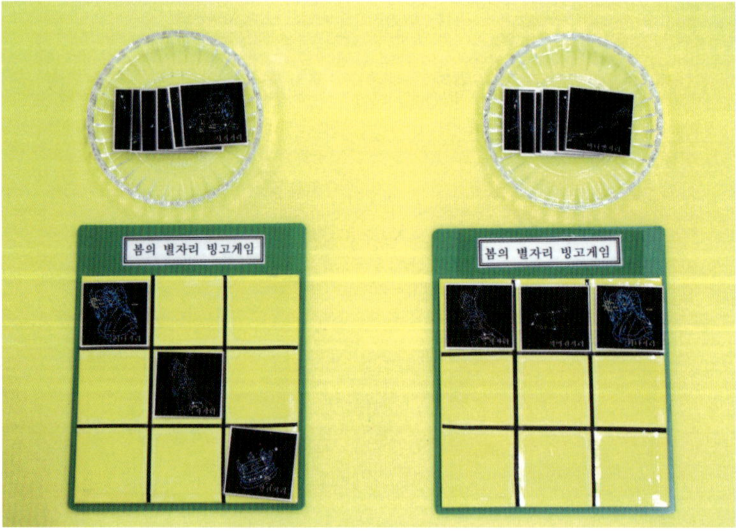

| Chapter 3 |

웃음꽃이 피어나는 우리 가족

I 주제 접근의 전개 과정

나의 탄생과 더불어 가족 구성원으로서 소속감을 느끼며 서로의 역할과 소중함을 알고 자신의 정체성과 함께 가족과 지역사회 간 상호 의존의 필요성을 이해하는 것에 의의를 두었다.

1. 반 구성 – 만 3세, 만 4세, 만 5세 혼합연령
2. 활동 기간 – 5월 30일~7월 20일 (약 50일)

1. 계획하기

(1) 주제 선정의 배경

5월은 어린이날, 어버이날, 스승의 날 등 특별한 날과 관련하여 어린이날의 행사, 엄마 아빠 카네이션 달아드리기 행사 등을 경험할 수 있는 달이다.

교사가 선정한 '웃음꽃이 피어나는 우리 가족'이라는 주제로 이야기를 나누던 중에 "우리 엄마 아기 낳으러 병원 갔다.", "우리 집에도 아기 있는데 …" 등의 대화를 나누었다. 한 유아가 "선생님, 우리 엄마랑 아빠랑 싸웠게요, 안 싸웠게요?" 물어 "안 싸웠지."라고 했더니 "땡! 우리 아빠 몰래 베란다에서 담배 피우다가 엄마랑 싸웠어요."하며 결혼, 아기 등 가족의 다양한 부분에 관심사를 표현하였다.

'웃음꽃이 피어나는 우리 가족'이라는 주제는 반별로 서로 다른 관심사를 교사와

유아가 협력하여 중복되지 않게 집, 아빠, 결혼, 아기 등으로 선정하였으며, 소주제망은 유아가 흥미 있어하는 주제를 중심으로 선정하였다(표 3-1, 3-2 참고).

〈표 3-1〉 웃음꽃이 피어나는 우리 가족 주제망

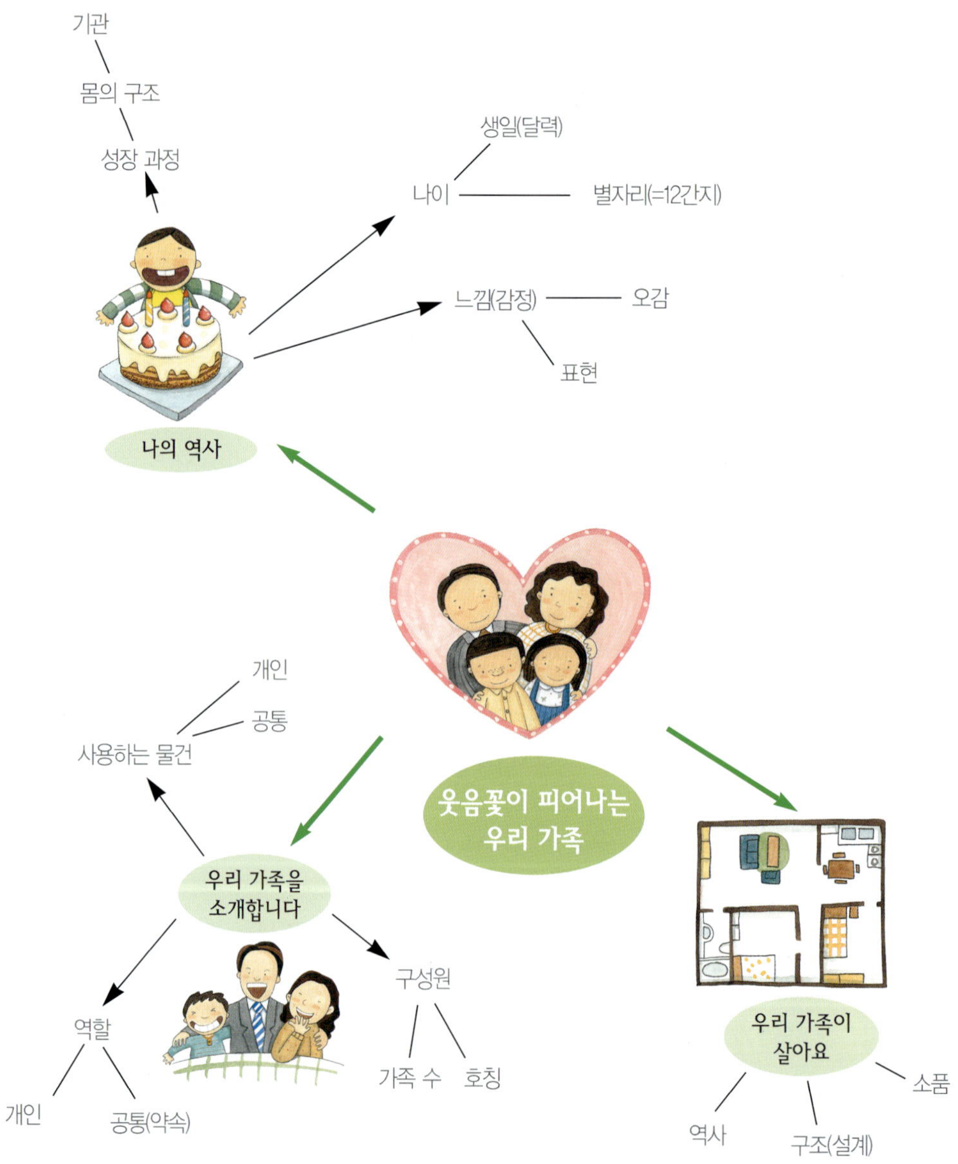

〈표 3-2〉 소주제망

아빠 주제망

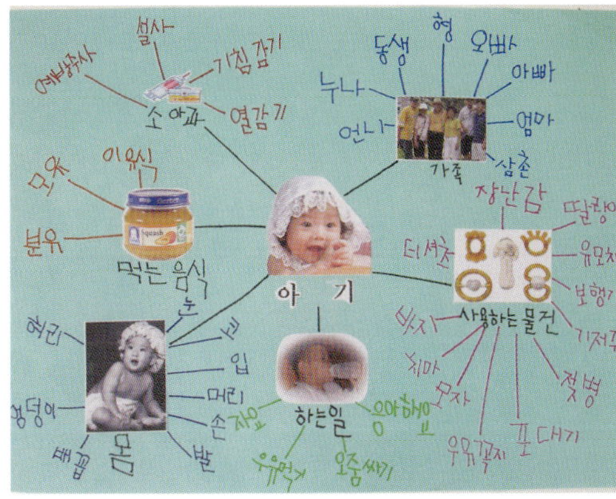

아기 주제망

결혼 주제망

집 주제망

〈표 3-3〉 월간 교육계획안

생활주제	웃음꽃이 피어나는 우리 가족	주제 선정 기간	2005년 5월 30일–7월 20일
교육적 의의와 목표	• 가족 및 지역사회의 구조, 구성원의 역할을 이해하고 자신이 각 가족과 지역사회의 일원으로 성장함을 안다. • 부모님의 사랑에 감사하는 마음을 갖는다.		
가정협조문	이번 주부터는 진실반 친구들이 '결혼'과 '아빠'를 주제로 프로젝트를 전개할 예정입니다. 교육 내용은 수업 진행에 따라 변경될 수 있습니다. • 6월 7일(월) '순풍 산부인과' 견학이 있습니다. 가정에서 산부인과에서 하는 일을 이야기해 주시면 견학에 더 많은 도움이 될 것 같습니다. • 6월 29일(수) '멋진 결혼식장'으로 견학을 갑니다. 이때 부모님들의 결혼식 사진을 한 장씩 같이 보내주세요. • 7월 3일(일)에는 가족 운동회가 있습니다. 가벼운 운동복, 운동화 차림으로 꼭 참석해 주세요.		

건 강

〈게임〉
- 이구동성
- 거인 신발 신고 달리기
- 누가 제일 가까울까?

〈신체 표현〉
- 거울에 비친 엄마 아빠 모습
- 내가 태어났어요

〈기본 생활 습관〉
- 어른이 부르실 때는 공손하게 대답해요
- 고마운 마음을 표현할 수 있어요
- 음식을 남기지 않고 끝까지 다 먹을 수 있어요

사 회

〈토의〉
- 아빠에게 선물하고 싶은 것
- 담배 공익 광고를 살펴보았어요
- 멋진 결혼식장 꾸미고 싶어요
- 미아가 되지 않으려면
- 행복한 집이 되려면

〈가정조사활동〉
- 우리 아빠에 대해 알아보아요
- 엄마 아빠 결혼에 대해 알아보아요
- 가족 신문 만들기
- 임신했을 때의 느낌은 어떨까?

〈견학〉
- 동네 결혼식장
- 산부인과

〈역할놀이〉
- 산부인과
- 결혼식

표 현

〈미술〉
- 결혼식 준비(청첩장, 부케, 식장과 웨딩카 꾸미기)
- 동극에 필요한 소품 만들기
- 열쇠고리
- 포스터
- CD로 아빠 얼굴 꾸미기
- 우리 집 꾸미기(공동작업)
- 가족 액자
- 치아 모형 뜨기
- 손도장 찍기

〈새 노래〉
- 아빠 힘내세요
- The finger family
- 피의 성분

〈음악 감상〉
- 모차르트 '피가로의 결혼'

웃음꽃이 피어나는 우리 가족

언 어

〈주제탐색〉
- 생각 모으기
- 주제망(아빠, 결혼식, 아기)
- 표상 활동
- 가족 품사

〈이야기 나누기〉
- 우리 가족을 소개합니다
- 가족의 호칭
- 나는 소중해요
- 결혼식을 준비해요
- 산부인과에 대해 궁금해요

〈동시〉
- 잠꾸러기 가족
- 밥 먹을 때

〈동화〉
- 나도 아빠를 사랑해요
- 아빠 해마 이야기
- 고릴라
- 엄마가 알을 낳았다

〈동극〉
- 조그만 찍찍이

탐 구

〈그래프〉
- 멋진 결혼식 청첩장 투표
- 가족 나이, 명 수 그래프
- 감자 수확으로 하는 큰 수 구성, 은행놀이
- 우리 집의 구조
- 연간 미아 발생 수 비즈 놓기
- 전통혼례와 현대 결혼 벤다이어그램

〈실험 및 관찰〉
- 콜라 속의 치아 관찰
- 양념 냄새 맡아보기
- 인체 X-ray 필름 보고 구별

〈시청각 자료〉
- 여러 집의 종류
- 담배 관련 공익 광고
- 나의 성장 과정 책

〈요리〉
- 주먹밥
- 까나페

	일상생활	감각	수	언어	문화
몬테소리 활동	• 흥미 영역 10개 • 빨래집게 꽂기 • 구두 닦기 • 차 서비스 • 다리미 사용하기 • 원통, 베틀 • 단추 달기 • 작은 천 빨기	• 분홍탑 • 색원기둥으로 가족사진 만들기 • 구성삼각형으로 집 꾸미기 • 후각통 • 촉각판 • 기하도형 서랍으로 얼굴 꾸미기, 가면 만들기	• 수막대와 숫자카드 • 숫자와 바둑알 • 색 비즈 • 큰 수 구성 • 은행놀이 덧셈 • 분수의 역사	• 나의 그림사전 • 가족 동사 놀이 • 직업과 도구 매칭 • NIE-우리 가족 식단 • 물건 이름 • 문자 찾기 • 한자라이트 박스 • 존대어	• 나의 성장 과정 • 내 몸의 부분 명칭(뼈) • 집의 변천/ 옷의 변천 • 가족의 역사 • 명화 감상(모자상) • 지구의 역사 (물, 공기, 흙)

(2) 실내 · 외 환경 구성

교실에 주제와 관련된 주제망, 그룹 토의 자료, 가정 활동 조사 자료, 실물 자료로서 아기용품, 아빠 용품, 웨딩드레스, 금연 포스터 등을 전시해 두면 유아들의 흥미가 더욱 지속될 수 있다.

출석부 붙이는 곳에는 주제와 관련된 '아빠, 아기' 등을 매일 써 볼 수 있는 모래 문자판을 준비해 준다. 분단별 이름도 그림 자료를 이용하여 아버지, 어머니, 동생, 언니 등의 이름으로 바꾸고, 도우미 이름표도 분수를 상징하는 '3분 가족, 4분 가족, 5분 가족' 등으로 만들어 준다.

역할 놀이방에는 결혼할 때 필요한 소품이나 아기 목욕시킬 때 필요한 소품으로 직접 활동할 수 있게 배려해 준다. 자유 놀이 선택 시간 때 활동할 수 있는 인지 학습 교구들도 준비해 둔다(표 3-4 참고).

(3) 정보 수집

결혼식장 견학, 산부인과 방문, 국립 과학관 등을 견학한다. 또한 전문직에 있는 아빠를 초대하여 궁금한 것도 물어보고 실제 활동도 해보고, 시청각 자료를 수집하여 준비해 둔다.

〈표 3-4〉 환경 구성을 위한 자료

벽면 구성 영역별 구성	• 가족사진으로 만든 달력 • 인체 내장의 부분 명칭 카드 • 나의 이야기 • 돌, 백일, 가족 사진 • 나의 성장 과정(필름 모형) • 집의 종류(변천) • 가계도(가족 나무) • 가족 통계－나이, 별자리, 띠 막대그래프 • 벤다이어그램(아빠와 나) • 엄마 아빠 결혼식 사진 • 이 달의 문화 체험 • 아기가 태어나기까지 • 아빠가 사용하는 물건 • 웨딩드레스 벽면 게시 • 치아에 대한 조사 • 우리 집 꾸미기(퍼즐) • 우리 동네 꾸미기 • 우리 가족을 소개합니다 • 내가 태어나기까지(CD에 그려보기) • 아기 용품 광고 • 명화감상 • 기하철판도형 응용한 가족 얼굴 모빌 • 금연 광고
언 어	• 가족, 친척 골든벨 게임(수수께끼) • 명함(내 수첩)만들기 • 짝꿍을 찾아주세요 • 가족의 작은 책(가전제품 시리즈) • 팬터마임(역할, 모습) • 전화번호, 주소 책 • 표현(좋은, 싫은 느낌) • 암호 게임 • 자, 모음 연습장 • 12간지(작은책) • 가족 이름 3행시 • 음절 찾기(1~5음절) • 문자 찾기 • 존대어, 반대어(단어 공부) • 복합어(새로운 단어 만들기) • 가족신문 • 가족 품사 • 한자 덧쓰기(가족 이름) • 기억놀이(같은 것 찾기－이름, 얼굴 등) • 문구성 • 오늘의 단어(사전 찾기) • 도장 찍기(물건, 가족, 도구 등) • 가족 이름－트레싱 지에 대고 쓰기(한글, 영문) • 가족 한자－라이트 박스 • 엽서쓰기－우편번호, 주소 쓰고 우표 붙이기 • 이 달의 사자성어, 속담 풀이 • 그림 카드 맞추기 • 가족들 일하는 사진과 이름카드 맞추기 • 우리 가족 띠 써보기 • 모형(가구)과 단어 카드, 이동 24음 상자(자+모음) • 가족들이 쓰는 물건(치약, 비누, 샴푸 등) • 의성어와 의태어(웃음소리, 걸음걸이) • 사진홀더(주민등록증, 의료보험카드, 은행통장, 가족사진) • 나의 이야기(나의 성장 과정)－내가 태어나기까지 • 내 수첩 만들기 • 가족신문 만들기 • 우리 집 가훈 알아보기 • 나의 태몽 • 듣기 테이프－그림 자료 (코고는 소리, 망치질 소리 등) • 누구 목소리일까? • 우리 가족이 즐겨보는 신문, TV 프로그램 • 행복한 집이 되려면 어떻게 해야 할까? • 가족 호칭－가족 구성원의 이름과, 관계 • 수사－명, 켤레 등 • 내가 아빠라면 • 엄마, 아빠의 신혼여행 • 아빠에게 선물하고 싶어요 • 아빠께 궁금해요 • 여러 종류의 집 • 아기들이 사용하는 물건 • 임신했을 때의 느낌
동 화	• 나는 싸기 대장의 형님(시공 주니어) • 댕기댕기(시공 주니어) • 피터의 의자(시공 주니어) • 엄마, 내 생각도 물어줘(시공 주니어) • 장난감형(시공 주니어) • 의좋은 형제(웅진) • 쌍둥이 루비와 가닛(시공 주니어) • 쉿! 엄마 깨우지마(비룡소) • 쇠똥구리(보림) • 12동물의 나이 자랑(보림) • 아버지의 교훈(한국 어린이 육영회) • 알은 어디에 숨기지(웅진) • 아빠 해마 이야기(CM몬테소리) • 내가 형이랑 닮았다고(사계절 출판) • 사윗감을 찾아나선 두더지(보림) • 세상에서 제일 아름다운 달걀(시공 주니어) • 방귀 잘 뀌는 며느리(국민서관) • 프레드릭(시공 주니어) • 엘피가 일등이에요(보림) • 그래도 엄마는 너를 사랑한단다(중앙출판사) • 늦어도 괜찮아 막내 황조롱이야(우리 교육) • 그래도 우리 누나야(베틀북) • 고릴라(비룡소) • 오른발, 왼발(비룡소) • 곰 아저씨에게 물어보렴(비룡소) • 내가 아빠를 얼마나 사랑하는지 아세요(베틀북) • 엄마도 날 사랑해(웅진닷컴) • 만약 내가 갓난아기라면(현암사) • 육촌형(보림) • 우리 아빠(아래아) • 아빠는 언제나 내 곁에 있어(크레용 하우스) • 꿈(미래사) • 좁쌀 한 톨로 장가든 총각(보림) • 아빠가 보고 싶어(보림) • 따로따로 행복하게(보림) • 우리 가족입니다(보림) • 고슴도치 아이(보림) • 엄마가 알을 낳았다(보림)

조 작	• 가족 소품 패턴 • 물건 색깔별 자리 찾기(색판 응용) • 가족 패션쇼 • 가족 그림자 찾기 • 점차성(열쇠, 자물쇠) • 베틀, 원통 • 인형 옷 입히기 • 운동화, 구두 끈 끼우기 • 퍼즐(결혼, 돌 · 백일 사진) • 돌리기－커피 갈기 • 손, 발톱 깎기 • 비누 깎기 • 리본, 스카프, 옷핀 등 • 깨 빻기 • 마늘 갈기 • 집 모형 크기대로 넣기 • 가족이 쓰는 물건 분류 • 열쇠－같은 그림자 찾기 • 열쇠와 자물쇠 맞추기 • 왼 · 오른손 구별 • 위/아래, 안/밖 놓아보기 • 화분에 물주기 • 식탁의 준비, 식후 설거지 • 성냥개비놀이 • 비밀주머니 • 접기(빨래 접기, 한복 접기 등) • 반지 끼우기 • 단추 분류하기(여러 가지 모양으로 만들기) • 가방 짜기 • 인형 머리에 집게 꽂기 • 방 안 꾸미기
수	• 태어난 연도 큰 수 구성 • 가족 수 그래프 • 신체 비교(키, 몸무게, 손, 발 등) • 아빠와 나의 벤다이어그램 • 아기와 어른의 벤다이어그램 • 비즈놀이－가족 나이 • 내가 좋아하는 상점 그래프 • 연도 별 미아 발생 수 • 우리 가족은 몇 명? • 난 이럴 때 엄마가 좋아요/ 미워요 통계 • 손가락 덧셈 놀이 • 암산판 퍼즐－가족그림 • 우리 아빠의 직업 통계 내서 색비즈로 놓아보기 • 나의 하루 • 계량 스푼 점차성 • 우리 가족 별자리 통계 • 집 전화번호 쓰기 • 가까운 친척 이름과 전화번호 외우기 • 나의 수－키, 몸무게 가슴둘레, 앉은키 • 우리 집 식구 생일과 나이 써보기 • 수 기억놀이 • 숫자도장 찍기 • 집에서 쓰는 소품들 무게 달기(저울)
과 학	• 신체－손으로 만져보기 • 가족 별자리 • 오감각 구별판 • 달력 만들기(생일) • 기하 도형 찾기(집에서) • 측정(혈압, 체온 등) • 건축 자료 탐색놀이－단단함, 느낌 등 • 신체의 구조 부분 명칭 • 양념 냄새 맡기(후각통) • 촉각판 맞추기(단추, 옷솔, 구두 솔, 칫솔 등) • 띠 도장 찍기 • 자석놀이(머리카락, 수염, 구레나룻 붙이기) • 지문, 입술 찍은 것 돋보기로 관찰 • 과거, 현재, 미래 • 몸의 구조 모빌(뼈 연결하기) • 신체의 구조, 부분 명칭, 내장 부분 명칭 • 가족 등반 • 가족이 하는 일 연결 • 집의 변천 • 인체 X-ray 필름 보고 구별 • 도구(연장) 그림자 • 스포츠 옷, 용품, 모자 연결 짓기 • 집안 설계도 • 치아 모형 관찰
음 악	• 결혼행진곡 • 축가 • 옛날이야기 • 어린이 노래 • 심부름 • 털보 영감님 • 피의 성분 • 12간지 • 누구 닮았을까? • 아빠 힘내세요 • 가족 고사 성어 • 어른이 되면 • 내가 제일 좋아하는 말 • 내 얼굴 • 새들의 결혼식 • 닮은 곳이 있대요 • The finger family • 소리상자(단추로) • 부엌용품 쳐보기 • 손유희－빨래 • 악기 연주－사랑
미 술	• 가방과 목도리 짜기 • 결혼식 청첩장 • 열쇠고리(아빠 선물) • 구성 삼각형으로 꾸미기(집) • 결혼식장 꾸미기(결혼식장 명패, 신랑 신부 이름, 웨딩카) • CD로 아빠 얼굴 꾸미고 넥타이 데칼코마니 • 가족 인형에 머리 붙이기 • 가족 액자 • 행복한 우리 집(지점토로) • 치아 모형 뜨기 • 가방 만들기 • 손으로 공작 꾸미기 • 모자 만들기 • 엄마의 보석(내 얼굴) • 지점토에 손도장 찍기 • 기하 도형 서랍을 이용한 가면 만들기 • 미아 방지용 명찰 • 우리 집 꾸미기(공동작업) • 우리 동네 꾸미기 • 지점토에 손도장 찍기 • 명화 감상 • 결혼식장 꾸미기－드레스 디자인, 부케, 청첩장, 웨딩카 꾸미기 • 목걸이 만들기(마카로니) • 마블링(예 : 넥타이) • 염색(손수건) • 가훈 만들기(족자) • 브로치 만들기(고무점토) • 도형으로 만든 집(구성 삼각형 응용) • 망치로 두드리기 • 감기(실 감아 액자 만들기) • 기하입체(몸 만들어 얼굴만 붙여 모빌로 만들기) • 지점토와 찰흙으로 가족 얼굴 꾸미기 • 색원기둥 · 구성 삼각형 상자로 가족사진 꾸미기

역할 놀이	• 역할 바꿔보기 • 산부인과 놀이(분만실, 신생아실, X-ray실, 진찰실) • 아기 돌보기 • 인형 목욕시키기 • 안마 • 소꿉놀이(양복, 넥타이, 수염, 앞치마, 머리 수건, 화장품, 부엌용품 모형들……) • 필요한 물건 • 방 꾸미기 • 방 안 물건 정리하기 • 결혼식 놀이(신랑, 신부, 주례, 하객 되어보기) • 동극－조그만 찍찍이
게 임	• 누가 제일 가까울까?(자기 몸에 있는 허리띠 길이 대강의 눈짐작으로 맞히기) • 거울에 비친 엄마 모습 • 아빠 꾸미기 • 거인 신발 신고 달리기, 이구동성 게임
요 리	• 설거지(빨래)순서 • 식탁 꾸미기 • 김밥 만들기 • 차 서비스(녹차) • 식빵 썰기 • 김밥 말고 썰기 • 호박 부침개 • 까나페 • 주먹밥

2. 활동의 전개

(1) 도 입

유아의 현재 사고 수준을 이해하고 돕기 위해 1, 2차에 걸쳐 표상 활동을 한다. 예를 들어 '집 그려보기, 아빠에 대한 모습, 내가 생각하는 아기는 어떻게 생겼을까?, 우리 엄마 아빠 결혼하는 모습' 등을 표현하도록 진행하였다. 대그룹과 소그룹으로 나누어 토의를 하면서 유아들의 주제망을 구성하였다.

(2) 브레인스토밍(Brainstorming)

아빠 시대의 딱지와 우리 딱지를 비교하고 분류하기도 하고, 전통 혼례와 현대의 결혼의 비슷한 것끼리 모아보고, 아파트와 주택의 설계 구조를 비교 · 분석해 보았다. 대그룹과 소그룹 토의를 거쳐 적목으로 집 짓기, 우리 가족의 나이와 별자리로 통계내기, 가족 단합을 위한 가족 운동회, 우리들이 수확한 감자로 큰 수 구성 및 은행 놀이, 아빠와 담배의 관계, 금연 포스터 만들기, 아빠와 세계여행을 간다면 어느 나라에 가고 싶은가, 나의 성장 그래프 비교하기, 분수 가족 액자 만들기, 효도 상품

권 만들기 등의 활동을 해보았다.

활동 중 가장 어려운 점은 혼합 연령으로 어떻게 활동을 전개하고 이끌어 갈 것인가이다. 대그룹으로 이야기 나누기를 할 때는 처음에는 1수준에 해당하는 기초 부분부터 시작하여 2수준에 해당하는 깊이 있고 구체적으로 세분화된 내용으로 유아들과 상호 작용할 수 있다. 예를 들면, 유아들이 수확한 감자로 큰 수 구성 및 은행놀이 활동을 할 때 어린 영아들은 비닐 봉투에 감자를 세어가며 10개씩 넣어보는 역할을 주고, 다음 연령은 10 스티커를 붙이고 그것에 해당하는 10의 비즈를 놓는다. 연령의 수준에 따라 10의 비즈 10개를 100의 비즈로 바꾸는 교환 활동을 하도록 하고, 제일 높은 연령의 유아들은 각 단위별로 모은 비즈를 숫자카드로 큰 수를 구성한다. 이어서 각 반별로 만들어진 숫자를 여러 반 것과 함께 더하는 덧셈놀이를 하도록 연령별 역할 분담을 하다보면 유아들이 수의 발달 단계를 다양한 연령 속에서 쉽게 이해할 수 있다.

이러한 혼합 연령 활동을 통해 저연령의 유아들은 전체의 흐름을 쉽게 익힐 수 있고, 높은 연령의 유아들은 개인의 수준에 맞게 선택이 가능하여, 서로 협력하고 가르치면서 또 다르게 성장하는 모습을 볼 수 있다.

주제 활동 중 원 내에서 할 수 없는 것은 가정 활동 조사서를 이용하였다. 이 조사서는 몬테소리 교육 내용과 주제를 통합해서 자료로 만들었다.

3. 평가하기

- 유아들이 제일 관심 있고 궁금해 하는 것은 "아기는 어떻게 태어나요?" 였다. 궁금증을 해결하기 위해 도입 단계에서 그림책을 통해 이야기를 들려주었고 인터넷과 가정에서 보내주신 초음파 사진을 통해 뱃속의 아기 모습을 보았다. 비디오 〈마이키 이야기〉의 정자들을 보고 "올챙이다!" 하며 놀라기도 하고, 아기 심장 소리를 듣고 굉장히 신기해 하였다. '아기씨' 대신 바른 성교육 용어로 '정자 · 난자' 라는 용어를 사용했으며 아울러 엄마가 나를 낳으셨을 때 힘들었겠다고 하며 감사하는 마음도 가질 줄 알게 되었다. 또한 돌잔치에 필요한 실물을 준비하고 사진으로만 보았던 자신들의 돌잔치를 직접 활동해 보면서 경험하였다.

- 금연에 대한 공익 광고와 포스터를 만들고 난 후 유아들은 아빠에게 담배를 피우지 말라고 이야기하겠다는 말과 함께 어른이 되면 절대로 담배를 피우지 않겠다고 다짐하는 모습을 보였다.
- 결혼할 대상을 서로 토의하여 정하고 역할 분담을 하여 강당에 예식장을 꾸며서 실제 결혼식 극놀이도 해보았다.
- 학부모님들은 각 반에서 수확한 감자를 반별로 통계를 내고 유치원 전체를 합산하는 활동을 보고, 몬테소리 교육이 일상생활에서 자연스럽게 일반화될 수 있다는 점을 감탄하였다.

유아들이 주제를 토의하거나 활동에 적극적인 대안과 참여로 이번 주제는 잘 마무리 되었다. 이번 주제가 끝나고 난 뒤 각 반에 부모님을 초대하여 유아들의 각 활동을 VTR로 보여 드리고 각 반별로 유아와 교사가 역할을 분담하여 설명하도록 하는 것으로 평가가 마무리되었다.

4. 교사들의 소감

'웃음꽃이 피어나는 우리 가족' 주제는 혼합 연령으로 진행한 반의 유아들을 교사 혼자서 연령을 구분 지어 활동하였다. 활동에 따라 서로 모방을 하며 협조적인 활동이 이루어져 여유로웠으며 저연령 유아들이 형님들의 활동에 적극 참여하는 모습을 보았다. 특히 소그룹 토의 때 연령을 혼합해서 진행하니 형님들이 동생들을 사랑으로 배려하는 모습이 더욱 두드러졌다.

여러 소주제에 따른 활동을 하면서 반끼리 "너희 반은 무슨 주제를 하는데?"라고 물어보기도 하고 "선생님 다음에 우리도 돌잔치해요."라고 하는 유아들의 적극적인 반응을 볼 수 있었다.

더 놀라운 것은 "우리 다음에 무엇을 조사해 올까요?"라며 기대하는 마음과, 유아 스스로 적극적으로 참여하는 모습을 볼 수 있었다. 그러나 하나의 주제에 대한 자료 준비를 교사 혼자서 하는 것은 무엇보다도 가장 큰 어려움이었다.

학부모들은 몬테소리 교육이 기본이 되어 주제 접근 수업을 진행하니 깊이 있는 수업 내용과 아이들이 무엇이든 알려고 하는 적극성과 호기심이 많이 생겨 '매우 좋다' 는 반응을 보이면서도 학부모들이 집에서 도와주어야 하는 '부담감' 을 살짝 귀띔해 주셨다.

이번 활동을 통해 교사의 자세에 따라 교육의 질이 높아지고, 존경 받는 교사가 될 수 있다는 것을 절실히 느낄 수 있었다.

Ⅱ 가정 활동 조사서

가정에서 가족과 함께 사랑으로 대화할 수 있도록 주제에 필요한 자료를 협조해 줌으로써 현장에서의 시간 절약과 유아들이 조사한 활동을 표현할 수 있는 기회를 주고, 궁금한 문제를 스스로 해결하는 자율적인 학습을 할 수 있었다. 가정 활동 조사서는 몬테소리 교육과정에서의 '가족의 역사, 나의 성장 과정, 비즈와 카드에 의한 통계, 가족 수에 의한 분수 개념' 등을 접목하여 활동하도록 고안하였다(표 3-5, 부록 3, pp. 344~356, 참고).

〈표 3-5〉 가정 활동 조사서

대주제 소주제	웃음꽃이 피어나는 우리 가족
아 빠	• 아빠 사진 액자틀 • 아빠하면 생각나는 느낌 써보기(3개) • 아빠에 대해 궁금해요–나이, 띠, 직업, 발 사이즈, 생년월일, 핸드폰 번호, 좋아하는 것 (노래, 색깔, 음식, 책, 운동…) • 우리 가족은 몇 분 가족일까요? • 노래–닮은 곳이 있대요 ( ) 부분에 넣어서 부르기 • 가족의 역사–가족 이름 써보기
결 혼	• 결혼식(언제, 어디서, 누구, 이름, 느낌) • 엄마 아빠 결혼년도 큰 수 구성 • 결혼식 사진 • 결혼식 수수께끼 (돈, 웨딩드레스, 반지, 케이크, 부케, 비행기 등) • 웨딩 케이크와 생일 케이크 벤다이어그램 • 신혼 여행지 정보–여행 기간, 장소, 지도에 표시해 보기 • 우리 가족의 신문
집	• 내가 사는 집–주소, 전화번호, 주변의 공원, 공공기관, 쇼핑센터 등 • 길을 잃었을 때 (약도) • 우리 집의 평면도 그려보기 • 내가 살고 싶은 집 꾸미기 • 우리 집을 소개합니다. (형용사+명사 예: △집, △엄마, △아빠, △식탁, △창문……) • 가족이 함께할 수 있는 놀이 • 가족이 서로 지켜야 할 예절은 무엇이 있을까?
아 기	• 태어났을 때 (언제, 어디서, 성별, 몸무게, 키) • 나의 태몽을 알아보세요 • 아기와 나의 벤다이어그램 • 아기는 언제(어떻게) 태어날까요? • 아기가 사용하는 물건 • 임신했을 때의 느낌

Ⅲ 미술 교육을 위한 흥미 영역

'웃음꽃이 피어나는 우리 가족' 주제에 따라 사용되는 단어를 중심으로 단어의 음절을 연령에 따라 고려하였고, 창의적인 미술 활동을 할 수 있도록 다양한 방법과 소재를 사용하여 다양한 도구를 경험할 수 있도록 10가지를 개발하였다. 특히 가족 주제에 맞춘 상징적 표현으로 가족 모자, 신문, 넥타이, 핸드백, 젖병, 안경, 앞치마 등의 그림을 이용하여 주제의 이미지를 부각시켰다(부록 pp. 330~333 참고).

〈표 3-6〉 미술 교육을 위한 흥미 영역

웃음꽃이 피어나는 우리 가족				
번호	구 분	5 세	6 세	7 세
1	자르기 및 붙이기	우리 가족의 식탁	가족 나무	가족 모자 접기 가족이 사용하는 물건 우리 가족 꾸미기
2	펀치 뚫기	지붕, 생일축하	식탁 매트, 옷	가족
3	바느질	신문	안경, 앞치마	가족, 아기(헝겊) 가방 만들기 아빠(단추 달기)
4	푸싱핀	시계, 프라이팬	앞치마, 조부모님	우리 집, 찻잔 조부모님
5	스테이플러	엄마와 아기	우리 가족	가족 사진
6	직조 짜기	안경, 앞치마	집	가족놀이
7	종이접기		하트	의자
8	데칼코마니	구슬 굴리기(옷)	우리 집	넥타이, 핸드백, 프라이팬
9	반 접어 오리기		하트	요리사
10	도장 찍기	젖병		엄마

Ⅳ 영역별 환경 구성

몬테소리 교육의 5개 영역을 '웃음꽃이 피어나는 우리 가족'과 관련하여 교구의 내용물을 바꿈으로써 주제에 관해 흥미나 관심을 적극적으로 표현하고 경험해 볼 수 있게 하였다. 예를 들면 수도꼭지 분해하기, 나사 돌리기, 갈기, 인형 옷 입히기, 가방 짜기, 목도리 짜기, 집안 물건 · 주방 용품 도장 찍기, 망치 두드리기 등을 영역에 준비하였다(표 3-7 참고).

〈표 3-7〉 영역별 환경 구성

번호	교구 제목	생활영역	비고
1	찻잔 걸고 떼기	건강/ 표현	p. 163
2	복주머니 클립 끼우기	건강/ 표현	p. 163
3	비즈 끼워 반지 만들기	표현/ 사회	p. 163
4	수도꼭지 분해하기	탐구/ 언어	p. 163
5	나사 돌리기	건강/ 탐구	p. 163
6	젖병 뚜껑 돌리기	건강	p. 163
7	과자 빻기	건강/ 탐구	p. 164
8	망치로 두드리기	건강/ 탐구	p. 164
9	신발의 짝을 찾아 주세요	표현/ 탐구/ 언어	p. 164
10	수틀 바느질	건강/ 표현	p. 164
11	거품 내기	건강/ 탐구	p. 164
12	손톱 깎기	탐구/ 건강	p. 164
13	인형 목욕시키기	건강/ 사회	p. 165
14	인형 옷 입히기	표현/ 건강	p. 165
15	신발끈 매듭 묶기	건강	p. 165
16	작은 집 놀이(꾸미기)	표현/ 언어/ 사회	p. 165
17	빨래 널기	건강/ 표현/ 탐구	p. 165
18	친구네 집 전화번호	탐구/ 언어/ 사회	p. 165
19	3단계 카드(청소도구, 거울, 솔, 문, 옷, 신발…)	언어/ 탐구	p. 166
20	계량스푼 점차성	탐구/ 사회	p. 166
21	기하입체 기억놀이	언어/ 탐구/ 표현	p. 166
22	식탁 매너	건강/ 사회	p. 166
23	차 서비스	건강/ 사회	p. 166

찻잔 걸고 떼기

복주머니 클립 끼우기

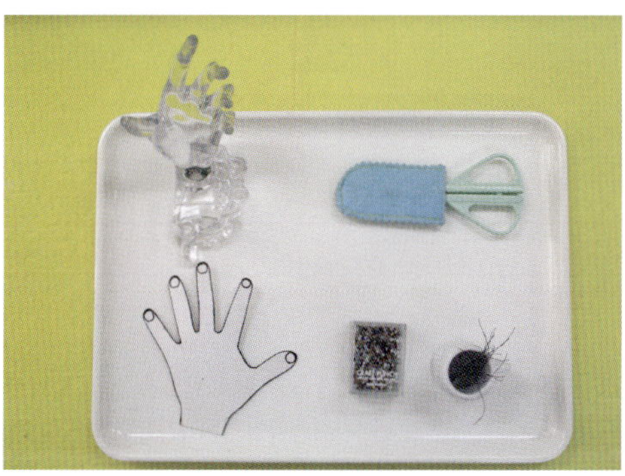

비즈 끼워 반지 만들기

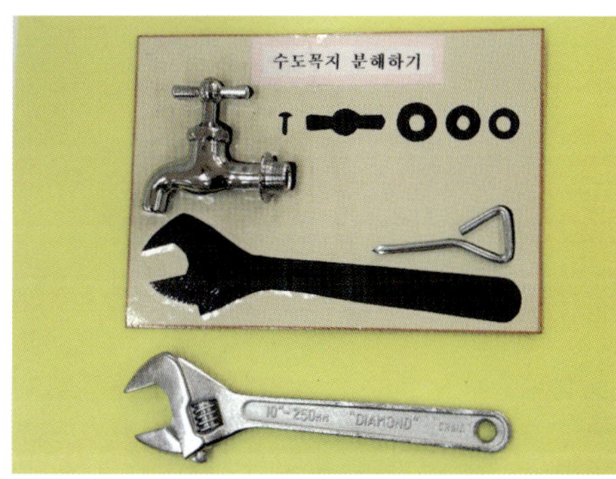

수도꼭지 분해하기

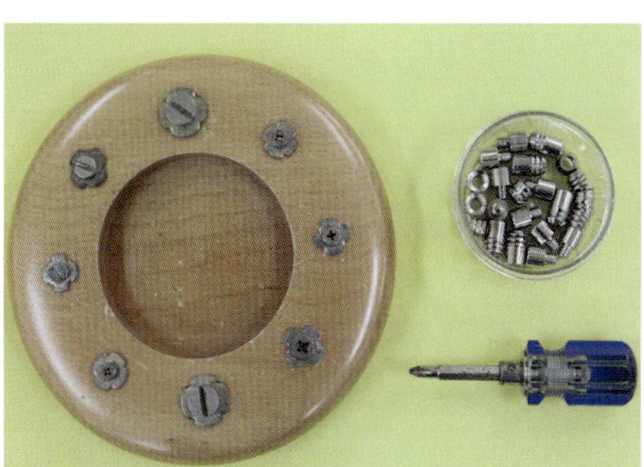

나사 돌리기

젖병 뚜껑 돌리기

과자 빻기

망치로 두드리기

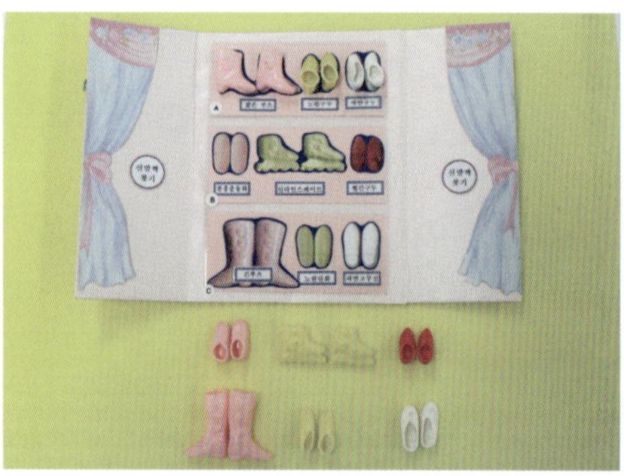

신발의 짝을 찾아 주세요

수틀 바느질

거품 내기

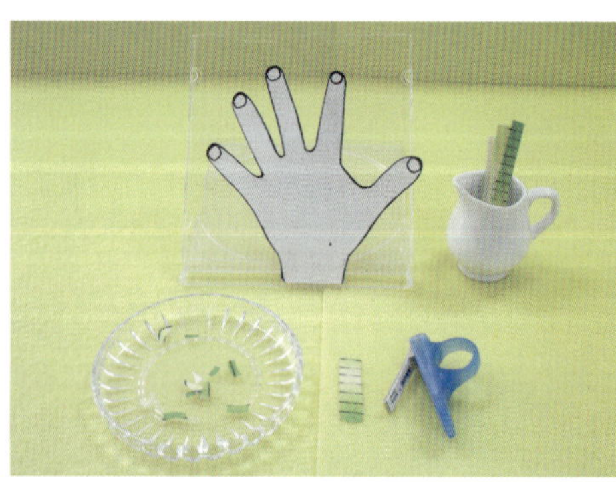

손톱 깎기

인형 목욕시키기

인형 옷 입히기

신발끈 매듭 묶기

작은 집 놀이

빨래 널기

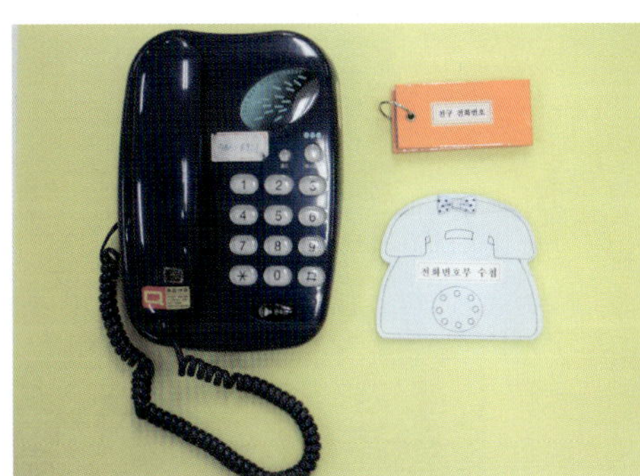

친구네 집 전화번호

3단계 카드

계량 스푼 점차성

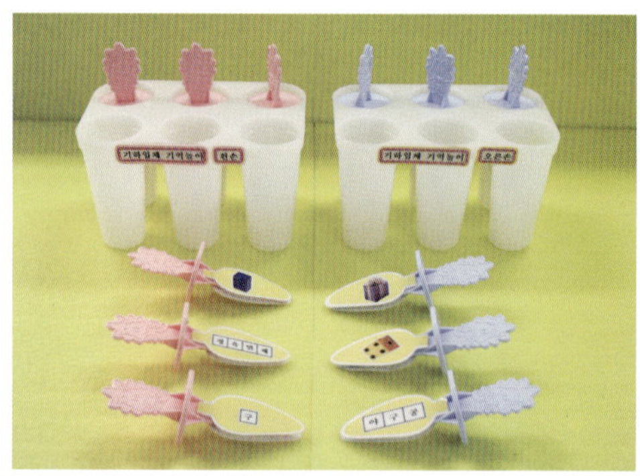

기하입체 기억놀이

식탁 매너

차 서비스

V 유아 활동 자료

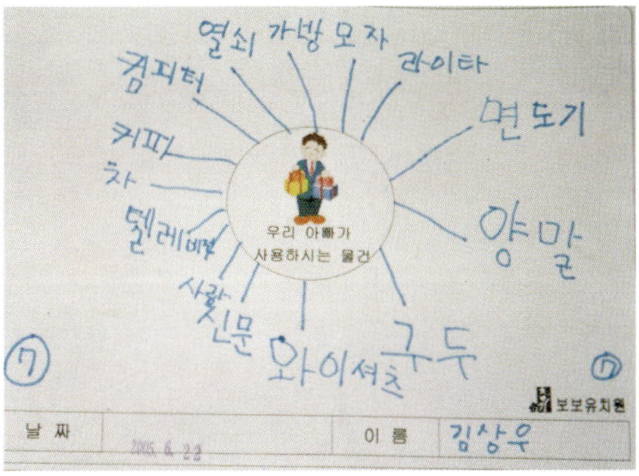

아빠가 사용하는 물건에는 무엇이 있을까?

7세-결혼식 1, 2차 표상 활동

우리 조의 생각-결혼식장을 어떻게 꾸밀까?

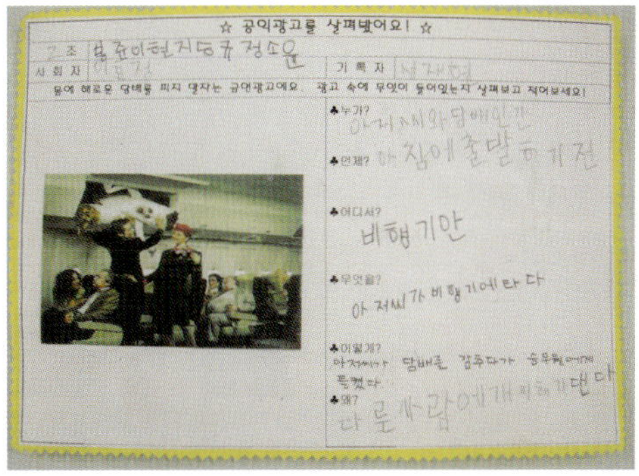

담배 금연 광고를 살펴 보았어요

6, 7세 공동 작업-금연 포스터

가족 신문 만들기

아빠 선생님과의 대화 시간

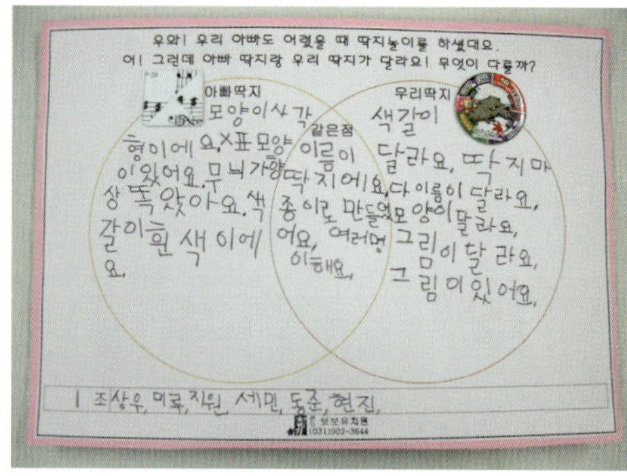

아빠 딱지와 내 딱지 벤다이어그램

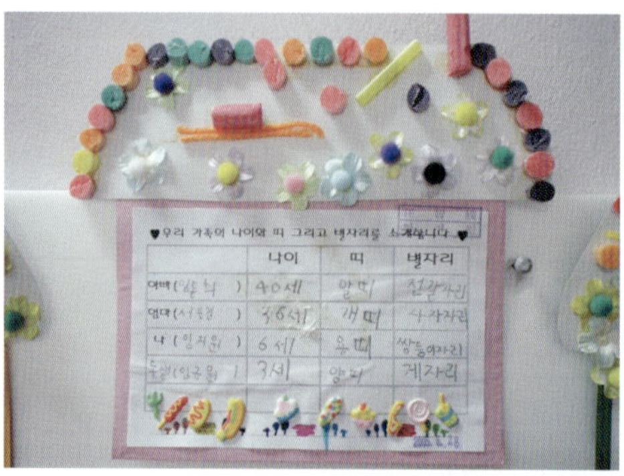

우리 아빠 나이가 40살이래!

나는 어떻게 태어났을까?

내가 만약 아빠라면 ……해야지!

엄마 아빠 제가 즐겁게 해드릴께요－효도 상품권

우리들의 결혼식장

자! 눈 감지 말고 여기를 보세요

멋진 청첩장을 뽑아 주세요

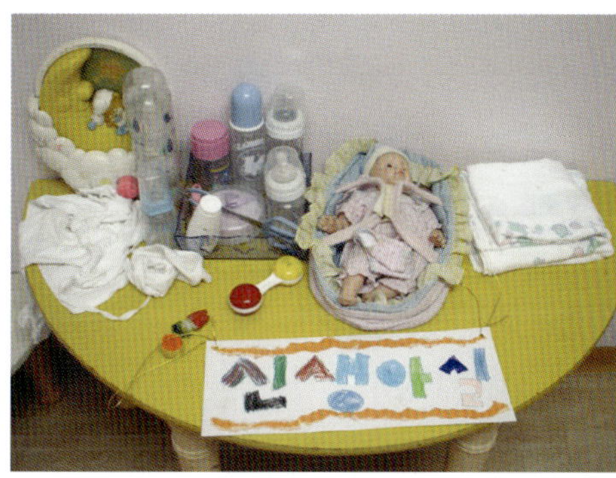

역할방-신생아실

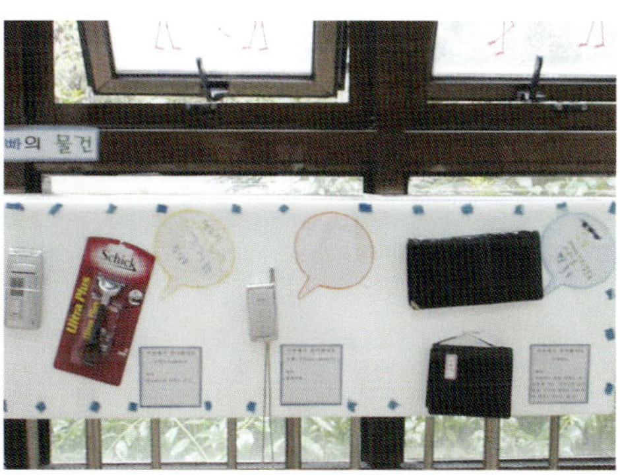

우리 아빠의 물건

아빠를 멋지게 꾸며주세요

아빠 얼굴 되게 크다

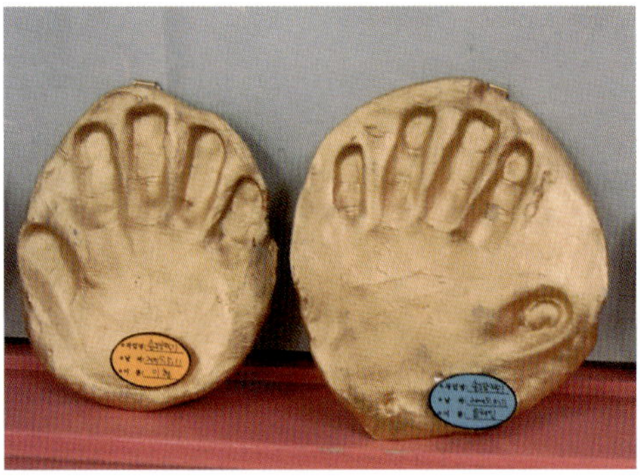

내 손 되게 크다

미아 방지용 이름표-저를 이곳으로 연락해주세요

7세 공동 작업-우리 집 꾸미기 퍼즐

오늘은 우리 유치원 가족 운동회날이에요

수녀님 우리가 만든 주먹밥 드셔 보세요

출석 스티커 붙이기

악기 연주

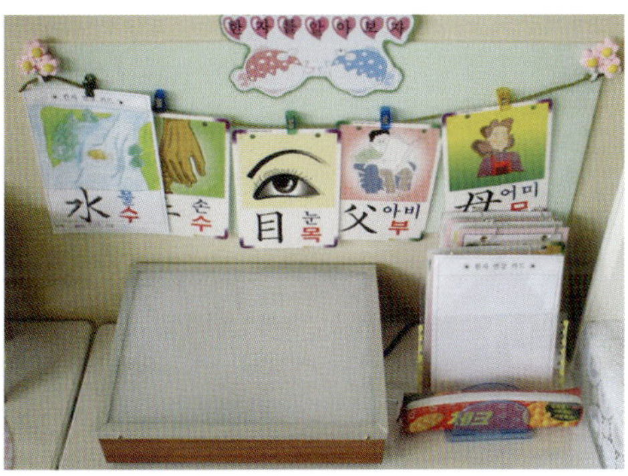

가족 라이트 박스

기하도형으로 꾸민 우리 가족 얼굴

색원기둥으로 가족 얼굴 꾸미기

구성 삼각형으로 집 만들기

기하 입체 도형에 그린 우리 가족 모빌

기하 입체 도형에 그린 우리 가족 모빌

비즈로 알아본 연간 미아 수가 이렇게 많아?

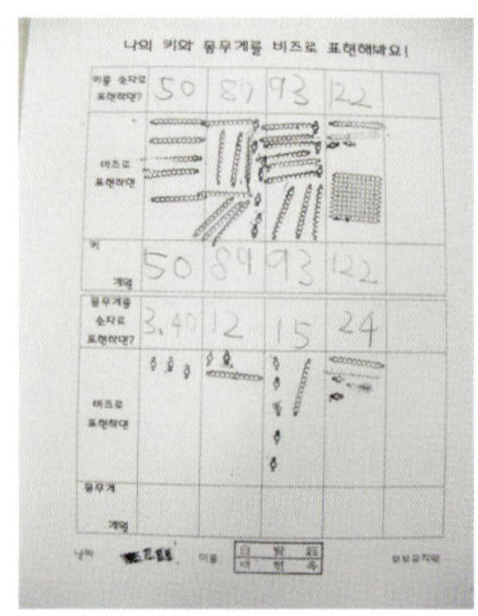

나의 키와 몸무게를 비즈로 표현해 봐요

잎의 서랍을 이용한 우리 가족 소개

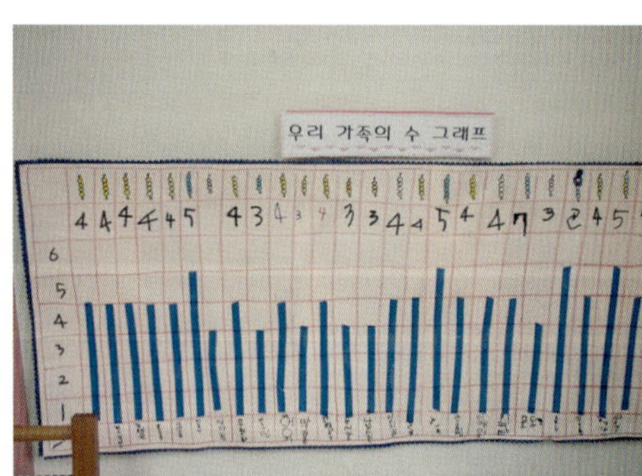

우리 가족의 수 그래프-색비즈로 통계 내기

수확한 감자로 비즈 덧셈을 해보았어요

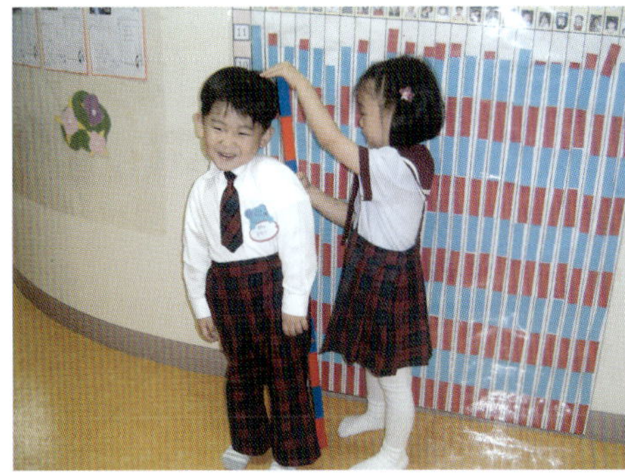
5세-수막대로 나의 키를 재어 보아요

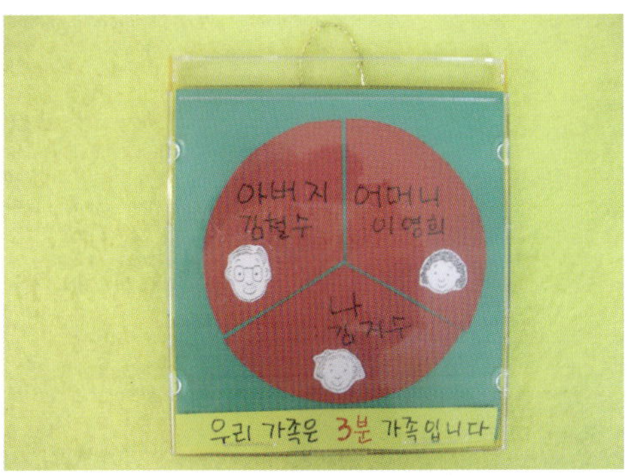

분수 가족 액자

미래의 아파트

분홍탑-웃음꽃이 피어나는 가족입니다

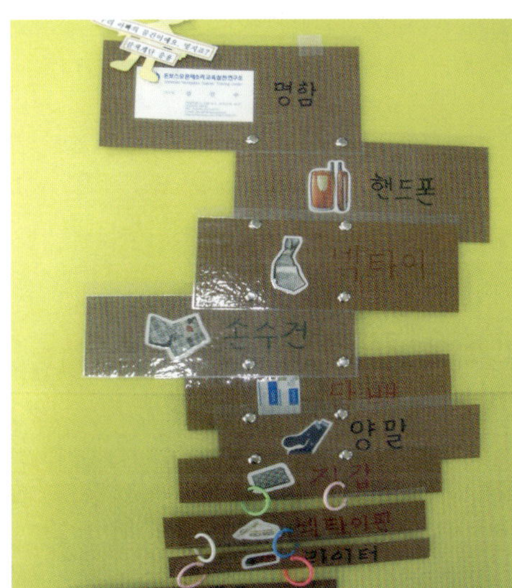

갈색계단-우리 아빠가 사용하시는 물건이에요

VI 창의적 몬테소리 응용 교구

'웃음꽃이 피어나는 우리 가족'의 생활 주제와 이미지를 강조하고 가족의 구성원으로서 서로 협력하는 자세를 경험하기 위해 몬테소리 교육 내용을 기초로 한 교구를 균형있게 개발하였다.

자유 선택 시간에 할 수 있도록 가능한 한 교구장 위쪽이나 책상 위에 비치해 두는 것이 효과적이다.

번호	교구 제목	생활 영역	몬테소리 영역	비 고
1	우리 가족의 모습	사회/ 탐구	일 상	p. 175
2	우리 집에 맞는 열쇠를 찾아 주세요	탐구/ 언어		p. 176
3	목도리와 가방 짜기	건강/ 탐구		pp. 177~178
4	거울 보기	탐 구		p. 179
5	아파트 평면도 짝짓기	탐 구	감 각	p. 180
6	가고 싶은 곳-집 찾기 점차성	언어/ 탐구		p. 181
7	행복한 우리 가족	사회/ 표현		p. 182
8	모자를 씌워 주세요	표현/ 언어		p. 183
9	내 방을 찾아 주세요	사회/ 탐구		p. 184
10	가족의 나이 더하기	탐 구	수	p. 185
11	엄마에게 선물해요	탐 구		p. 186
12	오목게임	언어/ 탐구		p. 187
13	가족의 키	건강/ 탐구		p. 188
14	우리 가족 별자리 큰 수 구성	탐구/ 언어		p. 189
15	음절 찾기	언 어	언 어	p. 190
16	여행 수수께끼	언어/ 탐구		p. 191
17	12간지	언 어		p. 192
18	품사책	언 어		p. 193
19	이동 24음	언 어		p. 194
20	6하 원칙 게임	사회/ 언어		p. 195
21	어울리는 집 찾기	언어/ 탐구	문 화	p. 196
22	각 지역의 집의 형태	사회/ 언어/ 탐구		p. 197
23	가족 호칭 맞추기	사회/ 언어		p. 198
24	내가 살고 있는 아파트 짓기	표 현		p. 199

우리 가족의 모습

대상연령 만 3~4세 **관련영역** 사회 · 탐구생활/ 일상 영역

목 표

- 가족이 공동으로 생활하는 집의 장소를 알아보고 그 장소에 어울리는 사람과 행동을 찾아 맞춘다.

활동자료

- 책－하드보드지(14㎝×13㎝), 속지(13㎝×12㎝)
- 소품 : 칩 7개, 클립 7개, 줄, 자석

놀이방법

1. 우리가 살고 있는 집의 여러 방을 본다.
2. 작은 책 각 장에 줄로 연결되어 있는 사람들을 꺼낸다.
3. 작은 책을 넘기면서 그 장소에 어울리는 사람을 찾아 맞춘다.
4. 반쪽만 있는 사람과 같으면 맞은 것이다.

우리 집에 맞는 열쇠를 찾아 주세요

대상연령 만4~5세 **관련영역** 탐구 · 언어생활/ 일상 영역

목 표

- 장소와 물건의 어울림을 알고 자물쇠와 열쇠를 1 : 1 짝지어 본다.

활동자료

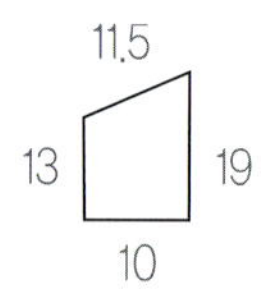

- 책 – 겉표지: 하드보드지(11.5㎝×13㎝×10㎝×19㎝) 4장
  속지: (10.7㎝×12.3㎝) 8장
- 소품 – 열쇠+자물쇠=4세트, 칩 4개(주전자, 전화기, 프라이팬, 냄비),
  클립 4개, 링 4개, 자석

놀이방법

1. 우리 집의 구조에 대해서 이야기해 보고, 그 공간에서 필요한 물건이 무엇이 있는지 알아본다.
2. 열쇠와 자물쇠의 원리에 대해서 알아보고 공간에서 필요한 물건과 자물쇠를 연결해 꼭 맞는 열쇠로 열어 본다. 이때 열쇠에는 자물쇠에 붙어 있는 물건의 이름이 쓰여 있다.

*정정 – 자물쇠 색깔과 열쇠에 쓰여 있는 이름의 배지와 같은 색으로 만듬

목도리와 가방 짜기

대상연령 만 5세 **관련영역** 건강 · 탐구생활/ 일상 영역

목 표

- 원통과 베틀이라는 새로운 도구를 탐색해 보고 털실 짜기를 하면서 소근육을 기를 수 있고 어떻게 모양이 변하는지도 알아본다.

활동자료

- 작은 책－하드보드지(14㎝×14㎝) 4장, 색지(13㎝×13㎝) 16장, 소품: 링 4개

놀이방법

가방 짜기

1. 빨간 구슬에 실을 한 번 감고 베틀의 홈 부분에 끼운다.
2. 위 아래로 반복하여 홈에 끼운다.
3. 실패에 실을 감는다.
4. 위 → 아래 → 위 → 아래를 반복하여 직조 짜기를 한다.
5. 짜면서 나무빗을 이용하여 모아 준다.
6. 다 짜면 빨간 구슬 2개를 뺀 후 갈색 구슬을 잡아 철사를 베틀에서 잡아 당겨 뺀다. 돗바늘을 이용하여 가방 모양으로 완성한다.

목도리 짜기

1. 털실을 안쪽에서 시작하여 매듭을 짓도록 묶는다.
2. S자 모양으로 한 바퀴 돌면서 처음의 아랫단을 만든다.
3. 아랫단이 완성되면 오른손가락으로 아래에 있는 실을 조금 당기면서 코를 넘긴다.
4. 마지막은 원통의 코를 하나씩 빼면서 돗바늘이나 코바늘을 이용하여 연결하고 방울도 달아준다.

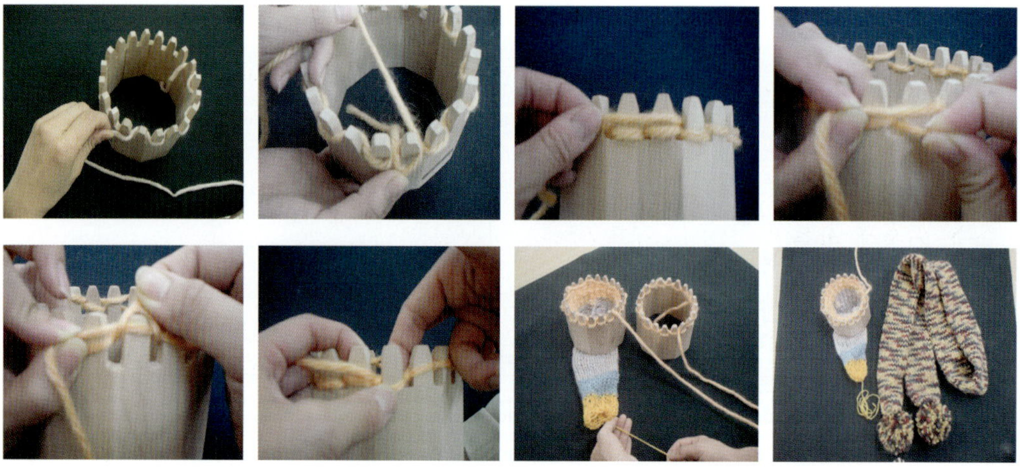

거울 보기

대상연령 만 3~4세　　**관련영역** 탐구생활/ 일상 영역

목　표

- 거울의 성질을 알고 반대쪽을 예상해 본다.

활동자료

- 물건 그림 반쪽 칩 18개, 완성된 그림 칩 18개, 삼면경, 원 스티커(3가지 색깔)

놀이방법

1. 거울을 세운다.
2. 2명의 유아가 순서를 정한다.
3. 반쪽으로 되어 있는 그림 카드를 하나 고른다.
4. 거울에 비추면 '어떤 그림이 될까?' 예상해 본다.
5. 거울의 스티커 부분(●)에 그림 카드를 세워 본다.
6. 예상하여 가져온 그림과 같으면 갖고 아니면 가져올 수 없다.
7. 많은 카드를 갖고 온 유아가 이긴다.

아파트 평면도 짝짓기

대상연령 만 4~5세 **관련영역** 탐구생활/ 감각 영역

목 표

- 나의 주변 환경에 대해 관심을 갖고 놀이를 통해 수(양과 수 매칭)를 익힌다.

활동자료

- 하드보드지(5.3㎝×6.5㎝) 12장, 설계도 종이(5㎝×6.2㎝) 12장, 색비즈 스티커

놀이방법

1단계

1. 12개의 평면도 그림 카드를 본다.
2. 12개의 카드를 뒤집어 놓는다.
3. 두 개의 카드를 동시에 뒤집는다.
4. 뒤집은 두 개의 카드가 같은 그림이면 카드를 갖고 올 수 있다.
5. 두 개의 그림이 다르면 제자리에 놓는다.
6. 더 많은 카드를 모은 유아가 이긴다.

2단계

1. 1조(6개 카드)의 아파트 평수를 알아본다.
2. 각 평수만큼의 비즈를 놓는다.
3. 평면도 그림과 매칭한다.
4. 정정판으로 확인한다.

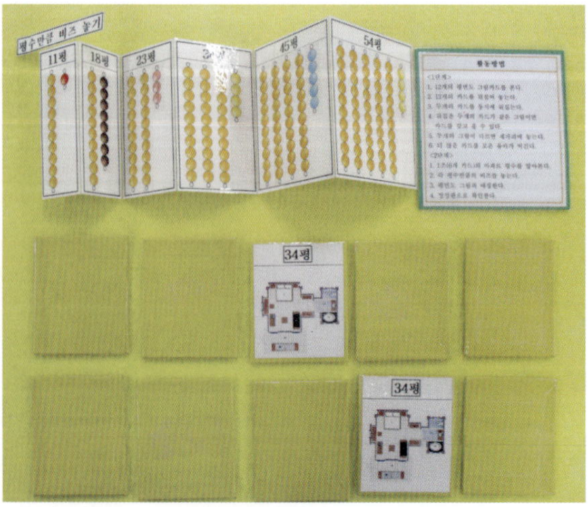

가고 싶은 곳-집 찾기 점차성

대상연령 만 3~4세　　**관련영역** 탐구 · 언어생활/ 감각 영역

목　표

- 수수께끼 책을 읽어보고 그림자와 크기가 같은 집을 찾아 1 : 1 대응시킨다.
- 글자를 읽을 수 있어야 재미있는 놀이를 할 수 있다는 것을 안다.

활동자료

- 하드보드지판(14㎝×20㎝) 2장, 코팅삼각대, 점차성 그림

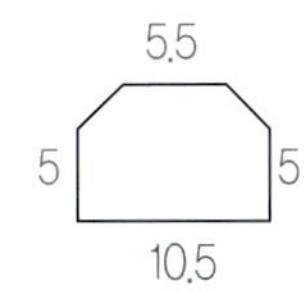

놀이방법

1단계

1. 점차성 끼우기인 집 5채를 꺼낸다.
2. 집과 지붕을 알맞게 끼워 집을 만든다.

2단계

1. 활동판의 그림자에 알맞은 집을 찾는다.
2. 작은 책의 내용을 보고 알맞은 집을 찾아 1 : 1 대응을 하여 맞춘다.
3. 가장 큰 집 앞에 가장 큰 사람을 맞춘다.
4. 같은 방법으로 1 : 1 대응을 한다.

행복한 우리 가족

대상연령 만 4세 **관련영역** 사회 · 표현생활/ 감각 영역

목 표

- 행복한 가족이 되기 위해서 서로 노력해야 할 일은 무엇이 있는지 말놀이를 해 본다.
- 다양한 표정을 지어보고 각 느낌을 이야기해 본다.

활동자료

- 하드보드지판 (14㎝×20㎝) 2장, 육각형 포맥스 판(앞, 뒤) 2장
- 화살표, 우레탄, 웃는 표정 칩 8개씩 2세트, 번호 스티커(1~8번×2세트)

놀이방법

1. 항상 웃는 가족이 되기 위해서 내가 할 일은 무엇이 있는지 말놀이를 해본다.
2. 두 명의 유아가 집 한 채씩의 판을 나누어 갖고 육각형의 돌림판을 돌려 웃는 얼굴이 나오면 행복한 우리 집의 창문을 한쪽씩 붙일 수 있다.
3. 먼저 창문을 다 붙이는 유아가 이긴다.

모자를 씌워주세요

대상연령 만 3~4세 **관련영역** 표현 · 언어생활/ 감각 영역

목 표

- 지시문을 읽고 이해하여 색과 모자가 일치되도록 문제를 해결한다.

활동자료

- 하드보드지 2세트(13.5㎝×21㎝) 2장
- 게임판-하드보드지(19㎝×20.5㎝)+(18㎝×20.5㎝)+(18.8㎝×20.5㎝)
- 책표지-하드보드지(14.5㎝×6㎝) 2장, 속지(12㎝×4.5㎝) 7장
- 자석, 모자 칩 32개

놀이방법

1. 색판 2의 상자를 사전 활동으로 색을 익힌다.
2. 모자의 종류가 어떤 것들이 있는지 말놀이를 한다.
3. 색깔과 모자가 같은 모양을 손가락으로 맞추어 보아 해당하는 색깔의 모자를 붙여본다.
4. 놀이공원에 서있는 꼬마에게 작은 책의 지시문을 읽고 그에 해당하는 모자를 씌워준다.

내 방을 찾아주세요

대상연령 만 4세 **관련영역** 사회 · 탐구생활/ 감각 영역

목 표

- 집의 구조와 그 기능에 대해서도 알아본다.

활동자료

- 게임판－하드보드지(14㎝×21㎝) 2장, 칩 4개, 말 4개, 클립 4개, 주사위(3㎝×3㎝ 정육면체)

놀이방법

1. 우리 집의 구조에 대해서 이야기해 본다.
2. 어느 가족이 그 방에서 가장 많이 생활하는지를 정하고 가운데 출발 위치에 말을 세운다.
3. 주사위를 던져 나온 수와 지시대로 말을 움직여서 먼저 방에 도착하는 사람이 이긴다.

가족의 나이 더하기

대상연령 만 5세 **관련영역** 탐구생활/ 수 영역

목 표

- 올림의 덧셈을 경험해 본다.

활동자료

- 가족 나이 책－집 모양, 속지 7개, 인형 칩 13개
- 게임판－하드보드지 (18㎝×24㎝), 작은 색비즈 주판

놀이방법

1. 활동판에 가족을 구성한다.(알맞은 곳에 올려놓기)
2. 문제집의 문제를 보고 작은 색비즈 주판을 이용하여 가족의 나이를 더해 본다.
3. 정답을 확인한다.

엄마에게 선물해요

대상연령 만 4세　　　　**관련영역** 탐구생활/ 수 영역

목　　표

- 가족에게 선물하면서의 기쁨도 알고 구체물을 이용해 덧셈놀이를 경험한다.

활동자료

- 활동판－하드보드지(7㎝×20㎝) 2장, (14㎝×20㎝) 1장, 모형 꽃 20개, 도자기 꽃병 3개, 문제 8개

놀이방법

1. 집과 엄마, 꽃병을 세팅한다.
2. 두 명의 유아가 가위바위보를 하여 문제지를 뽑는다.
3. 문제지를 보고 답만큼의 꽃을 유아가 정한 엄마에게 선물한다.
4. 꽃을 다 꽂으면 세어본다.
5. 더 많은 꽃을 선물한 유아가 이긴다.

오목게임

대상연령 만 5세 **관련영역** 탐구 · 언어생활/ 수 영역

목 표

- 우리나라 성(姓)씨에 대해서 알아보고 우리말을 다른 나라말로는 어떻게 쓰는지도 알아본다.

활동자료

- 풀 판 2개, 스프링 32개, 노란색 성씨(한글, 한자 포함) 16종류, 파란색 성씨(한글, 한자 포함) 16종류

놀이방법

1. 우리 반 친구들의 성(姓)씨는 무엇이 있는지 그래프 활동을 해본다.
2. 우리 반 성(姓)씨의 말 16개씩을 두 명의 유아가 나누어 갖고 오목의 말로 사용한다.
3. 가로로나 세로로나 먼저 5줄을 만든 유아가 이긴다.

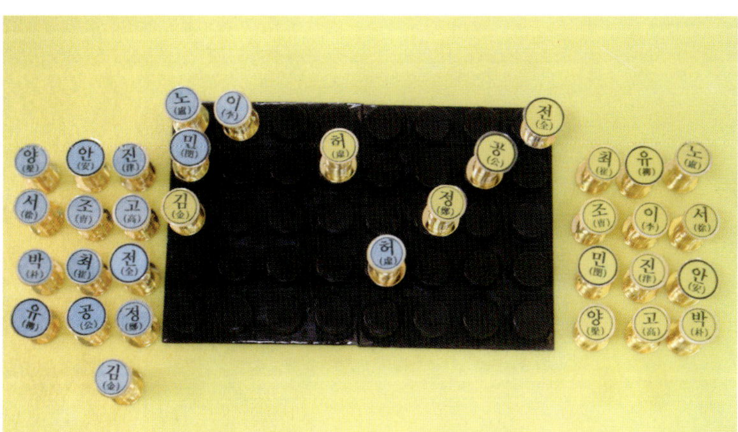

가족의 키

대상연령 만 5세 **관련영역** 건강 · 탐구생활/ 수 영역

목 표

- 물건을 세는 단위 수에 대해서 알아보고 직접 재어 본다.

활동자료

- 키 재는 판 3개 연결(17.5cm×20cm)+(17.5cm×20cm)+(17.5cm×15cm)=총길이 54cm, 우레탄 인형 2개, Y핀 13개, 찍찍이, 스프링 4개, 클립 4개, 링
- 책-하드보드지(10cm×10cm) 2장, 속지(9cm×9cm) 8장

놀이방법

1. 가정에서의 연계 활동으로 '우리 가족 키 재기'를 알아보고 비즈로 놓아 본다.
2. 90cm를 기준선으로 하여 각 가족의 키를 남자와 여자 인형으로 스프링을 이용해 키를 늘려 가족의 키에 해당하는 곳에 고리를 걸어 키를 재어 본다.

우리 가족 별자리 큰 수 구성

대상연령 만 5세 **관련영역** 탐구 · 언어생활/ 수 영역

목 표

- 가족의 행사에 관심을 갖고 참여한다.
- 가족 별자리의 수를 임의로 정해 보고 큰 수로 만들어 보고 읽어본다.

활동자료

- 별 게임판－포맥스(6.5㎝ 6각형 1장, 6.5㎝ 정삼각형 6장)
- 별자리 책－하드보드지(17㎝×16㎝) 2장, 색지(16㎝×15㎝) 12장
- 게임판－하드보드지(14㎝×14㎝), 가족 그림 칩 8개, 별자리 글자 칩 12개

놀이방법

1단계

1. 우리 가족의 생일과 별자리에 대해서 이야기하며, 별자리 책을 읽어보고 어떻게 별자리의 이름이 붙었는지 유래도 알아본다.

2단계

2. 각 별자리에 대한 수를 임의로 구성해 놓고 각 가족의 별자리에 따른 수를 큰 카드를 사용해 큰 수 구성놀이를 해본다.

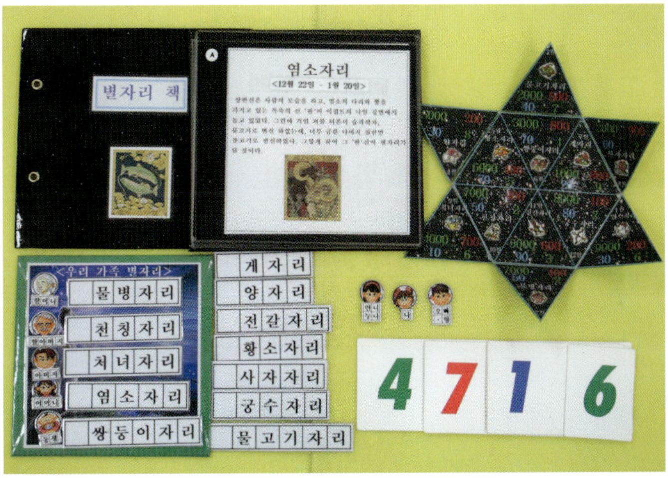

음절 찾기

대상연령 만 4~5세 **관련영역** 언어생활/ 언어 영역

목 표

- 주방에서 사용하는 물건의 명칭과 사용법에 대해서 알아본다.

활동자료

- 게임판-하드보드지(15㎝×22㎝), 주사위, 물건 그림과 물건 이름 각 22개씩, 실물 22종류, 글자 칩 22종류

놀이방법

1. 주방 그림판에서 똑같은 물건을 찾아 올려놓는다.
2. 주사위를 던져 나온 수를 본다. 예를 들어 '1' 이 나오면 1음절로 된 물건을 갖는다.
3. 물건을 많이 모은 유아가 이긴다.

여행 수수께끼

대상연령 만 4~5세　　**관련영역** 탐구 · 언어생활/ 언어 영역

목　표

- 여행에서 필요한 물건을 수수께끼 놀이로 알아본다.
- 음절 놀이를 통해 간접적으로 쓰기 연습을 해본다.

활동자료

- 게임판－하드보드지(15㎝×20㎝) 2장
- 수수께끼 책－자동차 모형 포맥스 2장, 속지: 자동차 모형 15장, 말 2개, 링

놀이방법

1. 두 명의 유아가 수수께끼 책을 본다.
2. 가위바위보를 해서 이긴 유아는 가족여행 수수께끼 문제를 맞힌다.
3. 정답의 음절수만큼 앞으로 간다.
4. 문제에 자동차 스티커 표시가 있으면 그 음절수의 두 배(×2)만큼 간다.
5. 먼저 도착하는 유아가 이긴다.

12간지

대상연령 만 4 ~5세 **관련영역** 언어생활/ 언어 영역

목 표

- 가족의 띠를 알아보고 띠와 나이의 관계를 알아본다.
- 말을 할 때는 어울리는 말이 있는 것을 알고 읽고 쓰기의 이해를 준비한다.

활동자료

- 게임판－하드보드지(29.5㎝×20.5㎝) 2장, 색지(33㎝×24㎝), 12간지 말, 주사위

놀이방법

1단계

1. 두 명의 유아가 10개의 동물 그림을 나누어 갖는다. 가위바위보를 하여 순서를 정한다.
2. 게임판에서 12간지의 순서대로 동물 칩을 맞춘다.
3. 동물 칩을 맞추면서 각 동물의 의성어 또는 의태어를 표현한다.

2단계－게임

1. 두 개의 주사위를 던져 큰 수에서 작은 수를 뺀 만큼 전진한다.
2. 전진하다가 동물 그림이 있는 곳에 오면 의성어, 의태어를 맞힌다.
3. 도착지점에 왔을 때 더 많은 수의 동물을 모은 유아가 이긴다.

품사 책

대상연령 만 4~5세 **관련영역** 언어생활/ 언어 영역

목　　표

- 명사, 동사, 형용사 등 각 품사를 읽어보고 어휘의 깊이를 이해한다.

활동자료

- 하드보드지, 색지, 각각의 품사 글자와 그림

놀이방법

1. 왼쪽의 그림을 보면서 누구일까? 무엇을 하고 있을까? 등을 말로 표현한다.
2. 문장을 읽어보고 그 안에 명사, 동사를 찾아본다.
3. 오른쪽의 활동판에 해당하는 면에 알맞은 문장과 그림을 붙인다.
4. 이와 같은 방법으로 6장의 문장과 그림을 보고 구성하는 놀이를 한다.
5. 정정판에 해당하는 그림과 문장을 뒷장에 넣어 기억훈련을 할 수 있다.

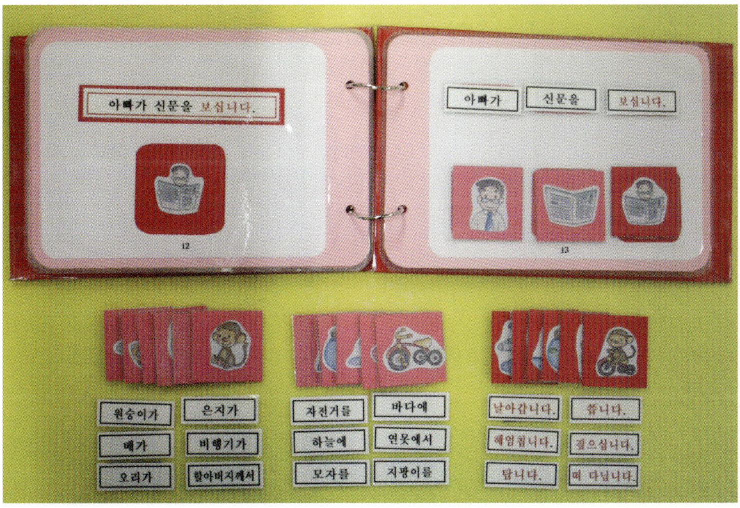

이동 24음

대상연령 만 3~5세 **관련영역** 언어생활/ 언어 영역

목　　표

- 가족들의 일상생활 습관을 문장을 통해 알아보고, 단어를 분석 · 통합해 본다.

활동자료

- 이동 24음, 활동판, 이동 24음 책

놀이방법

1. 이동 24음 책을 읽어본다.
2. 이동 24음 활동판에 책을 보면서 문장을 만들어 본다.

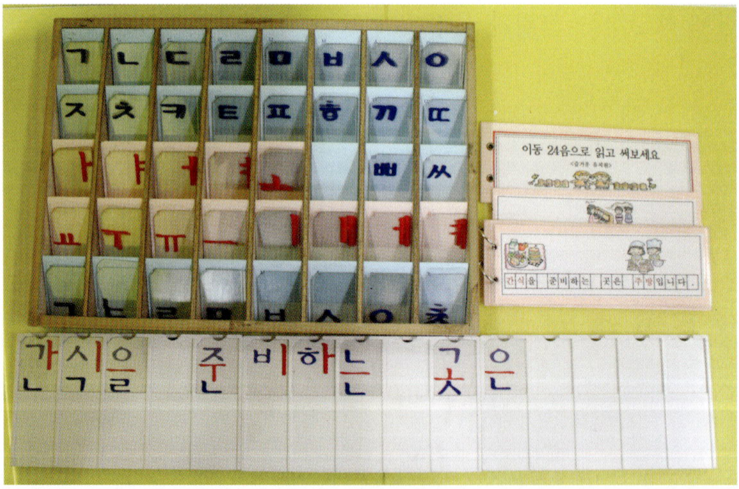

6하 원칙 게임

대상연령 만 5세 **관련영역** 사회 · 언어생활/ 언어 영역

목　표

- 말을 할 때 다른 사람이 알아듣기 쉽고 논리적으로 하기 위한 연습을 한다.

활동자료

- 게임판－하드보드지(15㎝×20㎝) 6장, 하드보드지판(21.8㎝×10.2㎝)
- 그림 칩 6개씩 3세트(색깔 다르게), 글씨칩 6개씩 3세트, 슬롯머신 3개, 자석

놀이방법

1. 6하 원칙이 무엇인지 말놀이로 해본다.
2. 그림카드를 보면서 누가, 어디서, 무엇을 하고 있는지에 대해서 이야기한다.
3. 누가, 어디서 무엇을 하는지 나타내고 있는 판에 그림카드를 사다리 밑에 순서 없이 놓고 게임기를 돌려 나온 숫자에 해당하는 사다리를 타고 내려와 해당하는 번호에 그림이 맞는 단어카드를 놓는다.
4. 활동판에 조사와 동사카드를 넣어 문장을 만든다.

어울리는 집 찾기

대상연령 만 4~5세　　**관련영역** 탐구 · 언어생활/ 문화 영역

목　　표

- 말을 할 때는 어울리는 말이 있는 것을 알고 바르게 읽는 법을 익힌다.
- 동물과 어울리는 집을 1 : 1 대응시킨다.

활동자료

- 게임판－하드보드지(13㎝×18㎝) 2장, 긴 끈, 펀치
- 책－겉: 하드보드지(15㎝×6.5㎝) 2장, 속지: (14.5㎝×6㎝) 9장

놀이방법

1. 각 동물과 집에 대한 작은 책을 본다.
2. 동물과 집을 짝 짓는다.
3. 정정판을 보고 순서에 따라 끈을 이어간다.
4. 다음 친구가 사용할 수 있도록 제자리에 정리한다.

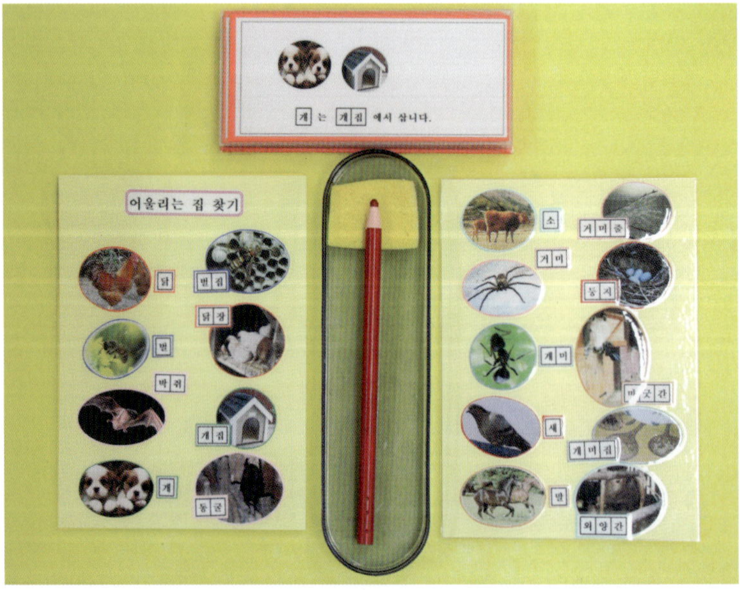

각 지역의 집의 형태

대상연령 만 4~5세 **관련영역** 사회 · 탐구 · 언어생활/ 문화 영역

목 표

- 우리나라의 기후에 따른 집의 형태와 구조에 대해 알아보고 각 지방에 따른 집의 명칭을 익힌다.

활동자료

- 게임판-하드보드지(16cm×20cm) 2장
- 병풍 책-하드보드지(8cm×20cm) 2장, 색지(7cm×19cm) 8장
- 자석, 각 도의 집 6개씩 2세트(색깔 다르게), 각 도의 지도 칩 2세트

놀이방법

1. 우리나라의 각 도의 명칭과 위치를 알아본다.
2. 각 지방의 집의 작은 책을 살펴본다.
3. 작은 책 지도란에 우리나라 각도를 붙여본다.
4. 두 명의 유아가 각 지방의 집 카드와 우리나라 지도판을 나누어 갖는다.
5. 집 카드를 각 도의 자기 위치에 올려놓고 가위바위보로 먼저 집을 따오는 사람이 이긴다.

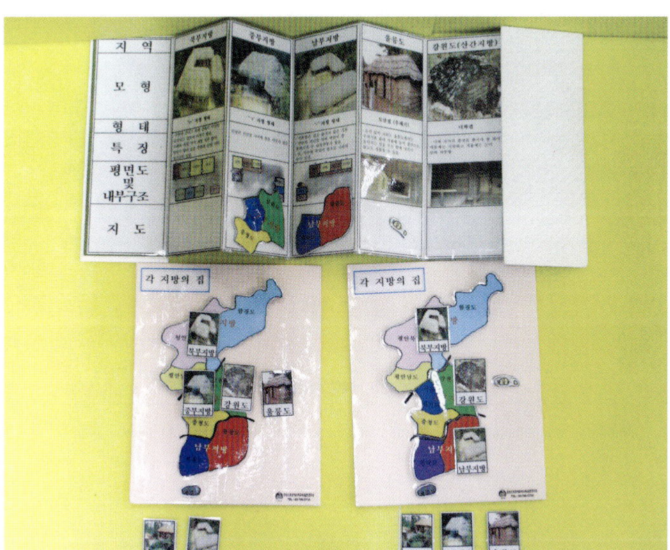

가족 호칭 맞추기

대상연령 만 5세 **관련영역** 사회 · 언어생활/ 문화 영역

목 표

- 가족의 역사에 대해 알아보고 친족의 관계 및 명칭을 안다.

활동자료

- 게임판 大－하드보드지 판(13cm×18.5cm)＋(13cm×18.5cm)＋(13cm×18.5cm)
- 게임판 小－하드보드지(6cm×11cm) 2장
- 책－하드보드지(11cm×6cm) 2장, 속지(9cm×5cm) 20장
- 가족 음절 칩 25개, 그림 칩 20개, 글자 칩 22개, 정정판 스티커

놀이방법

1. 가족의 구성원에 대해 이야기 나누기를 한다.
2. 암호판의 글자를 섞어 놓고 칩을 맞춘다. (어린 연령의 유아도 가능)
3. 기하 도형 서랍과 색판을 혼합한 암호 문제집을 보고 암호판에서 글자를 찾아 구성원이 누구인지 알아보고 '가족의 나무'에 구성원을 붙인다.

＊정정－알파벳 글자를 보고 찾기

내가 살고 있는 아파트 짓기

대상연령 만 3~4세 **관련영역** 표현생활/ 문화 영역

목 표

- 집을 지을 때 필요한 재료를 알아보고 직접 만들어 본다.
- 미적 감각의 발달을 기르며 창의적 놀이를 한다.

활동자료

- 아크릴 케이스, 젠가 2박스, 주사위

놀이방법

1. 내가 사는 아파트의 이름을 이야기해 본다.
2. 아파트를 지을 때 필요한 재료에 대해서 알아본다.
3. 두 명의 유아가 한 채씩 집을 나누어 갖고 주사위를 던져 나온 수만큼 블록을 쌓는다. 먼저 쌓는 유아가 이긴다.
4. 내가 지은 아파트의 이름을 지어본다.

| Chapter 4 |

여러 대륙의 나라와 우리나라

I 주제 접근의 전개 과정

각 대륙별 나라의 고유한 문화에 폭넓게 관심을 가지고 상대적인 비교를 통해 우리 문화를 소중히 하고 발전시켜 애국심을 갖게 한다. 또 다문화의 상대성을 존중하고 민주 시민으로서 국제적인 문화 감각을 지니는 데 교육적 의의를 두었다.

1. 반 구성—만 3세, 만 4세, 만 5세 혼합연령
2. 활동 기간—10월 4일~12월 2일 (약 60일)

1. 계획하기

(1) 주제 선정의 배경

우리가 사는 지구는 5대양 6대륙으로 되어 있다는 것을 세계지도 퍼즐을 가지고 이야기를 나누었다. 그러면서 유아들의 관심사가 아시아 대륙의 중국과, 유럽대륙의 그리스, 아프리카 대륙의 이집트에 관심이 집중되었다.

"선생님 우리나라는 왜 작아요? 중국은 굉장히 넓은데…….", "대륙 중에 유럽이 제일 작다.", "동물에 왕국에서 보았는데 아프리카에는 사자, 치타, 얼룩말이 많다.", "다른 책에서 읽었는데 이집트에는 피라미드와 미라도 있다. 너 미라 모르지?" 등 유아들 나름대로 여러 나라들에 대해 제각기 이야기꽃을 피웠다.

이러한 유아들의 흥미를 고려하여 교사와 협력하여 우리나라와 중국, 그리스, 이집트 등으로 소주제가 선정, 유아들과 함께 주제망을 짜서 활동할 것과 궁금한 부분을 어떻게 조사하여 알아볼 것인가를 결정하였다. 또한 가정의 협조문과 월간 계획안을 작성하였다(표 4-1, 4-2, 4-3 참고).

〈표 4-1〉 여러 대륙의 나라와 우리나라 주제망

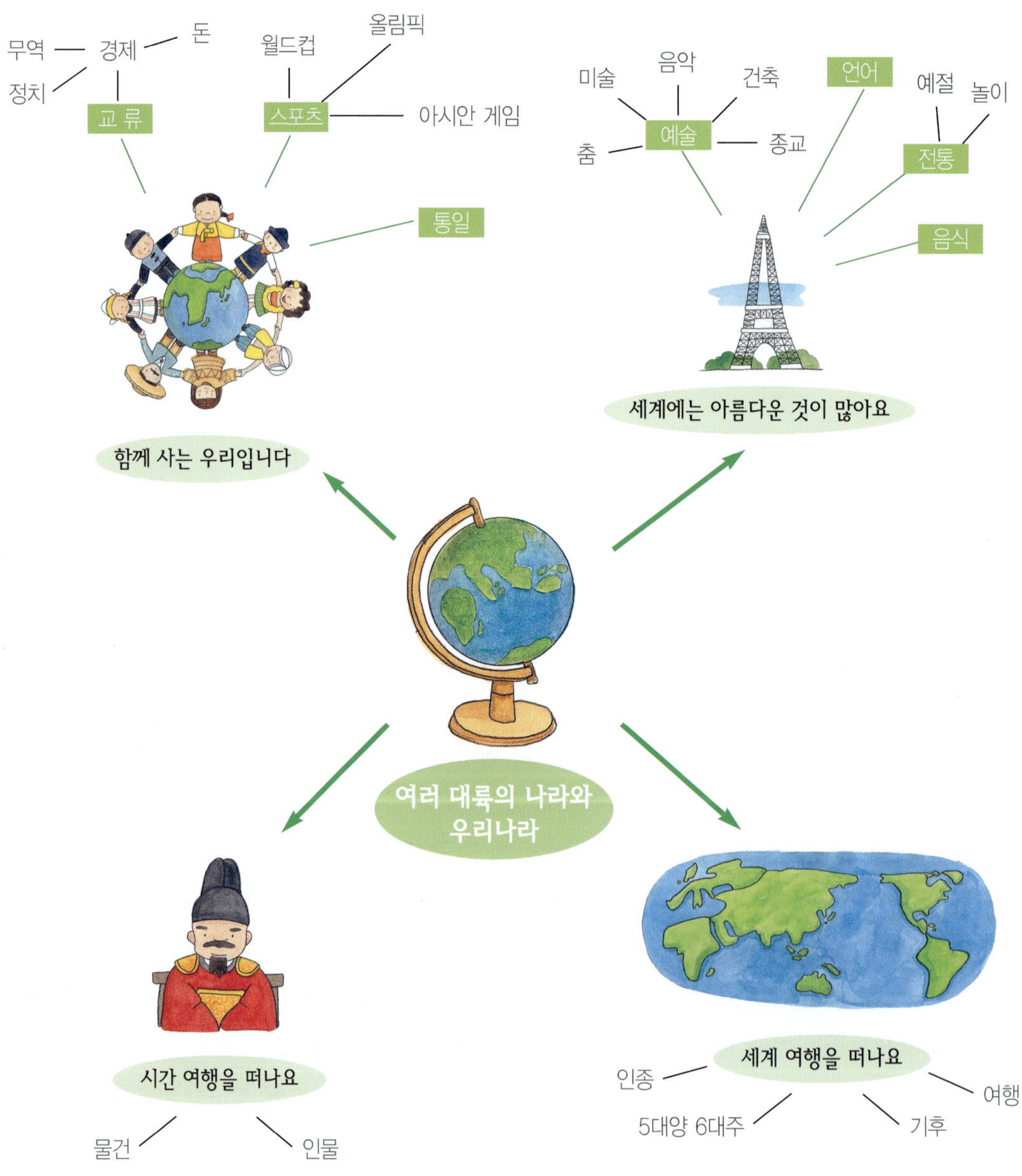

〈표 4-2〉 소주제망

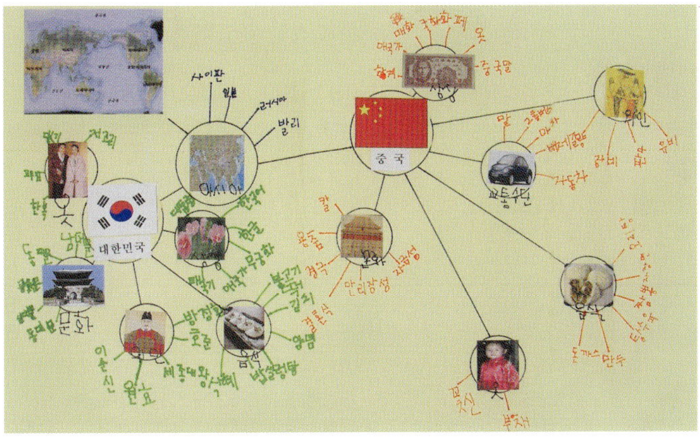

중국 주제망

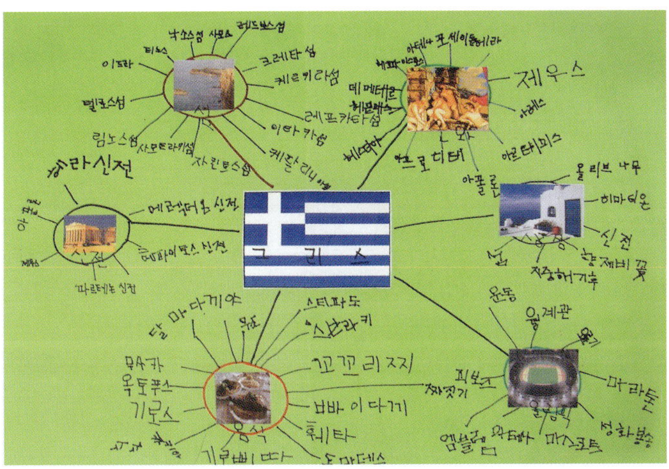

그리스 주제망

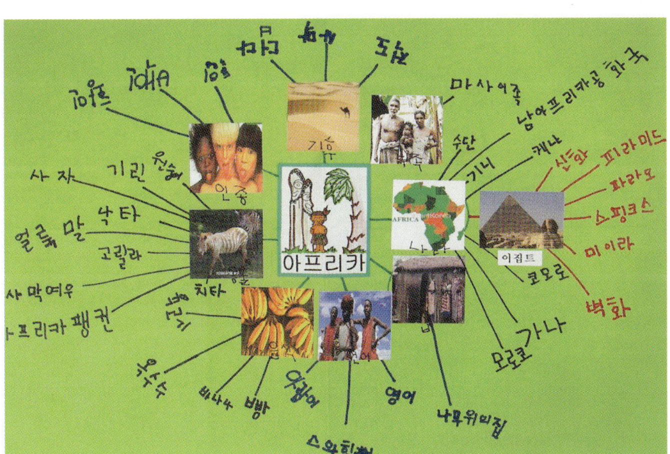

아프리카 주제망

〈표 4-3〉 월간 교육계획안

생 활 주 제	여러 대륙의 나라와 우리나라	주제 선정 기간	2005년 10월 4일~12월 2일
교육적 의의 및 목표	◦우리나라의 상징과 전통에 관심을 갖는다. ◦각 대륙별 나라의 고유한 문화를 익히고, 다문화를 존중하는 마음으로 폭넓게 관심을 갖는다.		
가정협조문	이번 주부터는 사랑반 친구들이 '여러 대륙의 나라와 우리나라' 의 주제를 가지고 프로젝트를 전개할 예정입니다. 교육 내용은 수업 진행에 따라 변경될 수 있습니다. ◦10월 14일(수)에는 청구 세계 민속관 견학 → 세계 여러 나라의 가옥 전시 ◦11월 2일(수) 그리스 문화원으로 견학 ◦11월 18일(금) 유럽 자기 박물관 견학 ◦10월 19일(토) ~ 20(일)에는 '아빠와 함께하는 가을여행' 으로 부여로 여행을 갑니다. 참석 여부를 알려 주세요.		

건 강

〈게임〉
- 세계는 하나
- 인간 윷놀이
- 오목게임(전체)

〈신체 표현〉
- 세계 여러 나라 민속춤
- 부시맨과 에스키모
- 블록으로 이집트 피라미드 쌓기

〈기본 생활 습관〉
- 국기와 국가에 대한 예절을 알고 지킨다
- 우리와 다른 사람들에 대해서 예의바르게 행동한다
- 북한 사람도 같은 민족이며 통일이 필요함을 안다

〈실외 활동〉
- 민속놀이

사 회

〈토의〉
- 신에게 소원 말하기
- 딤섬을 다른 사람에게 알릴 수 있는 방법
- 다른 나라 친구들을 만났어요
- 우리 교실을 이집트처럼 꾸미려면?
- 왜 지금은 신들을 만날 수 없을까?

〈가정 조사 활동〉
- 왜 신전을 세웠을까?
- 남아메리카 대륙을 알아보고 지도에 표시해 보기
- 신전의 모습에서 기하도형을 찾아보세요
- 피라미드와 스핑크스에 대해 알아보아요
- 위안화를 그려 보고 어떤 글자와 숫자가 있는지 알아보자
- 딤섬에 대해 알아보아요(순서, 재료 등)

〈견학〉
- 세계 여러 나라 문화원
- 유럽 자기 박물관

〈역할놀이〉
- 세계인이 되어봅시다.

표 현

〈미술〉
- 국기 만들기(전체 작업)
- 퍼즐 그림(이집트)
- 투명 필름지에 국기 그리기
- 꼴라주 : 나라마다 옷이 달라요
- 나도 디자이너
- 피라미드 만들기
- 세계 여러 나라 국기 모빌
- 축제 포스터

〈미술 감상〉
- 김홍도의 '씨름', '빨래터'

〈새 노래〉
- 산도깨비, 온세상 어린이들
- 한 손을 들고
- 우리 그렇지 않아
- 5대양 6대주

〈음악 감상〉
- 사물놀이
- 엘가 : 위풍당당 행진곡

여러 대륙의 나라와 우리나라

언 어

〈주제 탐색〉
- 생각 모으기
- 주제망(우리나라, 그리스, 이집트, 중국)
- 표상활동
- 세계 여러 나라 품사

〈이야기 나누기〉
- 세계 여러 나라 인사말
- 우리나라와 다른 나라의 공통점과 차이점
- 세계 여러 나라의 문화
- 지구촌 한 가족: 북한도 한민족이에요

〈동시〉
- 어디까지 왔나

〈동화〉
- (창작동화) 집으로 돌아간 모세
- 재미있는 차 이야기

〈동극〉
- 꼬마 삼보 이야기

탐 구

〈그래프〉
- 우리나라와 브라질의 궁금한 것을 비교해 보아요
- 한복과 치파오 벤다이어그램
- 상형문자로 큰 수 구성
- 피라미드 덧셈놀이
- 내가 좋아하는 신 투표
- 멋진 가면과 의상 뽑기

〈시청각 자료〉
- 만화 올림푸스 가디언
- 세계 여러 나라의 집, 의상, 춤, 인종, 축제 VTR 시청

〈요리〉
- 부침개
- 딤섬
- 메주 만들기

몬테소리 활동	일상생활	감 각	수	언 어	문 화
	• 흥미 영역 10개 • 바르게 인사하기 • 식사 예절 • 빵에 잼 바르기 • 옷 틀 (리본 매기) • 수틀에 수놓기 • 실패 감기	• 피타고라스의 카드 나열 • 기하 입체 도형 • 기하 입체 도형과 카드 • 2항식, 3항식 • 기하도형 서랍(기본) • 기하도형 서랍과 카드	• 덧셈의 암산판(씨름) • 은행놀이 곱셈 1, 2 • 은행놀이 나눗셈 1 • 우표놀이 곱셈 1, 2 • 곱셈의 계산판 • 작은 색비즈의 주판	• 나라 이름 3(4)행시 짓기 • 라이트 박스: 화폐 그리기 • 여성, 남성 • 외래어 • 단수, 복수 • 사자성어 • 서열(대, 중, 소) • 세계 여러 나라 작은 책	• 색이 있는 지구본 • 풍물과 국기 • 5대양 6대주 대륙지도 퍼즐 • 민속놀이 책 • 여러 나라 의상과 인사말 • 이집트 상형문자로 내 이름 만들기 • 절기 책

(2) 실내 · 외 환경 구성

현관 입구는 현수막에 주제 내용과 기간을 써서 비치하고 천장에는 유아들이 그린 만국기와 여러 나라 토산품을 게시해 둔다. 들어오는 교실 문 앞에 모래문자로 '그리스, 피라미드' 등의 글자를 준비하여 들어오면서 써 볼 수 있도록 하였고, 조별 분단 이름표도 대륙별 이름으로 바꾸어 보았다. 예를 들면, 아시아, 아프리카, 북아메리카, 남아메리카, 아프리카, 유럽 등 지형 모형으로 바꾸어 주어 일상생활의 어디에서든지 주제를 강화시킬 수 있는 환경을 마련하였다. 또 이름표도 유아가 좋아하는 국기로 바꾸었으며, 이집트에 대해서 활동하는 반은 이집트 상형문자를 이용해 각자의 이름을 만들어 한글 이름 외에 다른 나라 글자로 자기 이름을 어떻게 쓰는지를 경험해 보고 이름표를 가슴에 달고 다니기도 하였다.

각 반 교실에는 소주제망, 조별 생각 모듬지, 가족과 함께 조사했어요, 세계 여러 나라의 음절 놀이, 여러 신들의 패션쇼 포스터, 종이컵을 쌓아 만든 피라미드, 내가 살고 싶은 성, 만리장성과 홍등 만들기, 중국의 유명한 성을 직접 다녀온 것처럼 찍은 사진, 아시아 대륙을 잎의 서랍으로 꾸미기 등을 전시해서 유아들이 각 대륙과 다문화에 흥미를 더 많이 가지게 되었으며 주제를 실천하는 데도 더욱 효과적이었다.

역할 놀이방에는 여러 나라 의상을 준비하거나 「꼬마 삼보 이야기」 동극에 필요한 소품 등을 유아들과 준비해 직접 유아들이 활동할 수 있게 배려해 주었다.

자유 놀이 활동 시간 때 주제에 맞는 창의적인 몬테소리 교구로 인지 학습이 될 수 있도록 환경을 구성해 준다(표 4-4 참고).

〈표 4-4〉 환경 구성을 위한 자료

벽면 구성 / 영역별 구성	
	• 세계전도 • 세계의 인종 • 세계의 민속춤 • 세계의 토산품 • 세계의 명절 • 각국의 축제 달력 • 기후 분포도 • 화폐의 종류 • 세계의 축제 • 세계의 유적지 • 각 국가에 대한 조사 • 여러 나라의 말과 글 • 세계 여러 나라 인형 • 세계 여러 나라 어린이 얼굴 사진 • 세계 각국의 의상 • 피라미드 , 스핑크스 • 각 나라의 특징의 사진(패널) • 중국 여행을 다녀왔어요 • 핀 포킹한 지구본—대륙별 색을 달리 해서 • 세계 여러 나라 포스터 • 꼬마 삼보 동극 초대 포스터 • 도우미 이름표 • 세계 여러 나라 국기 • 세계 지도 퍼즐 • 중국 기행기(사진) • 동극 초대
언 어	• 여러 나라의 상징(국가, 꽃, 국기) • 덧쓰기 문자판—세계 여러 나라 이름, 여러 인종 • 세계 여러 나라의 신화 • 각국의 수도명—바둑판 무늬의 종이 • 듣기—국가(쯹) • 수수께끼—나라 이름 • 음, 문자 찾기(신문 이용) • 사진홀더—국화 짝짓기 • 이동 24음 • 품사 • 판토마임 • 작은 책 • ~으로 시작하는 단어 • 영문 모래 문자판 • 사전 찾기 • 화폐 단위 읽기 • 화폐 라이트 박스 • 단어의 공부—외국어와 외래어, 복합어, 단수, 복수, 고사성어 • 나라 이름 찾기(NIE) • 여러 나라 춤 • 여러 나라 음식 • 여러 나라 옷 • 여러 나라 집 • 여러 나라 음악과 악기 • 세계 여러 나라의 탈 • 세계의 문화유산 • 세계의 민속놀이 • 세계의 명화 • 세계의 소식(=지구촌 소식) • 음식 광고지 만들기 • 각국의 대통령 이름 • 예수님의 탄생(문화) • 우리나라, 세계여행 안내 책자 • 세계 여러 나라의 건축물 • 세계의 인물(위인) • 세계 여러 나라의 탑 • 세계 여러 나라의 인사 • 세계 여러 나라의 날씨 • 세계의 음악가 • 세계의 발명품 • 미술품 제목 짓기 • 세계여행 신문 만들기 • 내가 가고 싶은 나라 계획하기 • 함께 사는 우리 • 한글 • 절기 책 • 악기 소리 의성어 • 북한말, 남한말 • 월드컵, 올림픽 • 운동 경기 순서 • 어느 나라 물건인가 • 외국 사람 이름 찾기 • 나라 이름 3행(4행)시 • 재미있는 차 이야기 • 내가 부자가 된다면 어느 나라의 땅을 사고 싶은가? • 내가 살고 싶은 성 • 아시아에는 어떤 나라가 있을까요? • 신화에 나오는 신들에게 편지쓰기 • 신에게 소원 말하기 • 각 대륙에 대해서 궁금해요 • 동화 만들기—집으로 돌아간 모세 • 우리 교실을 이집트처럼 꾸민다면 • 올림푸스 12신 작은 책 • 그리스 신전은 왜 무너졌을까? • 신들은 왜 지금 없을까? • 내가 신이 된다면? • 12신에게 선물하고 싶어요
동 화	• 복 타러간 사람(보림) • 신화 속 괴물(보림) • 사계절의 생활 풍속—풍속화(보림) • 그림 그리는 아이 김홍도(보림) • 도깨비 방망이(보림) • 떡 잔치(보림) • 숨쉬는 항아리(보림) • 할머니의 선물(사계절) • 세계여행을 떠난 펭귄 • 화이트 블랙(시공사 주니어) • 씨실 날실(보림) • 마고할미(보림) • 아무도 모를꺼야 내가 누군지(보림) • 연아 연아 올라라(보림) • 오늘은 우리 집 김장하는 날(보림) • 옷감짜기(보림) • 청동종(시공 주니어) • 여섯 사람(비룡소) • 이모의 결혼식(비룡소) • 얘들아 안녕?(비룡소) • 박물관에 간 가스파르와 리자(비룡소) • 비단치마(느림보) • 엘리베이터 여행(풀빛) • 괜찮아요(삐아제 어린이) • 어깨동무 내동무(문학동네 어린이) • 다시 만난 내 친구(리딩 북스) • 이야기 이야기(보림) • 집짓기(보림) • 우리 할아버지가 꼭 나만 했을 때(보림) • 여러 나라 이야기(마루벌) • 하늘에 그린 그림들(보림) • 한지돌이(보림) • 그리스 신화(시공 주니어) • 도깨비 옷 구멍이 뿡(곧은 나무) • 꼬마 검둥이 삼보(계림 출판사) • 누구야!(창비) • 밤의 요정 톰 텐(비룡소) • 꿈꾸는 우리 민화(보림) • 팥죽 할머니와 호랑이(보림) • 해시계, 물시계(보림) • 할머니의 선물(사계절) • 달구지를 끌고(비룡소) • 바다 건너 저쪽(보림) • 도깨비와 범벅 장수(국민서관) • 사물놀이(길벗) • 내가 처음 만난 예술가—박수근(길벗 어린이) • 쪽빛을 찾아서(보림) • 마법의 동굴이여 나를 도와다오(디자인 하우스) • 마녀 바바야가 살고 있는 나라(디자인 하우스) • 까마귀를 타고 날아간 할머니(문학 동네) • 샌프란시스코를 뒤흔든 대지진(비룡소) • 세계 여러 나라의 문자(예원 미디어) • 폼페이 최후의 날(비룡소) • 지구인 화성인 우주인(웅진 닷컴) • 앤서니 브라운의 행복한 미술관(웅진 닷컴) • 타이타닉 호에서의 마지막 밤(비룡소) • 네 아이들의 세계일주(마루벌) • 피사의 피자 임금님(교학사) • 장난기 많은 눈(보림) • 고구려 나들이(보림) • 열두 띠 이야기(보림) • 아씨방 친구들과 일곱 동무(비룡소)

조 작	• 국기 분류(색깔별로, 대륙별로) • 기후와 어울리는 옷 짝짓기 • 한복 입히기 • 패턴 놀이 • 옛날 물건과 현대 물건 비교 • 명화 속에서 도시 찾기 • 촉각판 맞추기(민속의상) • 인종 도미노 • 인종 패턴 • 김장담그기 빙고 • 녹두 빈대떡 만들기 • 철판 도형으로 세계 여러 나라 문 꾸미기 • 색이 있는 지구본 • 백과 청의 지구본 • 미술작품 걸고 떼기 • 지도 서랍 • 세계 여러 나라 지도 국기 꽂기(수도) • 지구본에서 ㅇㅇ나라 찾아보기 • 먹 갈기 • 비밀주머니 • 음식 분류하기 • 기하입체로 성 쌓기 • 러시안 인형 점차성 • 화폐 짝 맞추기 • 도미노로 만리장성 쌓기 • 태극기 부분 명칭 • 블록으로 이글루 만들기 • 세계 여러 나라의 수출입품과 토산품 • 색의 변화에 따른 명화 감상 • 세계 여러 나라의 은행 마크 • 민속의상과 신발 짝 맞추기 • 월드컵에서 사용한 국기와 운동복 • 세계 여러 나라 올림픽 경기장 • 내가 맘에 드는 돈 디자인 찾기 • 만리장성 쌓기 • 이집트–블록 피라미드
수 학	• 우리나라 물건 찾기 • 탑의 길이 • 각 나라의 탄생년도 큰 수 구성 • 국가 번호 큰 수 구성 • 올림픽, 월드컵을 개최한 연도 수 큰 수 구성 • 상형문자로 큰 수 구성 • 올림픽, 월드컵 개최년도 더하기 • 우리나라와 브라질 비교 그래프 • 비즈 교환놀이 • 우리나라 전통 혼례복과 웨딩드레스 벤다이어그램 • 한복과 이집트 의상 벤다이어그램 • 우리나라와 아시아의 벤다이어그램 • 아시아와 세계 여러 나라의 벤다이어그램 • 인구 그래프 • 기온 그래프 • 국토의 면적 비교 • 인종 벤다이어그램 • 화폐 단위 비교 • 세계 여러 나라 화폐 게임 • 내가 좋아하는 음식 • 국기 색깔 통계 • 세계 여러 나라의 물건을 사고 팔아요 • 피자 분수 • 세계로 수출되는 우리의 자동차 • 그래프–내가 가고 싶은 나라 • 내가 알고 있는 나라는 몇 나라인가? • 월드컵 선수 응원(어떤 선수를 좋아하나?) • 피라미드 덧셈 놀이 • 가장 멋진 세계 여러 나라 가면과 의상 투표 • 색비즈 수 세기–내가 좋아하는 신 뽑아보기
과 학	• 여러 재질의 조각 • 치자 물들이기 • 후각–김치 양념 알아보기 • 미각병 • 콩나물 기르기 • 세계 여행을 가기 위한 교통수단 • 비행의 원리 • 춤추는 인형 • 지형에 의한 분류 • 온도계 만들기 • 세계의 채소, 과일 비교 • 세계의 기후 • 카메라 작동법 • 손전등의 내부 구조 • 화산 실험 • 지구의 내부 구조 • 나침반 탐색 • 위도, 경도 알아보기 • 색 혼합 • 자석 자동차 놀이
음 악	• 우리나라의 결혼 음악과 외국의 결혼 음악 비교 • 우린 그렇지 않아 • 거인과 난쟁이, 생일노래 • 부채춤 • 함께하는 우리 • 우리나라와 다른 나라 비슷한 노래(동대문/ 런던다리) • 달이 • 태극기 • 여러 가지 악기 소리 • 세계의 아침 인사 • 지구마을 • 소고 춤 • 장구소리 • 검둥이 삼보 • 어디에서 왔나 • 나야 • 다듬이 소리 • 한 손을 들고 • 산도깨비 • 온 세상 어린이들 • 지구마을 한 가족 • 5대양 6대주 • 우리나라 • 아시아 • 북아메리카 • 남아메리카 〈감상〉 • 페르시아의 시장에서 • 엘가의 위풍 당당 행진곡 • 사물놀이
미 술	• 피라미드 만들기 • 전통 문양 노리개 • 전통 문양 꾸미기 • 세계 여러 나라 민속의상 유성 매직으로 색칠 • 세계 여러 나라 국기와 모빌 • 이집트 퍼즐 조각 그림 • 투명 필름지에 국기 그리기 • 나라마다 옷이 달라요(꼴라주) • 상모 만들기 • 풍차 만들기 • 폐품을 이용해서 세계의 집 만들기 • 먹물 그림 • 나도 디자이너 • 미술 감상 : 김홍도의 씨름, 빨래터 • 창호지 물들이기 • 탈 만들기 • 축제 가면 만들기 • 국기 색칠–모래, 톱밥 • 버선 꾸미기 • 땋아서 인디언 모자 만들기 • 세계 여러 나라 축제 포스터 • 색원기둥으로 세계 여러 나라 다리 꾸미기 • 세계 여러 나라 패션쇼 포스터 • 동극 꼬마 삼보 초대장 • 동극 꼬마 삼보 배경 • 동극 꼬마 삼보 광고 포스터
역할놀이	• 여러 나라 민속의상 꾸미기 • 탈춤 • 세계 여러 나라 민속의상 입고 분장하기 • 크로켓 놀이 • 서클 볼링 • 투우사 놀이 • 상모 춤 • 고무신으로 물을 떠요 • 경매 놀이 • 세계 여러 나라 가면과 의상 왕 뽑기 • 이집트 블록 피라미드 쌓기 • 인디언 놀이 • 세계민속 춤추기 • 신랑 각시놀이 • 세계 여러 나라 물건 시장놀이 • 세계 여러 나라 의상 패션쇼 • 미술관 놀이 • 유럽 도자기 박물관 견학 • 동극–꼬마 삼보의 모험
게 임	• 세계는 하나 • 오목게임 • 깡통 볼링 • 배로 책 나르기 • 어떤 운동일까요? • 인간 윷놀이 • 절대음감 게임 • 짧은 줄다리기
요 리	• 호박전 • 피자 • 팝콘 • 김치 • 초밥 • 카레 떡볶이 • 자장 떡볶이 • 샌드위치 • 샐러드 • 피클 • 고구마 케이크 • 초콜릿 퐁듀 • 여러 종류의 떡 • 도넛 • 바나나 보트 • 토스트 • 여러 종류의 빵 • 만두 • 카나페 • 차 서비스

(3) 정보 수집

만화영화 비디오 '뮬란', '이집트 왕자', TV 만화 '올림푸스 가디언'을 보여주고, 유아들이 읽기 쉽고 이해하기 쉽게 만화로 되어 있는 그리스 로마 신화의 책을 교실에 비치해 두어 유아들이 언제든지 읽을 수 있게 하였다.

또 이집트, 중국, 그리스 대사관과 세계 여러 나라 가옥이 전시되어 있는 세계 민속관 등을 견학하면서 시청각 자료를 수집하여 벽면에 전시하였다.

세계 여러 나라 풍물 모형을 나라별로 설명과 함께 준비해 두어도 효과적이다.

2. 활동의 전개

(1) 도 입

이번 주제는 유아들이 사전 지식과 정보, 경험 부족으로 인하여 가정 활동 조사를 통해 알아 온 것으로 소주제망을 짜게 되었다.

(2) 브레인 스토밍(Brainstorming)

소그룹 토의를 통해 궁금한 것에 대해 질문지를 작성한다.

중국 반에서는 만두와 딤섬, 자스민 차와 녹차, 우리나라 고유의 전통 의상 '한복'과 중국 의상 '차파오'에 대해 비교 · 분석하고, 우리나라와 중국의 유명한 성과 탑을 비교해 봄으로써 문화에 대한 차이를 알아보았다. 또 여러 나라의 음식 중 중국의 '딤섬'을 직접 만드는 과정에서 문화의 차이점과 다양성을 인식하는 활동을 하였으며, 매일 여러 나라 차를 비교하며 마시기도 하였다.

그리스 반에서는 신들의 가면 만들기, 여러 나라 의상을 보고 나도 디자이너가 될 수 있을까?, NIE 활동으로 나만의 의상 꾸미기, 창작 노래 '올림푸스의 12신' 짓기, 나만의 수호신과 열쇠고리 만들기도 하였으며 이집트 반에서는 몬테소리 교구를 응용하여 이집트 상형문자로 큰 수 구성하기, 피라미드 높이로 덧셈놀이 등을 하였다.

이때 소그룹 토의 활동을 혼합 연령으로 구성하여 어린 연령은 높은 연령들의 토의 내용을 잘 듣고 자기의 생각을 말로 표현하면 문자를 터득한 유아가 조원들의 생각을 기록하게 하였다.

미술 활동은 연령이 다 똑같은 활동을 하는 것이 아니고 활동에 따라 난이도를 주거나 다른 활동으로 유도하였다. 예를 들면, '나도 디자이너?' 라는 활동에서 어린 연령의 유아들에게는 세계 여러 나라 민속 의상의 틀만 그려주고 얼굴은 자신의 사진을 붙이고 옷 모양에 색 사인펜으로 문양을 그려 넣어 색칠하도록 하며, 높은 연령의 유아들은 라이트 박스를 이용하여 모양을 대고 그리고 색칠을 하도록 하면 능력에 따라 두 연령의 활동을 전부 경험하는 유아들도 생겨나게 된다.

3. 평가하기

각 반별로 주제에 대해 회상하고 평가하는 과정에서 토의 활동과 발표 활동을 통해 발표력과 자신감, 다음 주제에 대한 궁금증을 키워가는 것을 볼 수 있었다.

특히 그리스 신들의 의상을 만들어 입고 친구들과 어머님들을 초대하여 패션쇼를 하면서 모델이 된 것처럼 행복해 하는 모습과, 동화 「꼬마 삼보 이야기」를 동극으로 준비하면서 유아들이 자신이 연극인이 된 것처럼 적극적으로 활동하는 자세에서 자신감과 즐거움이 가득하였다.

또한 우리나라와 중국의 유명한 성과 탑을 알아보고 교실에 있는 여러 가지 교구나 상자를 이용하여 여러 가지 탑을 만들어 보면서 건축가가 된 것처럼 흐뭇한 표정을 짓는 모습이었다. 중국의 음식 '딤섬' 을 만들어 먹을 때 더 없이 즐거워하는 모습에서 먹는 요리 활동이 제일 인기 있음을 알 수 있었다.

4. 교사들의 소감

이번 주제를 마무리하면서 경험이 없는 주제라 하여도 체계적인 계획으로 간접 경험을 충분히 한다면 유아들이 무한한 상상력을 키워 우리나라뿐만 아니라 세계 여러 나라에 관심을 가지게 된다는 것을 알게 되었다.

어떤 유아는 "선생님 다음에는 겨울이 되니까 '눈'에 대해서 동극도 하고, 눈사람 패션쇼도 할 거예요?" 라고 하면서 며칠 후에 '눈'에 관한 조사를 인터넷에서 찾아온 유아가 있었다.

이런 작은 에피소드를 보면서 학습자가 얼마나 주도적으로 교육에 참여하느냐에 따라 교육의 효과가 다르듯이 유아교육도 유아 중심 학습 활동이 되도록 끊임없이 유아들의 관심사에 귀 기울여야 할 것이며, 흥미를 유도하기 위해 다양한 방법을 연구해야겠다고 생각했다.

끝으로 이번 주제는 가정에서 적극적으로 조사 활동을 해주시고 유아들의 의상을 직접 만들어 주셨기에 더욱 빛나지 않았나 생각한다. 협조해 주신 부모님들께 감사드리고 어떤 어려운 요구에도 아낌없이 배려해 주신 원장, 원감님께도 감사드린다.

II 가정 활동 조사서

'여러 대륙의 나라와 우리나라' 주제는 유아들이 경험한 지식과 접해 볼 기회가 적어 이집트의 경우 피라미드의 종류와 스핑크스나 미라에 대해 집에서 먼저 알아보았다. 또 중국의 유적지인 자금성, 천안문 광장, 이화원 등에 대해 조사하고, '딤섬' 만들 때 필요한 재료들을 조사해 보았다. 한편 그리스의 특징이나 토산물, 신에 대한 유래를 알아보고 나라별 화폐 단위를 가정 활동 조사로 부탁하였다(표 4-5, 부록 3, pp. 347~348 참고).

〈표 4-5〉 가정 활동 조사서

대주제 소주제	여러 대륙의 나라와 우리나라
중 국	• 딤섬에 대해 알아보아요(만드는 순서, 재료 등) • 중국에 다녀왔어요 • 아시아대륙의 나라의 이름을 음절로 써 보세요 (1~5음절) • 중국의 화폐를 관찰하고 기록해 보기－생물, 무생물 • 만리장성의 길이를 조사해 보아요 • 중국과 우리나라의 민속놀이를 알아보세요
이집트	• 이집트 화폐에는 어떤 그림과 글씨가 있을까? • 피라미드와 스핑크스에 대해 알아보아요 • 스핑크스의 코는 왜 없어졌을까? • 왜 미라를 만들었을까? • 이집트와 우리나라의 유명한 건축물 또는 유물 비교하기
브라질	• 여행 사진 액자－장소, 시간, 누구, 건축물, 특산품 등 • 남아메리카 노래 불러보고 지명과 위치 알아보기 • 내가 가고 싶은 나라 조사－대륙 명, 이용 교통, 꼭 하고 싶은 것, 보고 싶은 것 • 시간이 달라요. 지금 브라질은 몇 시? • 세계 여러 나라의 유명한 축제는 무엇이 있을까?
그리스	• 그리스 주변의 신전은? • 신전의 모습에서 기하 도형을 찾아보세요. • 신전은 왜 무너졌을까? • 그리스 및 유럽 대륙에 대한 조사 (대륙 이름, 위치, 국화, 통화, 환율, 수도, 공용어 등)

III 미술 교육을 위한 흥미 영역

자르기와 붙이기를 통해 눈과 손의 협응력을 길러주고, 펀치 뚫기 · 푸싱핀 · 스테이플러 · 바느질 등의 활동을 통해서는 집중력과 다양한 도구 사용법을 익히며, 반 접어 오리기는 대칭의 원리를 배울 수 있다. 직조 짜기, 고리 연결하기 등은 논리적 사고를 경험할 수 있게 하며, 데칼코마니를 통해 다양한 방법으로 미술 표현을 하는 여러 가지 기능을 익힐 수 있다.

또 주제에 상징적 단어인 윷, 거북선, 풍차, 피자, 이글루, 피라미드 등의 그림을 찾아 배경 속에 이미지 그림을 돋보이게 하고 글씨도 써보는 방법으로 접근하였다(표 4-6, 부록 2, pp. 333~336 참고).

〈표 4-6〉 미술 교육을 위한 흥미 영역

여러 대륙의 나라와 우리나라				
번호	구 분	5세	6세	7세
1	자르기 및 붙이기	김 마끼 (색쌀)	윷놀이(오려 붙이기)	기구 (실) 원주민(헝겊)
2	펀치 뚫기	기차, 윷놀이	세계지도, 거북선 청사초롱	하와이 춤, 이글루, 첨성대
3	바느질	기와집	복조리, 태극기 카우보이(단추 달기)	중국, 풍차 ,지도
4	푸싱핀	강강술래 알파벳	피자, 소고	지구본, 장독 하프, 부채
5	스테이플러	한반도, 초가 한복, 장구	차전놀이, 치파오	거북선
6	직조 짜기	비행기	용고	투우사
7	데칼코마니	구절판	구절판	펜싱
8	고리 연결하기	세계 여러 나라 국기		
		복주머니	버선	전통문양
9	반접어 오리기	장승, 탈		족두리

IV 영역별 환경 구성

몬테소리 교육 내용의 일상 영역과 감각 영역, 수 교육의 교육 내용을 주제와 관련 있는 내용물로 바꾸어 주제의 이미지를 강조하였다. 예를 들면, 장구, 북, 고추, 마카로니, 여러 나라 음식 모형, 스푼과 포크, 여러 나라 동전, 여러 나라 국기 모형, 탈, 고무신 등을 활용하여 준비하였다(표 4-7 참고).

〈표 4-7〉 영역별 환경 구성

번호	교 구 제 목	생 활 영 역	비 고
1	콩가루 체 쳐서 흔들기	건강/ 탐구	p. 217
2	고무신을 정리해요	건강/ 사회/ 탐구	p. 217
3	마카로니 손으로 옮기기	건강/ 탐구/ 언어	p. 217
4	김밥 젓가락으로 옮기기	건강/ 사회/ 탐구	p. 217
5	장구 젓가락으로 옮기기	건강/ 탐구	p. 217
6	세계 여러 나라 음식 지우개 끼우기	건강/ 사회/ 언어/ 탐구	p. 217
7	인디언 옷 입히기	사 회	p. 218
8	스파게티 주걱과 구슬 꽂기	사회/ 탐구	p. 218
9	동전 패턴 놀이	탐 구	p. 218
10	한복 입은 고무 인형 홀수, 짝수	탐구/ 언어	p. 218
11	윷놀이 뺄셈	사회/ 탐구	p. 218
12	먹 갈기	건강/ 언어	p. 218
13	픽토그램(공공안내 표지판)	사회/ 표현/ 언어	p. 219
14	세계 여러 나라 어린이 짝 맞추기	탐구/ 언어	p. 219
15	국기－유니폼 찾기(기억놀이)	사회/ 탐구	p. 219
16	우리나라의 탈 패턴	표현/ 탐구/ 언어	p. 219
17	지도 퍼즐 맞추기	사회/ 탐구/ 언어	p. 219
18	점점 크게/ 점점 작게 국기 꽂기	건 강	p. 219

콩가루 체 쳐서 흔들기

고무신을 정리해요

마카로니 손으로 옮기기

김밥 젓가락으로 옮기기

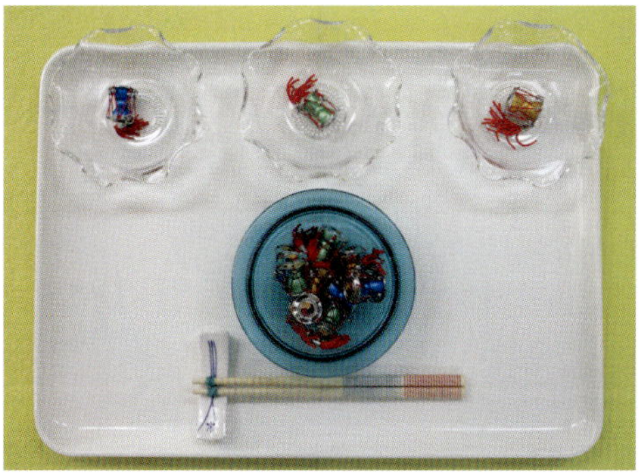
장구 젓가락으로 옮기기

세계 여러 나라 음식 지우개 끼우기

인디언 옷 입히기

스파게티 주걱과 구슬 꽂기

동전 패턴 놀이

한복 입은 고무인형 홀수, 짝수

윷놀이 뺄셈

먹 갈기

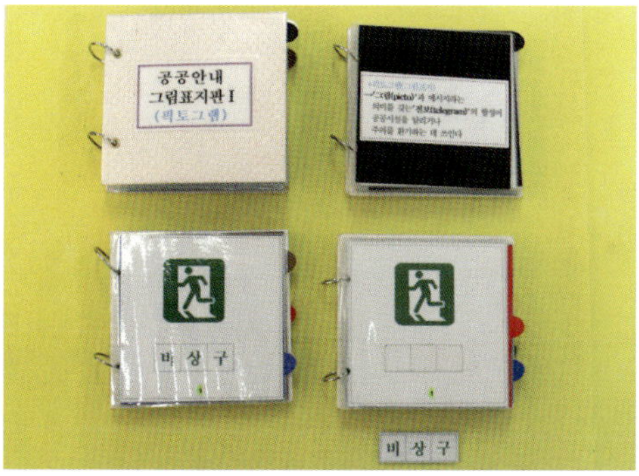

픽토그램 (공공안내 표지판)

세계 여러 나라 어린이 짝 맞추기

국기-유니폼 짝 맞추기

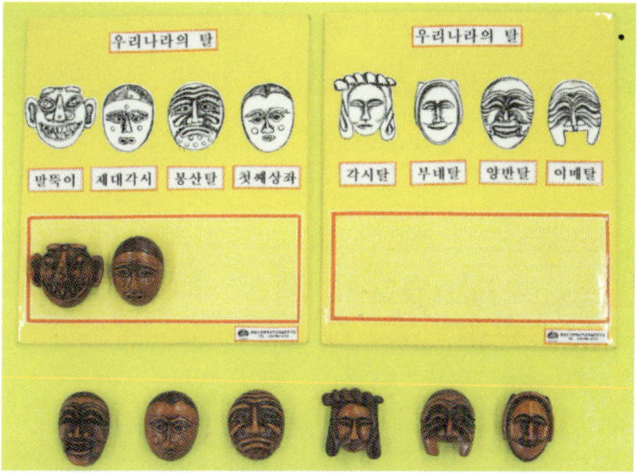

우리나라의 탈 패턴

지도 퍼즐 맞추기

점점 크게/ 점점 작게 국기 꽂기

V 유아 활동 자료

우리나라와 브라질에 대해서 궁금해요

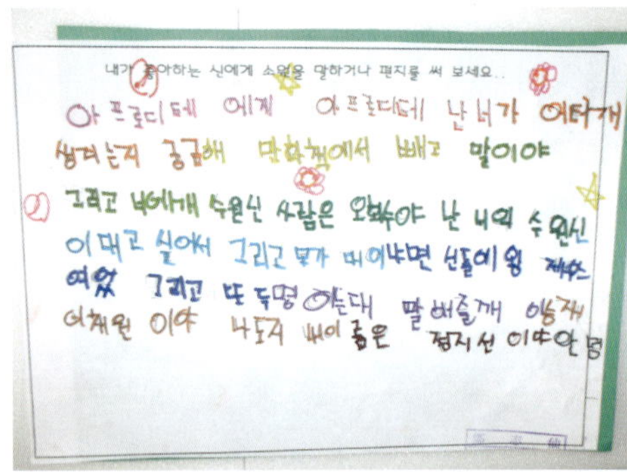

7세-신이시여! 제 소원을 들어주세요

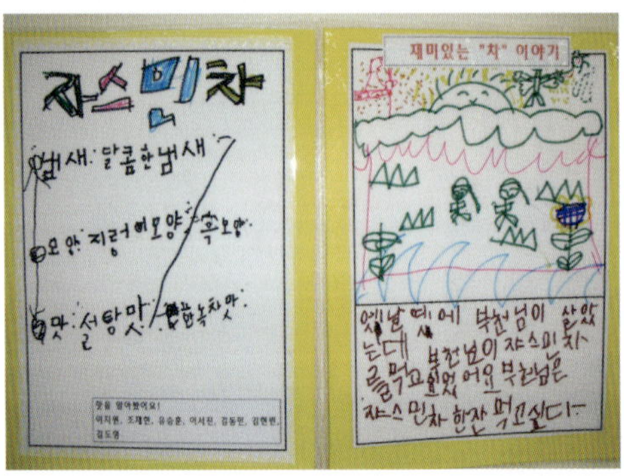

7세 창작동화-재미있는 중국차 이야기

내가 살고 싶은 성을 소개합니다

이집트 왕족은
왜 가발을 썼을까요?

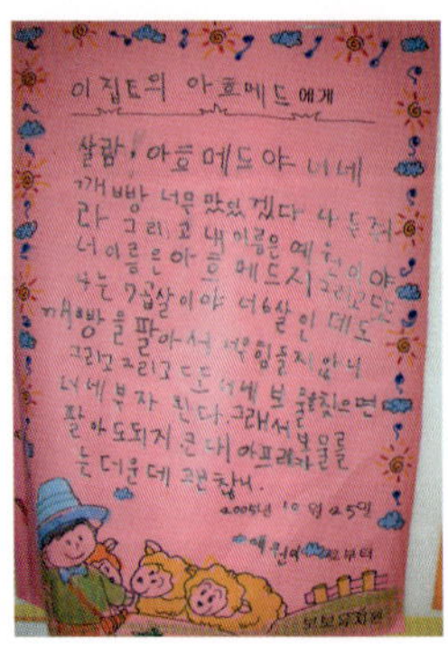

7세-이집트 친구에게
편지를 써요

6세-이집트 친구를 만난
다면 꼭 같이 놀거예요

컴퓨터로 이집트에 대해 알아보자.

이집트 국기는 태극기와 어떻게 다를까?

안녕하세요? 저는 치파오를 입는 중국 아이입니다

스핑크스가 어디 있나?

이집트는 어떤 나라예요?

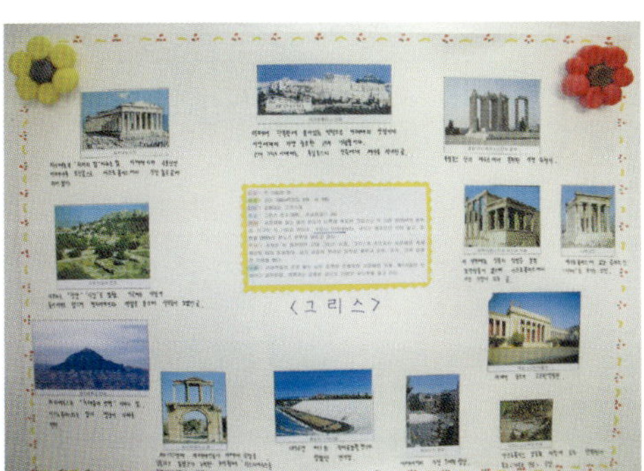

그리스를 가보고 싶어요

진짜 천안문에 다녀온 것 같죠?

무지개 피라미드는 몇 개나 될까?

우리들이 이집트 퍼즐을 만들었죠

7세 공동 작업–유럽 대륙의 국기 만들기

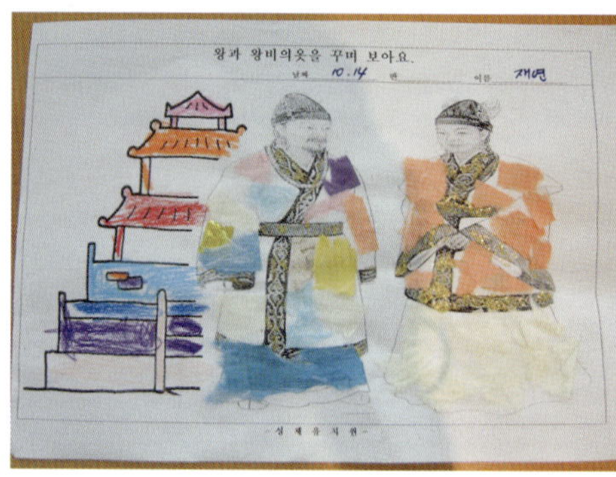

옛날 왕과 왕비의 옷은 어떻게 생겼을까?

최고의 가면을 뽑아 주세요

한국 의상과 이집트 의상 벤다이어그램

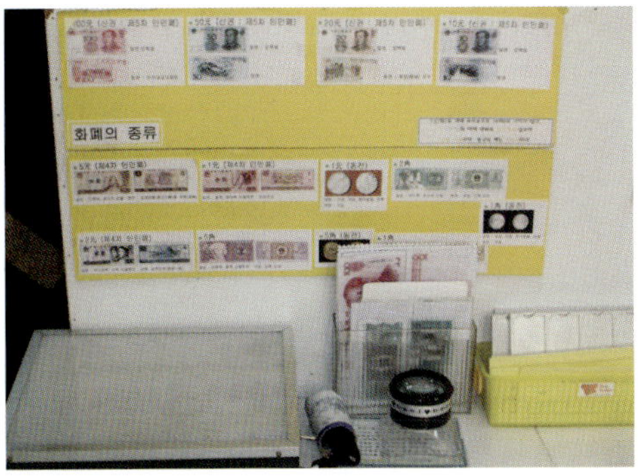

세계 여러 나라의 돈을 그려 보아요

세계 여러 나라에 관한 음절 놀이

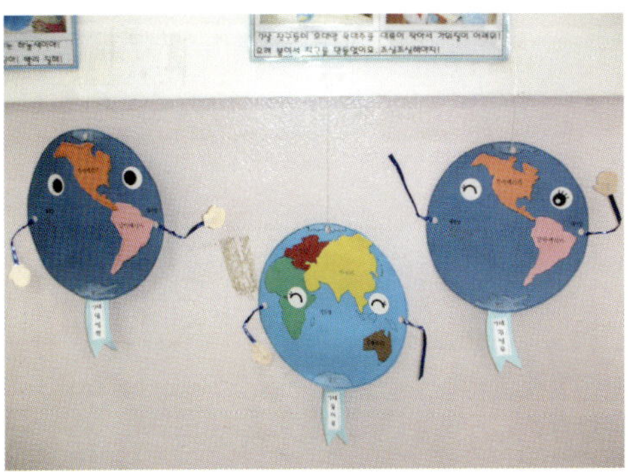

우리가 사는 세계는 5대양 6대주로 되어 있어요

문자 찾기-나를 찾아주세요

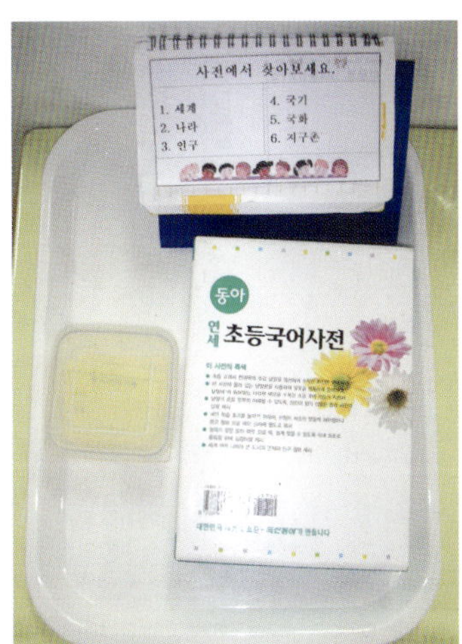

세계 여러 나라 단어 사전 찾기

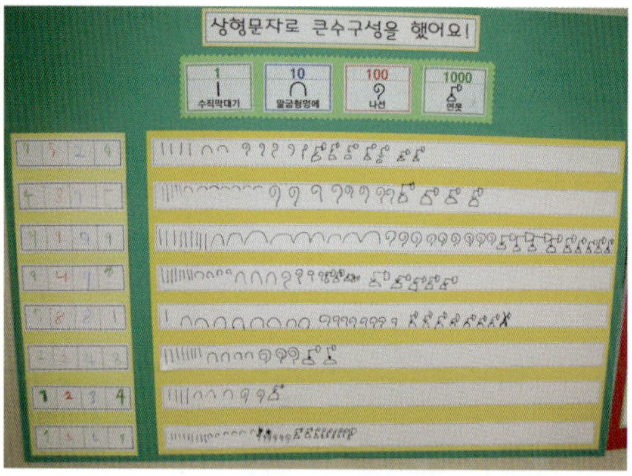

상형문자로 큰 수 구성을 했어요

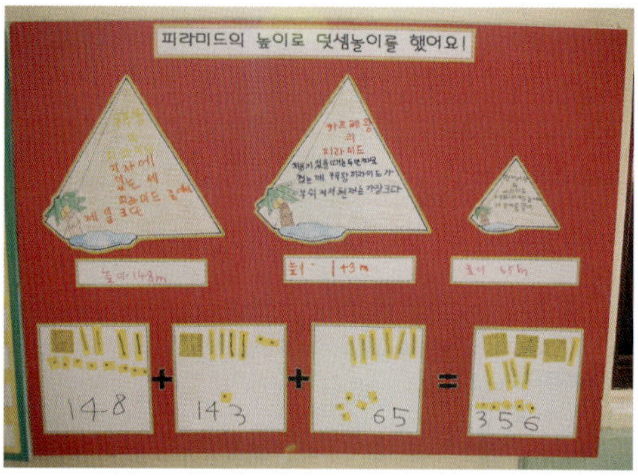

피라미드의 높이로 덧셈놀이를 했어요

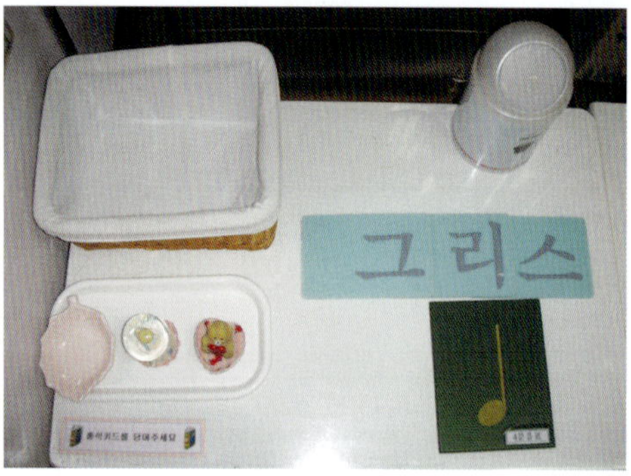

'그리스' 글자는 이렇게 쓰는구나!

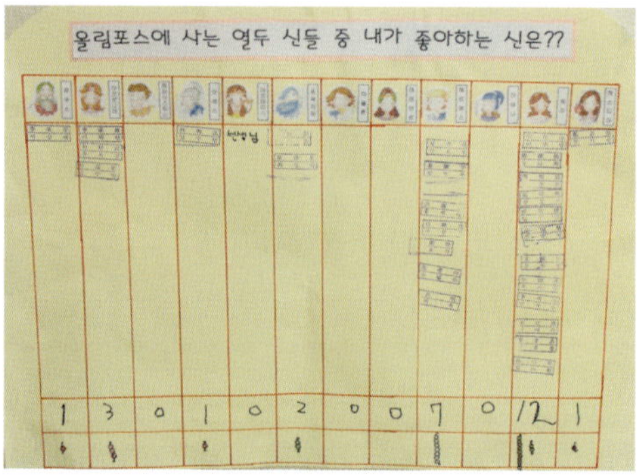

내가 좋아하는 올림푸스 신은 … 제우스예요!

5대양 6대주 지도 퍼즐

잎의 서랍–아시아 대륙에 나무를 심어요

여러분을 가면 나라 축제에 초대합니다

영철이는 어떤 가면을 쓰고 있나 찾아볼까?

졸업 여행–색원기둥과 상자를 이용한 탑 만들기

친구들과 같이 쌓은 피라미드
높이가 65cm예요

VI 창의적 몬테소리 응용 교구

〈표 4-8〉 창의적 몬테소리 응용 교구

번호	교 구 제 목	생 활 영 역	몬테소리 영역	비 고
1	세계 인종 도미노	사 회	일 상	p. 227
2	우리나라 물건 vs 세계 여러 나라 물건	사회/ 언어		p. 228
3	세계의 탈	표현/ 언어		p. 229
4	탑 점차성	표현/ 탐구	감 각	p. 230
5	윷놀이	탐 구	수	p. 231
6	사방치기	건강/ 사회/ 탐구		p. 232
7	세계의 특산물	사회/ 탐구		p. 233
8	월드컵 개최 연속수	사회/ 탐구		p. 234
9	세계의 건축물	사회/ 언어	언 어	p. 235
10	꼬마 삼보 이야기	언 어		p. 236
11	통일 게임(북한말)	언 어		p. 237
12	품사 책	언 어		p. 238
13	이동 24음	언 어		p. 239
14	화폐 퍼즐 맞추기	사회/ 표현	문 화	p. 240
15	나라 수수께끼	사회/ 탐구		p. 241
16	올림픽 픽토그램	사회/ 언어		p. 242
17	우리나라 음식	건강/ 사회		p. 243

세계 인종 도미노

대상연령 만 3~5세　　　　**관련영역** 사회 생활/ 일상 영역

목　　표

- 나와 다름에 대해 인정하고 상대성을 존중하는 국제적인 품성을 갖춘다.

활동자료

- 도미노 판－하드보드지(26.5×21㎝), 도미노 게임 용구, 인종 그림(황인종 15장, 흑인종 15장, 백인종 15장)

놀이방법

1. 백인종, 황인종, 흑인종의 분포와 대륙을 알아본다.
2. 게임판을 탐색한다.
3. 인종 도미노 칩을 패턴에 따라 게임판에 세운다.
4. 깃발대까지 세우면 도미노 게임을 한다.

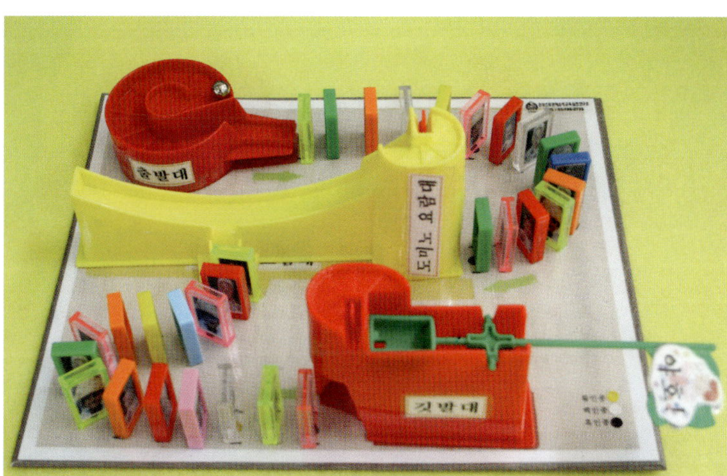

우리나라 물건 vs 세계 여러 나라 물건

대상연령 만 3~4세 **관련영역** 사회 · 언어생활/ 일상 영역

목 표

- 우리나라의 물건과 다른 나라의 물건을 비교해 보고, 각각의 사용법과 같은 점, 다른 점을 찾아본다.

활동자료

- 활동판－하드보드지(17.5×20㎝) 2장, 고무줄, Y핀
- 우리나라 물건 칩 6장, 세계 여러 나라 물건 칩 6장

놀이방법

1. 우리나라 물건과 비슷한 외국의 물건은 어떤 것이 있는지 이야기 나누기를 한다.
2. 하늘색 배지 위에 하늘색 칩(우리나라를 대표하는 것)을 임의대로 붙인다.
3. 분홍색 배지 위에는 분홍색 칩(외국을 대표하는 것)을 임의대로 붙인다.
4. 우리나라를 대표하는 물건과 그에 해당하는 외국 물건을 연결한다.

세계의 탈

대상연령 만 5세　　　　　　　　**관련영역** 표현 · 언어 생활/ 일상 영역

목　　표

- 우리나라의 탈과 다른 나라의 탈을 비교해 보고 탈을 완성해 본다.
- 다양한 접기 활동을 통해 눈과 손의 협응력을 기를 수 있다.

활동자료

- 퍼즐판 (각시탈, 스핑크스, 네팔탈, 하회탈, 중탈), 김발

놀이방법

1. 우리나라와 세계 여러 나라의 탈의 종류에 대해 이야기를 나누어 본다.
2. 점선 순서에 따라 5번 접어서 탈을 접는다.
3. 접는 방법은 ①, ②, ③, ④의 그림이 맞게 닿으면 탈이 완성된다.
4. 정답은 완성된 모습을 보면서 확인한다.

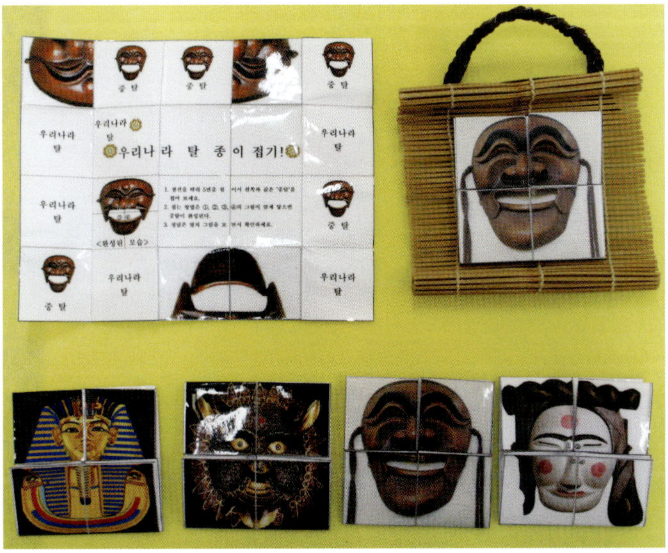

탑 점차성

대상연령 만 4~5세 **관련영역** 표현 · 탐구 생활/ 감각 영역

목　　표

- 세계 여러 나라의 건축물 중 탑의 종류와 명칭을 익히며 미적 감각을 기른다.
- 탑의 높이의 점차성을 시각적으로 식별할 수 있다.

활동자료

- 주사위, 탑 사진, 탑의 종류 병풍책

놀이방법

1. 우리나라와 다른 나라의 탑에 대한 병풍책을 본다.
2. 두 명의 유아가 우리나와 다른 나라의 탑 활동판을 나누어 갖는다.
3. 주사위를 던져서 나오는 숫자만큼의 탑 퍼즐 조각을 찾아 붙인다.
4. 20개의 퍼즐 조각을 먼저 다 맞춘 유아가 이긴다.

윷 놀 이

대상연령 만 4~5세 **관련영역** 탐구 생활/ 수 영역

목 표

- 우리나라의 고유 민속놀이를 직접 경험해 보고 연산 활동(+, −)을 해본다.

활동자료

- 윷놀이 판−하드보드지(20×14㎝) 2장, 윷, 계산기, 말, 12간지 문제 36장

놀이방법

1. 윷놀이의 방법을 알아보고 윷을 던져 나온 수만큼 전진한다.
2. 말판의 지령을 수행하며 도착한 곳에서 비밀주머니에서 문제를 뽑아 계산기로 문제를 풀어 본다.
3. 먼저 도착한 사람이 이긴다.

사방치기

대상연령 만 5세 **관련영역** 건강 · 사회 · 탐구생활/ 수 영역

목 표

- 동양과 서양의 음식의 종류를 조사해 보고 바른 식사예절을 익힌다.

활동자료

- 사방치기 판－포맥스(12.5×18.5×1.5㎝), 상 2세트－하드보드지(4×16㎝) 4장＋(13.5×6㎝) 2장, 원형꽂이 8개, 게임판－하드보드지(22×20㎝) 2장, 세계전도, 동양 음식 그림 6개, 서양 음식 그림 6개, 문제 20개, 말, 계산기

놀이방법

1. 두 명의 유아가 세계 여러 나라의 음식의 종류에 대해서 알아보고 동양 음식과 서양 음식 중에서 어느 것을 할지 선택한다.
2. 사방치기 말판에 말을 던진다. 그리고 나온 수만큼 세계지도에서 앞으로 간다.
3. 앞으로 간 곳에 자신이 선택한(예 : 동양 선택－동양 음식) 음식이 있으면 그 음식을 가져와 자기 상에 상차림을 할 수 있다. 그러나 음식이 있어도 자기가 선택한 음식이 아니면 가져올 수 없다.
4. 음식상 6개의 접시에 먼저 세팅을 다 한 사람이 이기는 게임이다.
5. 도착한 곳에 사과가 나오면 비밀주머니에서 문제를 꺼내 계산기로 문제를 풀 수 있다.

세계의 특산물

대상연령 만 5세 **관련영역** 사회 · 탐구 생활/ 수 영역

목 표

- 세계 여러 나라의 특산물과 광물을 알아보고 무역 지도를 만들어 본다.
- 물건의 가격을 덧셈놀이로 연산 활동을 해본다.

활동자료

- 게임판－하드보드지(18×21㎝)+(12×21㎝), 가격표 (8×10㎝) 2장
- 특산물 그림 16개, 문제지, 계산기, 우표놀이 칩

놀이방법

1. 세계 여러 나라의 지도를 보면서 각 나라의 특산물과 광물에 대해서 이야기하며 지리적 위치를 알아본다.
2. 가격표를 보면서 우표놀이로 특산물과 광물의 가격을 더해 계산해 본다.

월드컵 개최 연속수

대상연령 만 4~5세　　**관련영역** 사회 · 탐구 생활/ 수 영역

목　표 ● 전 세계 사람들의 축제인 월드컵의 역사를 알아보고 개최년도를 수와 양으로 표현해 본다.

활동자료

- 월드컵 개최국 큰 수 구성 큰 책
  - 겉표지: 하드보드지(20.5×8㎝) 2장, 속지: (7.3×19.5㎝) 18장
- 월드컵 개최국 큰 수 구성 문제집
  - 겉표지: 하드보드지(12×6㎝) 2장, 속지: 색지(11×6㎝) 9장
- 월드컵 개최국 덧셈놀이 책
  - 겉표지: 하드보드지(19×7.5㎝)×2장,　속지: 색지(16.5×6㎝) 6장
- 비즈, 문제지

놀이방법

1. 연도별 월드컵의 지식을 책을 보면서 알아본다.
2. 월드컵 연도 수에 대해서 기억하고 수의 카드를 이용해 큰 수를 구성해 보고 비즈도 놓아 본다.
3. 문제지를 보고 각 월드컵 연도 수를 이용해 은행놀이를 해본다.

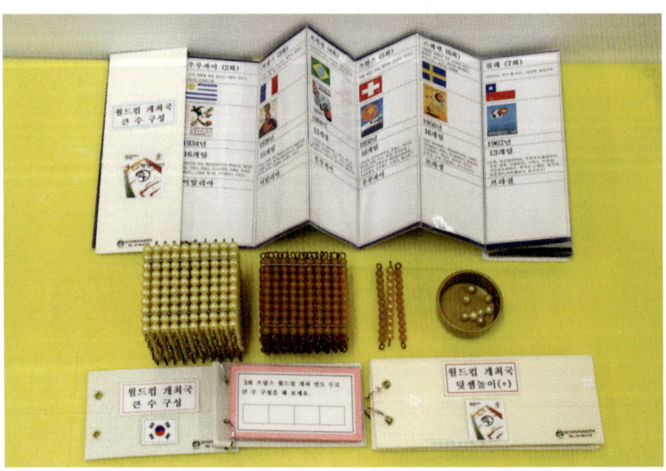

세계의 건축물

대상연령 만 3~4세 **관련영역** 사회 · 언어 생활/ 언어 영역

목 표

- 세계 여러 나라의 건축물을 여행하면 어떤 느낌일까를 이야기해 보고 건축물과 사람의 행동이 일치된 것을 찾는다.

활동자료

- 미니 앨범, 건축물 사진(15×10㎝) 11장, 인물사진 11장
- 건축물 작은 책, 수수께끼 문제지

놀이방법

1. 세계 여러 나라의 건축물에 관한 작은 책을 읽어보고 그 나라의 지도상 위치도 알아본다.
2. 앨범의 왼편 수수께끼 문제를 읽으면서 그 건축물과 어울리는 사람을 붙여본다.
3. 건축물의 이름도 붙여볼 수 있다.

꼬마 삼보 이야기

대상연령 만 4~5세 **관련영역** 언어 생활/ 언어 영역

목 표

- 동화 속에서 발견할 수 있는 우리와 다른 문화에 대해 알아보고 이해한다.

활동자료

- 꼬마 삼보 이야기 동화책
- 수수께끼 책－겉: 하드보드지(11.5×11.5㎝) 2장, 속: 색지(10×10㎝) 15장

놀이방법

1. 「꼬마 삼보 이야기」 동화책을 읽으면서 동화의 내용을 기억한다.
2. 동화의 내용을 기억하면서 수수께끼를 맞혀본다.
3. 유아들과 동극 준비를 함께한 후 활동으로 해본다.

통일 게임 (북한말)

대상연령 만 5세 **관련영역** 언어 생활/ 언어 영역

목 표

- 남한과 북한의 어휘에 대해 조사해 차이점과 바른 뜻을 안다.
- 남과 북은 서로 다른 민족이 아닌 하나의 민족이라는 것을 안다.

활동자료

- 게임판－하드보드지(18×15.5㎝) 2장씩 2세트
- 작은 책－하드보드지(13×11㎝) 2장, 속지(11.5×10.5㎝) 8장씩 2세트
- 색연필, 스펀지, 정정책

놀이방법

1. 하나의 사물을 가리키는 서로 다른 남한말과 북한말을 알아보고 그 뜻도 알아본다.
2. 우리나라 지도에 각각의 산과 강에 대해서 알아본다.
3. 지도에 나타난 물건의 사진을 보면서 북한말에 해당하는 부분을 선을 따라 그어보면 도착하게 된다. 만약 북한말이 아닐 경우에는 우리나라의 산과 강으로 연결된다.
4. 먼저 도착한 사람이 게임에서 이기게 된다.

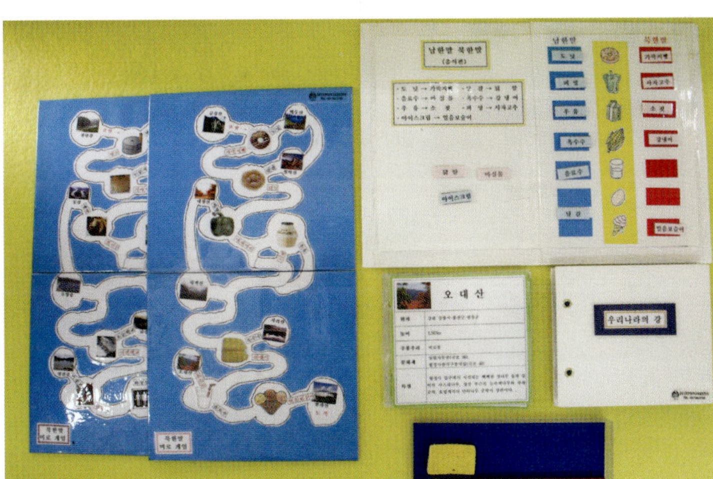

품사 책

대상연령 만 4~5세 **관련영역** 언어생활/ 언어 영역

목 표

- 명사, 동사, 형용사 등 각 품사를 읽어보고 어휘의 깊이를 이해한다.

활동자료

- 하드보드지, 색지, 각각의 품사 글자와 그림

놀이방법

1. 왼쪽의 그림을 보면서 누구일까? 무엇을 하고 있을까? 등을 말로 표현한다.
2. 문장을 읽어보고 그 안에 명사, 동사를 찾아본다.
3. 오른쪽의 활동판에 해당하는 면에 알맞은 문장과 그림을 붙인다.
4. 이와 같은 방법으로 6장의 문장과 그림을 보고 구성하는 놀이를 한다.
5. 정정판에 해당하는 그림과 문장을 뒷장에 넣어 기억훈련을 할 수 있다.

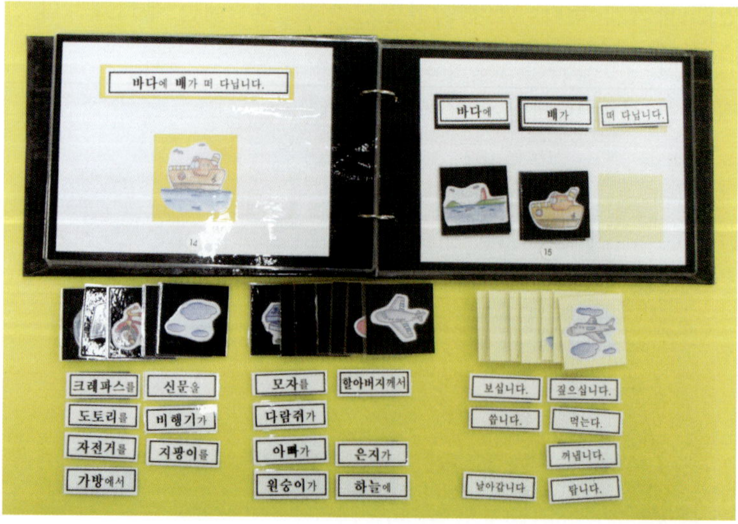

이동 24음

대상연령 만 3~5세 **관련영역** 언어생활/ 언어 영역

목 표

- 세계 여러 나라의 문화에 대해서 문장을 통해 알아보고, 단어를 분석, 통합해 본다.

활동자료

- 이동 24음, 활동판, 이동 24음 책

놀이방법

1. 이동 24음 책을 읽어본다.
2. 이동 24음 활동판에 책을 보면서 문장을 만들어 본다.

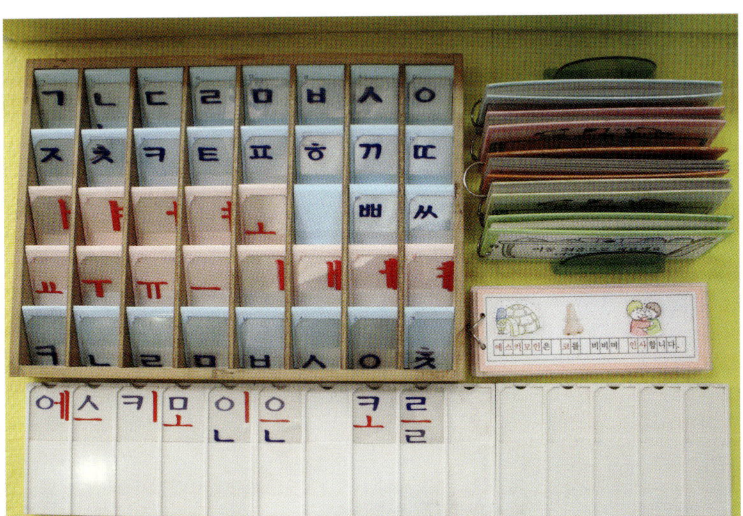

화폐 퍼즐 맞추기

대상연령 만 3~5세 **관련영역** 사회 · 표현 생활/ 문화 영역

목 표

- 나라별 화폐를 변별하고 화폐 단위를 알아본다.
- 그림보다 예쁜 화폐를 퍼즐로 맞추면서 미적 감각을 발달시킨다.

활동자료

- 퍼즐판 5장, 대한민국, 네덜란드, 이집트, 중국, 남아프리카 공화국 지폐, 화폐 작은책, 「화폐로 배우는 세계의 문화 1, 2」

놀이방법

1. 「화폐로 배우는 세계의 문화」 책을 읽으며 이야기 나누기를 한다(생물, 무생물, 통화 단위 등).
2. 각 지폐 퍼즐을 맞춘다.

나라 수수께끼

대상연령 만 4~5세 **관련영역** 사회 · 탐구 생활/ 문화 영역

목 표

- 대륙별, 나라별 특징에 대해 알아보고, 지도상의 위치를 확인해 본다.

활동자료

- 6대륙 책–겉표지: 하드보드지(19.5×15㎝) 12장, 속지: (18×14㎝) 25장
- 6대륙 수수께끼 책–겉표지: 하드보드지(13×7.5㎝) 12장, 속지: (11×6㎝) 25장, 책의 겉 · 속표지 색깔–아시아(노랑 8), 오세아니아(갈색 2), 유럽(빨강 6), 아프리카(초록 3), 남아메리카(분홍 3), 북아메리카(주황 3)

놀이방법

1. 각 대륙의 나라들의 특징과 수도를 알아본다.
2. 각자 대륙을 정해 대륙에 속해 있는 나라들의 수수께끼를 맞힌 후 지도 퍼즐 위에 나라별 국기를 세운다.
3. 6대륙에 속한 나라들의 국기를 모두 세워 보면서 나라의 이름을 읽어본다.

올림픽 픽토그램

대상연령 만 5세 **관련영역** 사회 생활/ 언어 영역

목 표

- 운동경기의 픽토그램을 알아보고 신체로 표현해 본다.
- 덧셈 놀이로 연산 활동을 해본다.

활동자료

- 포맥스(5×5㎝) 48장, 계산기, 잎의 서랍 칩 4세트, 올림픽 픽토그램 4세트

놀이방법

카드를 보이지 않게 뒤집은 상태에서,

1. 두 명이 할 경우, 각자 10장씩 갖고 8장을 바닥에 깐 다음 나머지를 가운데 바닥에 모아 놓는다.
   네 명이 할 경우, 각자 7장씩 갖고 6장을 바닥에 깐 다음 나머지를 가운데 바닥에 모아 놓는다.
2. 자기 차례가 되어 바닥에 짝이 있으면 자기가 가져오고 없으면 바닥에 놓고 카드 하나를 모아 놓은 곳에서 뒤집는다. 이때 바닥에 뒤집은 것 중 같은 그림이 있으면 가져올 수 있다.
3. 짝이 다 맞으면 가져와 입의 서랍의 잎의 점수를 보고 계산하여 합산한다. 점수의 계산은 색칠하지 않은 동그라미 원 안의 카드만 계산한다.

우리나라 음식

대상연령 만 4~5세 **관련영역** 건강 · 사회 생활

목 표

- 우리나라 음식의 수수께끼를 맞혀 보고 게임을 통해 정확한 명칭을 익힌다.

활동자료

- 게임판－하드보드지(18×14㎝) 2장, 작은책－하드보드지(11×7㎝) 2장, 속지(9×6㎝) 10장
- 음식 사진 10개, 수수께끼 문제지 10개, 기하 도형 5서랍 그림, 우주선 주사위, 말 2개

놀이방법

1. 우리나라 음식 중 가장 좋아하는 음식은 무엇인지 말놀이를 한다.
2. 기하 도형 5서랍의 종류를 알아본다.
3. 주사위를 돌려 나오는 수만큼 전진하고 도착한 곳에 숫자가 쓰여 있으면 수수께끼 책에 그 번호에 해당하는 문제를 푼다. 맞히면 칩을 가져오고 틀리면 가져올 수 없다.
4. 10문제 모두 풀어야 게임이 끝난다.

| Chapter 5 |

신비한 우주 창조와 생명의 역사

I 주제 접근의 전개 과정

무한궤도의 우주와 그 속에 우리가 사는 지구의 모습, 지구에서 일어나는 여러 가지 현상에 관심을 갖는다. 또 지구 주변에 많은 행성과 위성이 있음을 알고 그 위치와 특징에 대해 찾아보는 것에 의의를 두었다.

1. 반 구성—만 4세, 만 5세 혼합연령
2. 활동 기간—10월 4일~12월 2일 (약 50일)

1. 계획하기

(1) 주제 선정의 배경

졸업 여행에 대한 주제가 진행되는 과정에서 졸업 여행지인 '부여' 에서 유아들과 밤하늘에는 무엇이 있는지 탐색하는 활동이 있었다. 한 유아가 "하늘에 별이 굉장히 많다. 그렇지?" 라고 하자 다른 유아가 "선생님, 서울에는 왜 별이 없어요?" 라고 물었다. 그러자 옆에 있는 유아가 "야! 서울 하늘에는 매연이 많기 때문에 별이 안 보이는 거야." 라고 하면서 각자의 생각을 굉장히 진지하게 이야기하였다. 졸업 여행 후 유아들의 관심사를 바탕으로 각 반별로 우주, 태양계, 별자리, 공룡, 환경으로 소주제가 결정되었다(표 5-1, 5-2, 5-3 참고).

〈표5-1〉 신비한 우주 창조와 생명의 역사 주제망

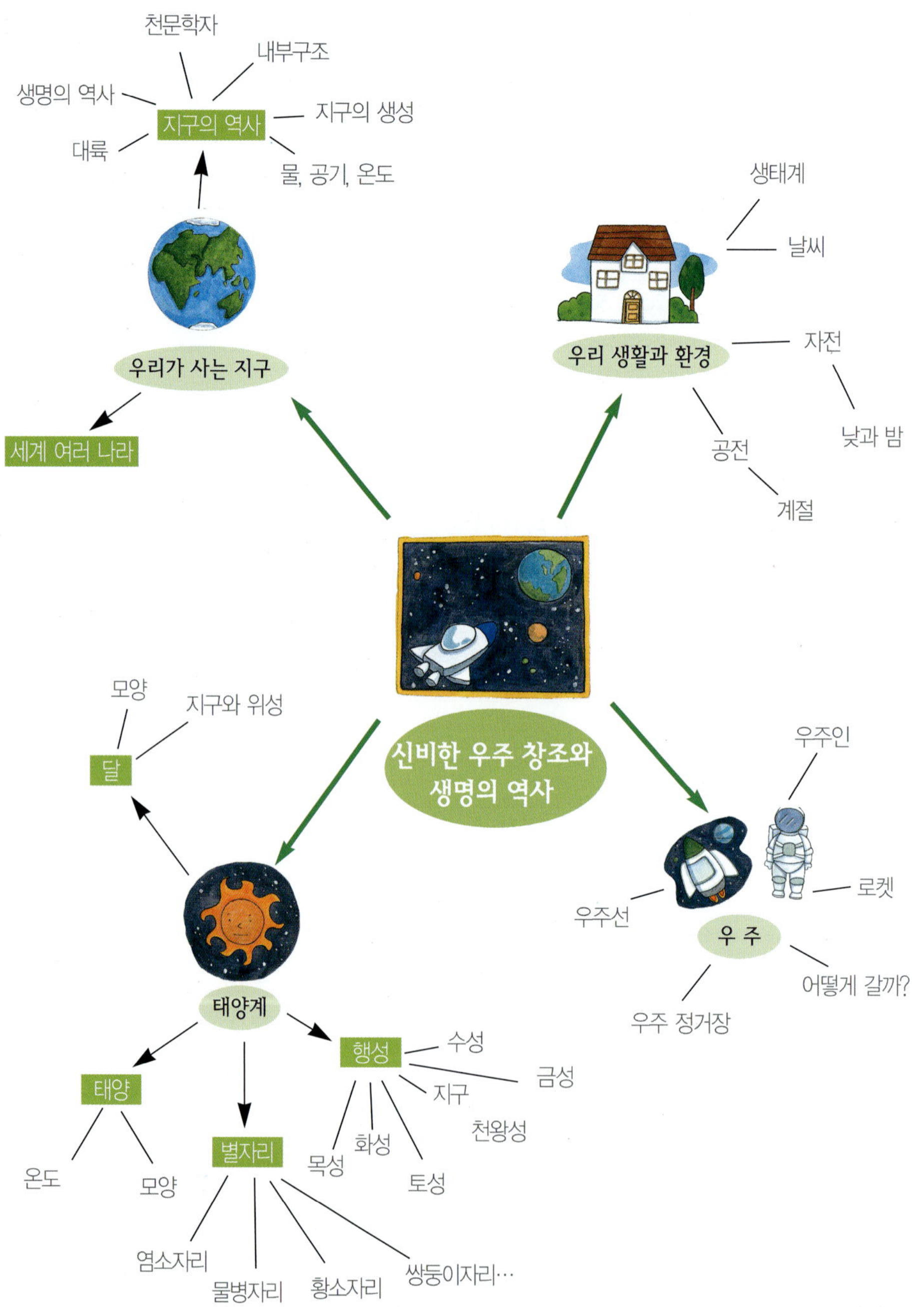

〈표 5-2〉 소주제망

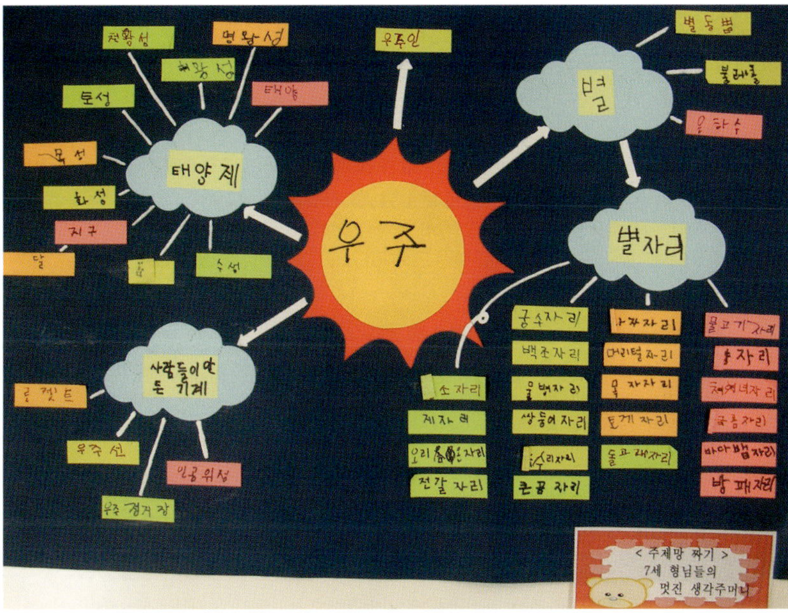

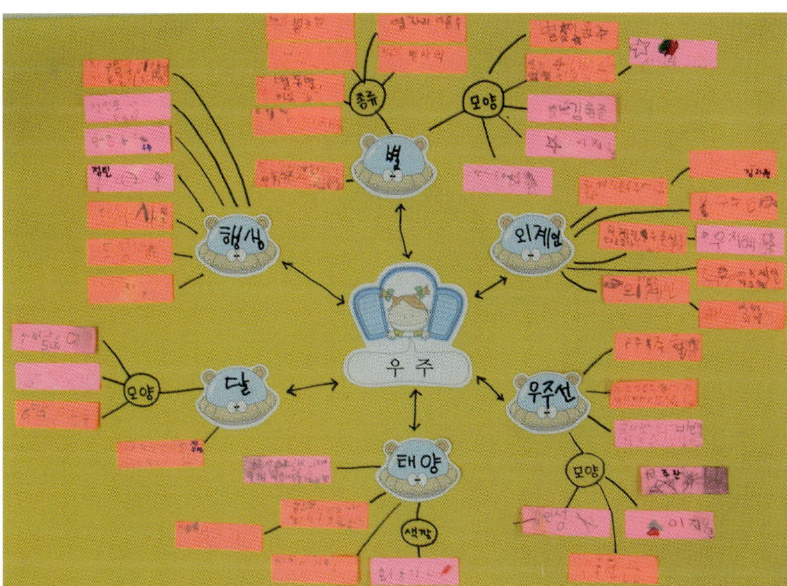

우주 주제망

〈표 5-3〉 월간 교육계획안

생 활 주 제	신비한 우주 창조와 생명의 역사	주제 선정 기간	2005년 10월 4일~12월 2일
교육적 의의와 목 표	· 우리가 살고 있는 지구의 모습과 지구에서 일어나는 여러 가지 현상에 관심을 갖는다. · 지구 주변의 많은 행성과 위성이 있음을 알고 그 위치와 특징을 찾아본다.		
가정협조문	이번 주부터는 모세반 친구들이 '신비한 우주 창조와 생명의 역사'라는 제목으로 '지구와 우주' 프로젝트를 전개할 예정입니다. 교육내용은 수업 진행에 따라 변경될 수 있습니다. · 10월 20일(목)에는 중미산 천문대로 졸업 여행을 갑니다. 아름다운 별자리도 보고 부모님과 떨어져 지내봄으로써 우리 아이들이 더 클 수 있는 기회입니다. 많이 격려해 주세요. · 11월 16일(수)에는 인천 송도 가스 박물관 견학이 있습니다.		

신비한 우주 창조와 생명의 역사

건 강

〈게임〉
- 우주선을 타고 온 외계인
- 메추리알 까먹고 오기
- 해, 달 뒤집기
- 골든벨을 울려라 –지구와 우주

〈신체표현〉
- 지구가 생겨나기까지
- 우주에서 걸어요

〈기본 생활습관〉
- 쓰레기는 스스로 분리수거해서 쓰레기통에 버릴 수 있어요
- 에너지를 절약해요

〈실외활동〉
- 우주 정거장에서 만나요

사 회

〈토의〉
- 낮을 좋아하는 동물과 밤을 좋아하는 동물
- 지구를 파 내려가면 무엇이 있을까?
- 태양이 없다면 무엇으로 태양을 대신할 수 있을까?
- 우주를 탐험하려면 무엇이 필요할까?
- 공룡의 뱃속은 어떻게 생겼나?
- 외계인의 말
- 재미있게 생긴 외계인

〈가정 조사 활동〉
- 공룡이 멸망한 이유는?
- 태양의 특징
- 태양계 행성들의 특징과 거리
- 인공위성은 언제 발사했을까?
- 우주에는 왜 공기가 없을까?
- 환경 신문

〈견학〉
- 중미산 천문대

표 현

〈미술〉
- 공동작품 –5대양 6대주 꾸미기
- 화석 찍기
- 기하도형을 이용한 선글라스 만들기
- 프리즘 만들기
- 호일로 행성 꾸미기
- 행성 만들기/ 태양 만들기
- 별자리 만들기
- 폐품으로 우주선 만들기
- 찰흙으로 공룡 만들기

〈새 노래〉
- 우주 송–외계인의 비밀신호
- 하늘에서 살지요
- 지구는 해를 돌아요

〈악기 연주〉
- 우주의 소리들

〈음악 감상〉
- 자연소리 감상하기

언 어

〈주제탐색〉
- 생각 모으기
- 주제망(태양계, 별자리, 공룡)
- 지구와 우주 품사

〈이야기 나누기〉
- 우주에는 무엇이 있을까?
- 지구의 구조와 특징
- 하늘, 땅, 바다에 사는 공룡
- 낮과 밤은 왜 생겼을까?
- 별자리와 전설

〈동시〉
- 공룡의 나들이
- 별, 초승달

〈동화〉
- 너는 어느 별에서 왔니?
- 우주 비행사 가울타펭
- 늑대와 그림자

탐 구

〈그래프〉
- 육식공룡과 초식공룡 벤다이어그램
- 내가 좋아하는 공룡 그래프
- 해와 달의 공통점과 차이점
- 내가 가고 싶은 행성
- 우리 반 친구들의 별자리 그래프

〈실험 및 관찰〉
- 지구의 역사 실험
- 화산 실험
- 그림자놀이
- 곰팡이 실험
- 정수기(물을 깨끗이 만들기)

〈시청각 자료〉
- 지구의 탄생
- 지구의 내부 구조
- 태양계의 행성들
- 별자리/ 공룡

〈요리〉
- 별나라 샌드위치

	일상생활	감 각	수	언 어	문 화
몬테소리 활동	• 홍미 영역 10개 • 태양계 도미노 • 천체 망원경 • 태양계 걸고 떼기 • 우주 팽이 돌리기 • 모양 붙이기(우주선) • 옷 틀 (벨트) • 금속 닦기	• 구성 삼각형(大, 小 육각형 상자) • 온각 판, 온각 병 • 촉각판, 촉각판 짝 맞추기 • 뜨거운 곳, 차가운 곳 • 우주 미로 만들기	• 5의 사슬 • 순서대로 우주복 입히기 • 태양계 뺄셈놀이 • 재활용 덧셈놀이 • 로켓, 지구 곱셈놀이 • 사계절 별자리 분류 • 인공위성이 발사된 연도를 이용한 은행놀이 • 연속수 • 시계(분침)	• 이동 24음 (우주) • 명사의 역할 • 동사의 역할 • 동사의 게임 • 형용사 익히기 • 복합어 • 사전 찾기 • 작은책 만들기	• 달의 변화/ 밤과 낮 • 지구의 내부 구조 • 실험－전기 • 화산 폭발 • 별자리 이야기 • 공룡 뼈 찾기 • 태양계 3단 카드 • 생명의 연표 • 물, 공기, 흙

(2) 실내 · 외 환경 구성

현관 입구는 검은 천으로 천장과 벽을 꾸미고 반짝이는 조명을 설치하여 끝없는 우주의 모습을 나타내어 유아들이 주제에 대해 호기심을 갖도록 환경을 구성하였다. 또한 각 반에서는 기하 도형 서랍을 이용하여 호일을 구겨 만든 우주선을 전시해 주었다.

우주에 관련된 책들은 각자 교실에 비치하여 서로 교환하여 볼 수 있도록 하였다.

교실 입구 출석부 옆에 '지구, 우주, 해' 등의 글씨를 만들어 주어 모래 글자판을 써볼 수 있게 배려해 주었다. 각 반의 분단 이름표도 태양, 해, 달, 별, 우주 등으로 교체해 주고 일시적으로 반 이름도 바꾸어 보았다. 이름표의 모양도 유아가 좋아하는 별자리나 태양계로 만들어 주었다.

또한 가정 활동 조사서를 파일로 만들어 벽면에 전시해 두어 틈새 시간에 유아들이 서로 볼 수 있도록 하였다.

역할 놀이방에서는 다양한 모양의 블록으로 우주선, 우주 정거장 등을 만들어 전시하도록 하며 사진으로 찍어 이름을 지어보고, '우주에서 걷는다면 어떤 모습일까?' 등으로 신체 표현을 해보았다.

창문에는 밤하늘을 꾸며 우리 반 친구들의 별자리를 붙여보고, 연속수 커버를 공룡이나 태양계, 행성으로 그림을 그려 주제를 강조하였다(표 5-4 참고).

〈표 5-4〉 환경 구성을 위한 자료

벽면 구성 영역별구성	• 우주에 관련된 그림이나 사진 • 우주선, 우주비행사, 우주, 지구, 달의 모습이 담긴 사진, 화보 • 다양한 기후에 따른 자연현상 사진 • 우주에 관련된 유아의 작품 • 세계 지도 • 깨끗한 환경과 오염된 환경 사진, 화보 • 별자리 화보 • 우리 생활과 관련된 에너지 자원 사진이나 기사 • 환경 포스터 • 행성 색칠하기 • 공룡의 종류 • 연속 수-지구와 우주 단원에 맞게(공룡) • 물, 공기, 흙 사진 벽면 게시 • 생명의 연표 • 공룡의 분포도 • 기하도형 모양을 이용한 우주선 • 각 달의 행사 게시
언 어	• 우주여행 그림에서 달라진 곳 찾기 • 우주, 행성 수수께끼 책 • 이동 24음(우주, 지구, 행성, 별자리) • 사전 찾기 • 환경만화 만들기 • 동식물 그림카드 맞추기 • 공룡 책 만들기 • 국기 책 • 지구와 우주 음절놀이 • 우주여행 단어 찾기 • 세계 여러 나라 어린이 그림카드 • 의성어, 의태어 • 우주여행 이야기 꾸미기 • 우주 관련 NIE • 만약 외계인을 만난다면? • 만약 이 세상에 물이 없어진다면? • 환경 재생 마크 • 외계인들은 어떻게 의사소통을 할까? • 지구를 파 내려가면 무엇이 있을까? • 태양이 없다면 무엇으로 태양을 대신할 수 있을까? • 우주를 탐험하려면 무엇이 필요할까? • 공룡의 뱃속은 어떻게 생겼나? • 외계인의 말 • '달은 왜 모양이 변할까? • 공룡이 멸망한 이유? • 지구, 우주, 외계인에게 편지쓰기
동 화	• 지구의 역사-잠꾸러기 불 도깨비(보리) • 아이고 시끄러워(보리) • 물의 오염-더러워진 물 문이야(보리) • 눈사람 아저씨(마루벌) • 마니 마니(보림) • 작은집 이야기(시공 주니어) • 세상을 담은 그림지도(보림) • 그림자(보림) • 구름 빵(한솔 교육) • 달님이 본 것은(보림) • 돌멩이도 춤을 추어요(보림) • 달님 안녕(한림 출판사) • 아이고 시끄러워(보리) • 나는 잠만 잤는걸(보리) • 한 해 열두 달(마루벌) • 살아 있는 우주(마루벌) • 별이 좋아(보림) • 구름 나라(비룡소) • 바로 또 거꾸로(비룡소) • 야, 우리 기차에서 내려(비룡소) • 대나무 숲에 사는 잉어, 비오는 날 생긴 일(비룡소) • 아기 물방울의 여행(비룡소) • 별을 파는 이상한 아저씨(비룡소) • 소행성의 충돌을 막아라(비룡소) • 물(보림) • 흙(보림) • 불(보림), • 태양계에서 길을 잃다(비룡소) • 숨은 별자리 찾기(비룡소) • 누구 그림자일까?(보림) • 바다는 눈물이 필요 없다(비룡소) • 어린이를 위한 아름다운 바다(비룡소) • 아기 구름 올까(중앙 출판사) • 비행기(토피) • 소금이 온다-서해 염전에서 나는 소금(보림) • 모두가 기른 벼(보리) • 잘 자요 달님(시공사 주니어) • 반짝반짝 반디각시(보림) • 별이 좋아(보림) • 눈사람의 재채기(보림) • 하늘 열리고 땅 열리다(보림)
조작놀이	• 우주선 완성하기-조각그림 붙이기 • 우주복 입히기-헝겊천, 비닐천, 은박지천 • 별자리 퍼즐 맞추기 • 사계절 별자리판 • 생명의 순환 도미노 카드 • 낮과 밤 돌림판 • 재활용품과 일회용품 분류 • 태양계의 행성 꾸미기 • 세계 지도 퍼즐 맞추기 • 대조지형 그림카드 맞추기 • 생명의 역사 그림카드 맞추기 • 국기 맞추기 • 기억게임-자연재해 그림 카드 짝짓기 • 폐품 병뚜껑으로 가위바위보 게임하기 • 메추리알 까먹고 오기

수 학	• 지구 위의 사람들—여러 인종의 사람들 수만큼 붙이기 • 우주선에 우주인 수만큼 태우기 • 내가 가장 가보고 싶은 행성 그래프 • 별 따기 게임 • 시험관 비이커에 콩 담기 • 달력 만들기 • 나의 하루 책 • 육식공룡과 초식공룡 벤다이어그램 • 내가 좋아하는 공룡 그래프 • 재활용이 되고 있어요 • 태양계 짝 맞추기 • 사계절 별자리 분류 • 태양계 뺄셈 놀이 • 재활용 패턴 놀이 • 밤하늘 덧셈놀이 • 로켓, 지구 곱셈놀이 • 별자리 큰 수 구성 • 해와 달의 벤다이어그램 • 우리 반 친구들의 별자리 그래프
과 학	• 대조지형 만들기 • 화석은 어떻게 만들어질까—모형, 찰흙틀 • 무지개 만들기—프리즘 • 화산 폭발 실험—지점토, 빨간 물감, 식초, 베이킹 파우더 등 • 무공해 채소 가꾸고 관찰하기—고추, 토마토, 상추… • 빛과 그림자놀이 • 흙 속 관찰하기—모종삽, 흙, 유리접시, 관찰지 등 • 산성비 실험—물, 식초, 유리병, 나뭇잎, 닭다리 뼈 • 태양빛 색깔 실험 • 지구의 내부구조 관찰—지구맨틀 모형, 삶은 달걀 • 뜨거운 곳 차가운 곳 • 재생비누 만들기—폐식용유, 소다, 물 • 동물 노트, 식물 노트 • 지구본으로 낮과 밤 실험하기 • 지구의 구성 요소—기체, 액체, 고체 분류하기 • 대기의 흐름—유리병, 차가운 물, 물감 • 전기—전기가 들어오는 것, 들어오지 않는 것
음 악	• '빗방울 왈츠' 음악 감상 • 천둥치는 날 (리듬악기 연주) • 우주악기 연주하기 • 자연의 소리 감상하기 • 지구는 해를 돌아요 • 크고 큰 우주, 작고 작은 우리 • 우주인의 비밀신호 • 지구가 아프대요 • 환경을 깨끗이 • 우주 송
미 술	• 그룹 작업—우주 정거장 만들기 • 5대양 6대주 꾸미기 • 화석 찍기 • 상상의 섬 • 스티로폼으로 행성 꾸미기 • 나뭇잎 무늬 찍기 • 종이컵 로켓 만들기 • 재미있게 생긴 외계인 • 정수기 만들기 • 환경 포스터 • 별자리 접어 꾸미기 • 별자리 액자 • 망원경 만들기(회절격자) • CD에 공룡 뱃속 그리기 • 행성 모빌, 태양 만들기 • 공룡의 몸 속 뼈 • 철판도형에 별자리 꾸미기 • 호일 구겨서 행성 꾸미기(기하 도형 서랍) • 찰흙으로 공룡 만들기 • 행성 만들기(스티로폼/ 아이스컵) • 종이컵 이용한 우주선 만들기 • 행성 모양 팔찌 만들기 • 외계인이 사는 행성 퍼즐 • 별자리 그림자 오리기
역할놀이	• 우주인 놀이—우주복, 망원경, 손전등, 상자, 무전기, 우주 효과음 테이프, 우주 모자, 산소통, 외계인 가면 등 • 세계 여러 나라 여행—세계지도, 가방, 여권, 돈, 카메라, 모자, 여행안내책자, 비행기 표, 세계 여러 나라 의상 등 • 하수처리장 견학 • 우주 정거장 만들기 • 골든벨을 울려라—지구와 우주
게 임	• 태양 둘레 돌기 게임 • 포수 놀이(별자리를 바꿔서) • 열 발 뛰기(행성 자리로) • 우주복 입고 별 따오기 • 공룡 뒤집기(육식, 초식)
요 리	• 고구마 찌기 • 야채, 과일 샐러드 만들기 • 별나라 샌드위치 • 세계 여러 나라의 음식—떡볶이, 피자, 햄버거, 자장면 등

(3) 정보 수집

인천 송도 가스 박물관 견학, 별자리와 지구 주위의 위성을 관찰할 수 있는 중미산 천문대 견학 등을 통해 우주의 신비와 지구의 소중함에 대해서 알아보았다.

슬라이드 '인간 달에 서다' 등의 시청각 자료를 준비해 주며, '아깨비 과학여행' 비디오 등 지구와 우주, 태양계 등의 관련된 비디오를 주제에 맞게 사전 활동으로 시청하면서 지구와 우주에 더 흥미를 갖도록 하였다.

2. 활동의 전개

(1) 도 입

'해님과 바람' 동화를 들려주고 태양의 색은 무슨 색일까?, 태양하면 제일 먼저 생각나는 것은, 만약 태양이 없다면 등을 대그룹과 소그룹으로 나누어 토의하면서 주제망을 구성하였다.

(2) 브레인스토밍(Brainstorming)

태양과 달을 서로 비교하여 같은 점과 다른 점을 분류하기도 하고, 공룡과 나와 같은 점과 다른 점을 벤다이어그램으로 비교·분석하였다. 연령에 따라 소그룹으로 그림자 밟기 게임, 우주선 삼행시 짓기, 환경 포스터 만들기, 외계인에 관한 마인드 맵, 공룡에게 편지쓰기, 기하입체로 우주선 만들기, 우주여행을 떠날 때 무엇을 가지고 갈까? 등을 활동으로 전개하였다.

유아들이 실생활에서 경험이 부족하고 난이도가 있는 주제일 때 혼합 연령에서 이야기를 전개하기는 더욱 어렵다. 이런 경우 집으로 가정 활동 조사서를 보내 생활 주제의 내용을 구체적으로 미리 알아올 수 있도록 한다. 주제 활동 중 궁금한 것에 대해서는 질문지를 작성하여 가족과 함께 조사해 오는 활동 조사를 많이 활용하였으며, 유치원에서는 가정에서 조사한 내용을 발표하고 교사들이 미리 준비한 시청각 교재를 통해 주제의 내용을 파악한 후, 대 · 소그룹 이야기 나누기를 진행하여 별 무리 없이 활동이 전개되었다.

이러한 활동 과정을 통해 소그룹 토의 때 높은 연령의 유아들이 설명해 주면서 유도하면 더욱 적극적인 상호 작용과 함께 유아들의 어휘가 풍부해지고 주제에 높은 관심과 흥미를 갖게 된다. 또한 집단 의식과 함께 타인을 배려하는 심성을 경험하게 된다.

3. 평가하기

주제를 마무리하는 단계에서 우리가 살고 있는 지구에는 물, 흙, 공기가 있으며, 태양이 있어서 다행이라는 표현과 함께 고마워하는 마음을 갖게 되었다. 그리고 환경신문을 만들면서 환경은 우리가 지켜야 한다는 강한 의지를 나타내기도 하였다. 주제가 끝나고 난 뒤 한 반씩 무슨 주제로 무슨 활동을 하였는지 경험하는 기회를 가지고 유아들이 서로 활동을 설명해 주었다.

그리고 주제에 관련된 우주, 지구, 행성, 환경 등에 대한 상식을 각 반별로 문제를 작성하여 복습을 한 뒤 유치원 전체 유아들이 강당에 모여 수수께끼를 맞히는 '골든벨을 울려라' 를 진행하면서 '신비한 우주 창조와 생명의 역사' 의 평가를 마무리하였다.

끝으로 각 반별로 정해진 일정에 따라 부모님을 초대하여 전시된 조형물과 활동 내용에 대해 유아들이 설명하는 것으로 주제를 마무리하였다.

4. 교사들의 소감

이번 주제는 유아들이 좋아하고 흥미도 굉장히 많지만 실제 접해보지 않은 추상적인 주제여서 모든 활동을 조형놀이로 접근해 활동을 전개하였다. 유아들이 조형놀이에 흥미가 매우 높아 예술적 조형 놀이에 즐거움을 많이 느꼈다.

4번째 주제 접근이라서 유아들의 토론하는 자세가 제법 진지하였고 비교적 활동이 빠르게 진행되었다. 그리고 유아들의 가장 큰 변화는 반별로 주제 활동을 관찰하면서 다른 친구들의 생각과 자신의 생각을 비교할 줄 아는 자세가 보인다는 점이었다.

주제를 전개하다 보니 주제의 다양함은 있었지만 반별로 너무 여러 가지로 분산되어 교사 혼자 여러 영역을 준비하는 것은 어렵고 부담스러웠다.

그러나 1, 2학기 4가지 정도의 주제를 가지고 접근한 결과 주제에 대해 깊이 있고 여유로운 진행을 할 수 있었다. 다음 연도에는 기존에 진행했던 주제와 함께 한 가지씩만 주제를 첨가한다면 부족한 점을 채우고 더 풍부한 자료를 유아들에게 제공할 수 있을 것 같다.

현장에서 여러 가지 잡무와 행사에 쫓기다 보면 교육에 대한 연구가 소홀하기 쉬운데 전문 연구기관으로부터 지도와 안내를 받고 평가를 받으며 활동을 진행한 것도 좋았다고 생각한다.

Ⅱ 가정 활동 조사서

오염된 환경을 화보 형식으로 조사해서 분석하기, 인공위성 발사년도를 조사하여 큰 수 구성 및 비즈로 표현하기 등을 가정 조사 활동으로 유도하였다.

또 주제가 평소 접해보지 않은 추상적인 것이어서 궁금한 것에 대한 질문지 목록을 유치원에서 조별 토의를 통해 알아보고, 가정에서도 알아보도록 하였다.

현장에서는 하기 힘든 별자리를 조사하여 발표하였으며 별자리에 숨겨져 있는 신화에 대해서도 알아보고, 우리 가족의 별자리도 조사하여 교실에서 통계를 내어보도록 가정과의 연계 교육을 실시하였다(표 5-5, 부록 3, pp. 349~350 참고).

〈표 5-5〉 가정 활동 조사서

대주제 / 소주제	우주 창조와 생명의 역사
별자리	• 가족의 별자리를 알아보세요 (이름과 모양) • 별 묶음 놀이-모두 몇 개일까요? (세강판 응용) • 4계절 별자리에 대해서 알아보아요 • 동시- '별' 의 (　　) 부분을 만들어 보기 • 자기 가족의 별자리 및 별자리 이야기 조사
환 경	• 공룡이 멸망한 이유는? • 환경 신문을 만들어 보아요 • 그림자의 길이 측정 (대상, 시간, 길이 등) • 끝말 이어가기 (그림자 → …) • 달 변화 관찰과 변화에 따른 명칭
태양계	• 태양계의 이름, 주기 조사 • 우주는 무엇이 있을까?(은하수, 우주 정거장…) • 태양과 달의 벤다이어그램 • 태양계 수수께끼 놀이와 게임 • 태양계 행성의 주기만큼 비즈 붙이기 • 태양계 행성들의 특징과 거리 • 우주에는 왜 공기가 없을까?
우주 탐험	• 우주선 발사 및 인공위성 발사년도 조사 (우리나라 최초의 우주선은?) • 우주인이 나오는 영화, 만화를 알아보세요. • 우주여행을 간다면? (누구와, 어떻게, 어디로) • 노래-로켓 (　　) 부분 넣어 가사 바꾸어 보기

III 미술교육을 위한 흥미 영역

다양한 자료와 재활용품을 이용하여 주제를 의식할 수 있도록 관련지어 연구하였으며 여러 가지 조형 놀이를 쉽고 재미있게 할 수 있도록 배려해 주었다. 만 3세는 언어를 시각적으로 인지 할 수 있도록 그림과 관련된 한글을 음절로 이해할 수 있게 칸 안에 **우|주|선** 을 써 놓고, 만 4세는 우|주|선 을 덧 써 보도록 하였으며, 만 5세는 ☐☐☐ 빈 칸만 주고 써 보도록 하였다(표 5-6, 부록 2, pp. 337~340 참고).

〈표 5-6〉 미술 교육을 위한 흥미 영역

신비한 우주 창조와 생명의 역사				
번호	구 분	5 세	6 세	7 세
1	자르기 및 붙이기	해	로켓	별자리 우주선, 태양계
2	펀치 뚫기	공룡	낮과 밤	토성, 구름
3	바느질	초승달	별, 태양	로켓
4	푸싱핀	번개	인공위성	별, 태양계, 우주복
5	스테이플러	별	지구	망원경
6	직조 짜기	초승달, 별똥별	공룡, 우주선	지구본, 보름달
7	종이접기	로켓	태양	별(입체)
8	데칼코마니		쌍둥이자리	우주복
9	반 접어 오리기	캔	별, 구름	천칭자리, 해
10	도장 찍기	날씨 도장 찍기	U. F. O	별

Ⅳ 영역별 환경 구성

모든 영역은 생활 주제의 교육 내용과 관련 있는 내용물로 교체하여 주제에 대한 흥미가 오래 지속될 수 있게 배려하였다. 예를 들면, 별 모형, 달 모형, 공룡 등의 모형으로 모양 찾기, 분류하기, 크기별로 나열하기, 별과 달 패턴 놀이, 달 모양으로 하는 수의 기억 놀이, 별 묶음 놀이를 할 수 있도록 준비하였다(표 5-7 참고).

〈표 5-7〉 영역별 환경 구성

번 호	교 구 제 목	생 활 영 역	비 고
1	스팽글과 쌀을 체 쳐서 옮기기	건강/ 탐구/ 언어	p. 260
2	별 옮기기	건강/ 탐구	p. 260
3	젓가락으로 별 옮기기	건강/ 탐구	p. 260
4	구슬 옮기기	건강/ 표현	p. 260
5	손전등 분해	건강/ 탐구	p. 260
6	거미줄 감기	탐구/ 언어	p. 260
7	공룡 낚시	건강/ 표현/ 탐구	p. 261
8	순서대로 연결하기	표현/ 탐구	p. 261
9	전기가 통하는 것	탐 구	p. 261
10	태양계 수 기억 놀이	건강/ 탐구/ 언어	p. 261
11	연속 수 놀이	탐 구	p. 261
12	줄다리기 +, −	탐 구	p. 261
13	우주 곱셈 놀이	건강/ 탐구	p. 262
14	열쇠 그림자 찾기	탐 구	p. 262
15	별자리 칠교 여행	표현/ 탐구	p. 262
16	공룡 게임	탐구/ 언어	p. 262
17	내륙과 해안	탐구/ 언어	p. 262
18	생명의 역사	탐구/ 언어	p. 262

스팽글과 쌀을 체쳐서 옮기기

별 옮기기

젓가락으로 별 옮기기

구슬 옮기기

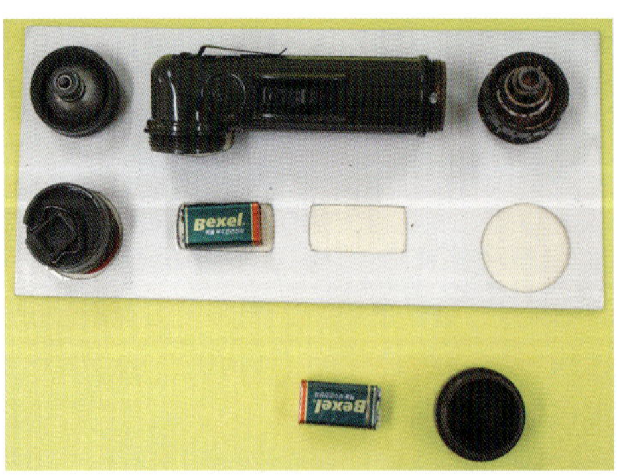

손전등 분해

거미줄 감기

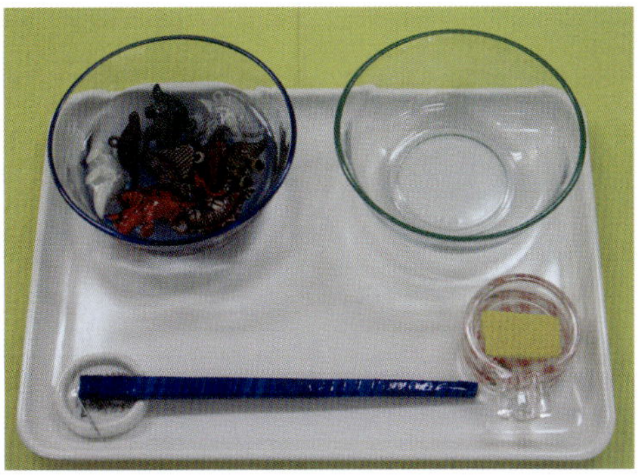

공룡 낚시

순서대로 연결하기

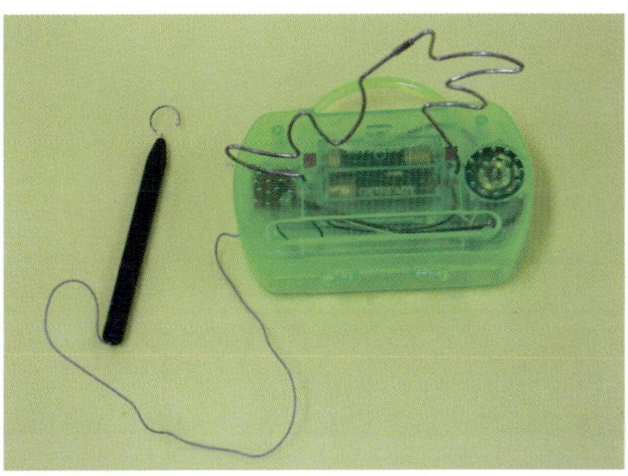

전기가 통하는 것

태양계 수 기억놀이

연속 수 놀이

줄다리기 +, −

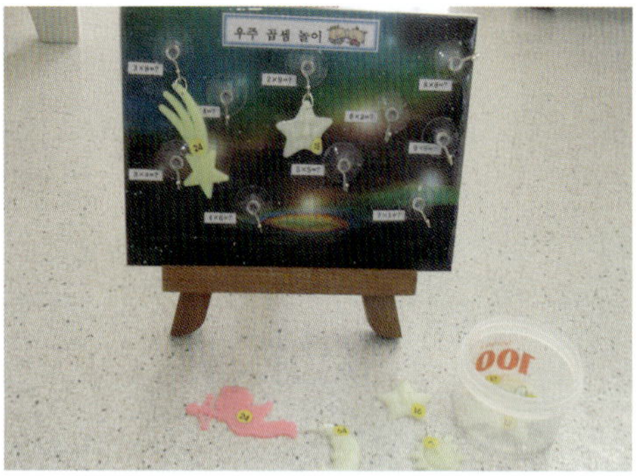

우주 곱셈놀이

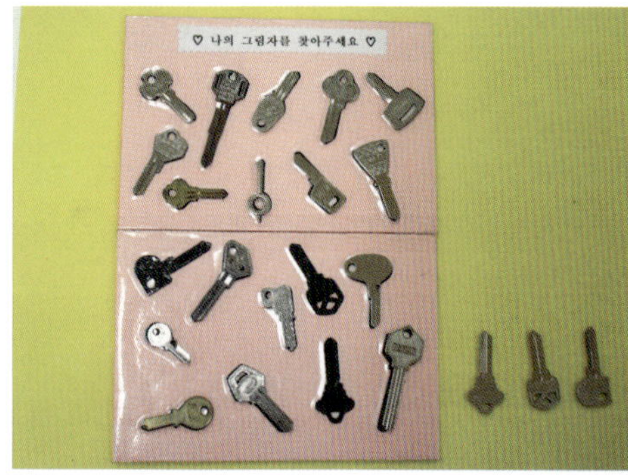

열쇠 그림자 찾기

별자리 칠교 여행

공룡 게임

내륙과 해안

생명의 역사

V 유아 활동 자료

만 3세-먹이사슬을 알아봤어요

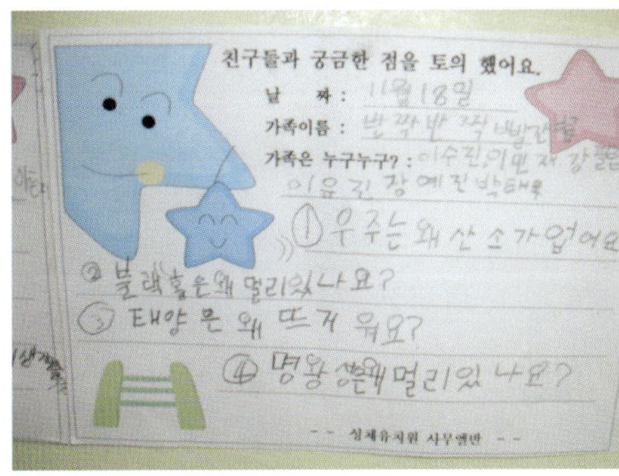

지구와 우주에 대해 궁금해요

외계인에 관한 마인드 맵

재미있게 생긴 우주인-쿠루르

창작동화－외계인아! 지구로 놀러와

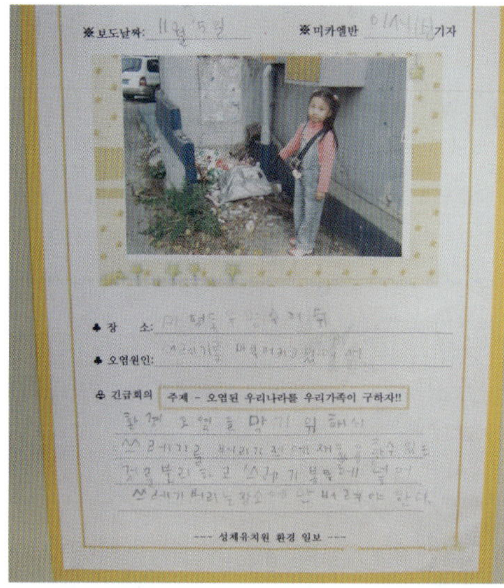

어떻게 하면 우리가 사는 지구를 깨끗이 할 수 있을까?

어떻게 해야 외계인이 지구로 놀러올까?

나의 별자리는 무엇일까요?

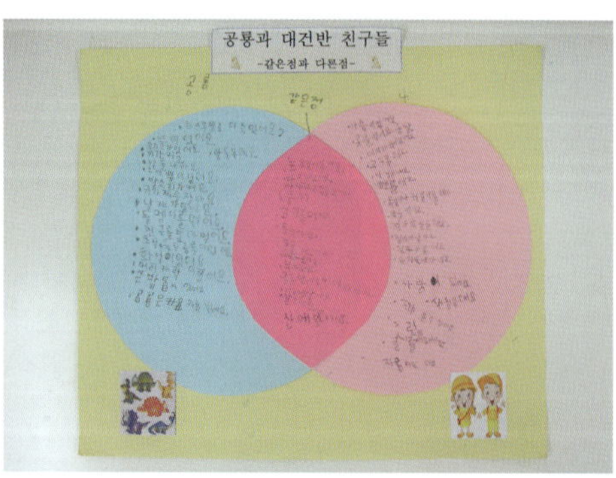

공룡과 나의 밴다이어그램

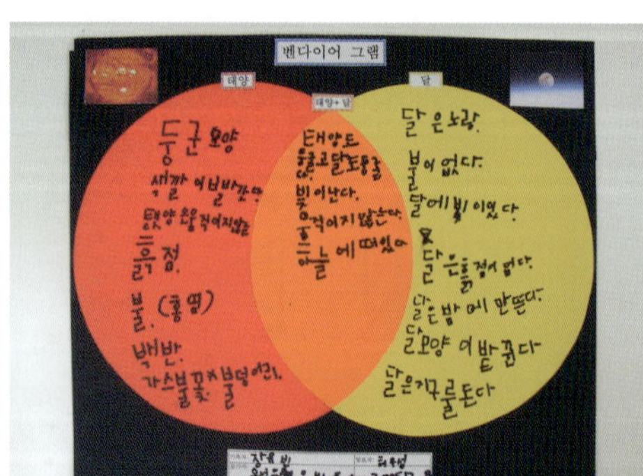

태양과 달의 밴다이어그램

우리가 살고 있는 우주

우주에는 여러 행성들이 있어요

공룡 화석 분포

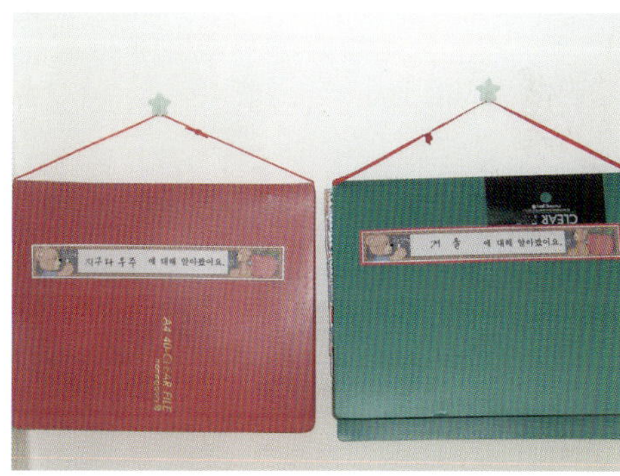

이 파일에 우리가 알아온 지구와 우주가 다 들어있어요

내가 만든 행성은 우주 어디에 있을까?

신비한 우주 세상

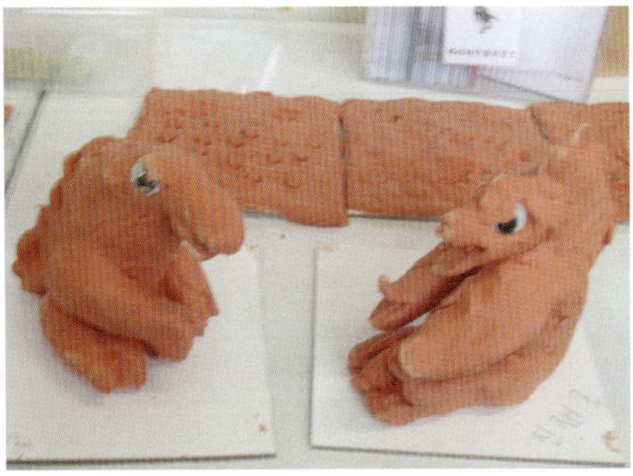

아주 옛날에는 공룡이 살았대

공룡의 몸 속은 어떨까?

외계인이 사는 행성 퍼즐－핑크별

공룡화석

환경 포스터

♬ 아주 옛날엔 사람이 안 살았다는데

화산 실험

오늘은 지구의 날입니다

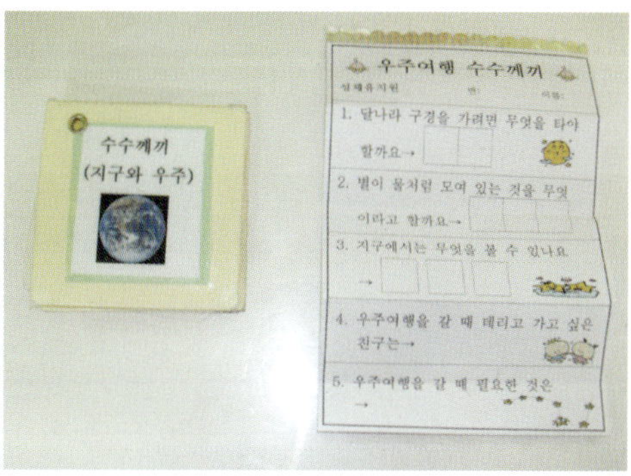

지구와 우주 수수께끼

기하 철판 도형으로 꾸민 우주선

기하입체 바구니로 꾸민 지구

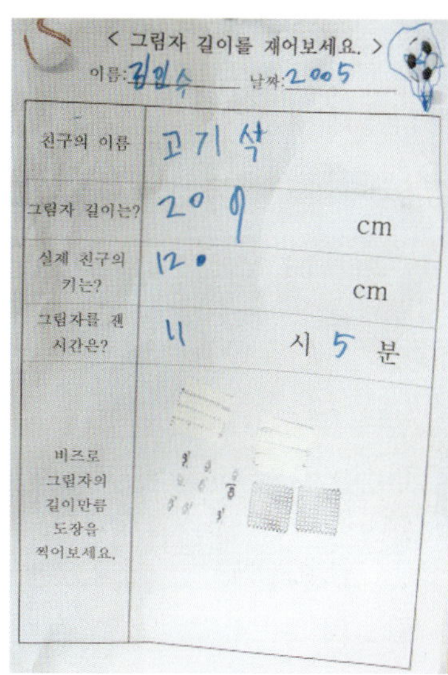

그림자의 길이를 재어 비즈 도장을
찍어보자

기하 도형에 꾸민 나의 별자리

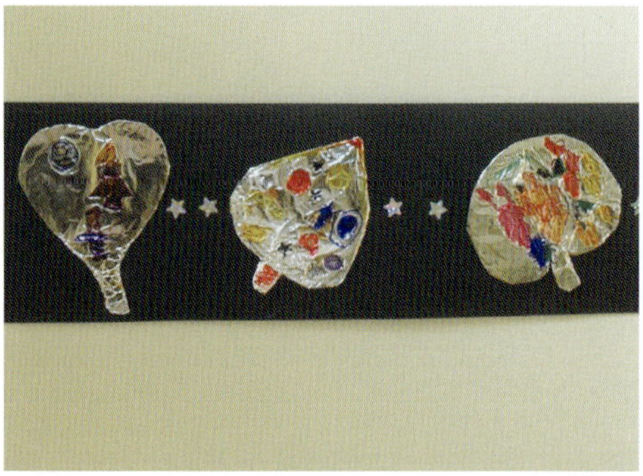

잎의 서랍에 꾸민 은하계

기하도형으로 꾸민 외계인

삼각형 상자 응용-우리 우주선

우리가 살고 있는 지구 속은 어떻게 생겼을까?

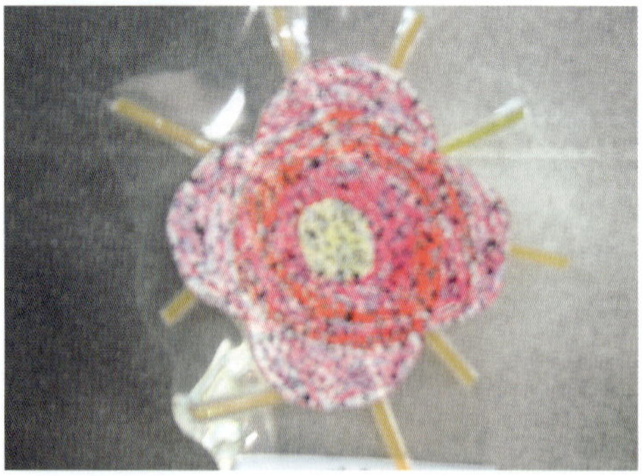

우주에는 꽃십자형 모형의 행성도 있을까?

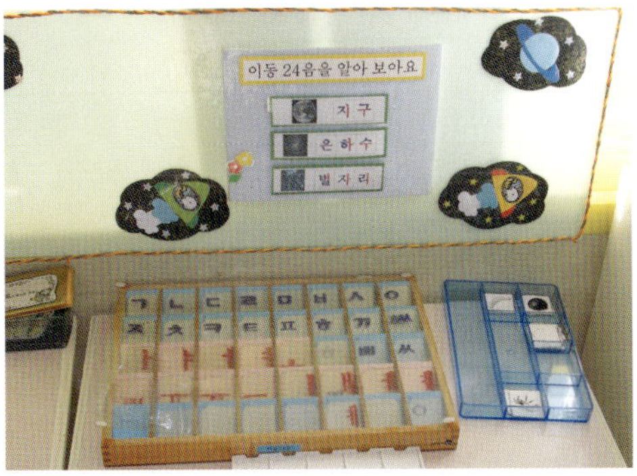

지구와 우주 이동 24음

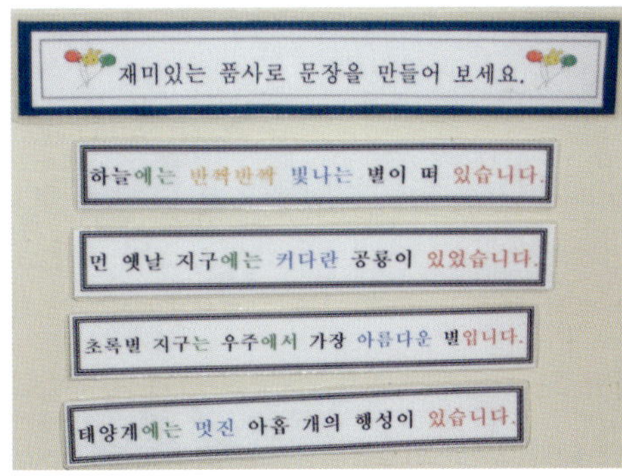

지구와 우주 품사놀이

우리 반 친구들의 별자리를 수막대로 알아봤어요

나는 연속수의 박사님!!

받침을 찾아봐요

여기는 대한민국 우주 기지입니다

VI 창의적 몬테소리 응용 교구

〈표 5-8〉 창의적 몬테소리 응용 교구

번 호	교 구 제 목	생 활 영 역	몬테소리 영역	비 고
1	우주복 입히기	건강/ 표현	일 상	p. 271
2	태양계 푸싱핀	건 강		p. 272
3	패턴 끈 끼우기	건강/ 언어		p. 273
4	빙글 빙글 우주를 돌아요	건 강		p. 274
5	태양계 도미노	건강/ 탐구		p. 275
6	태양계 걸고 떼기	건강/ 탐구		p. 276
7	뜨거운 곳, 차가운 곳	사회/ 탐구	감 각	p. 277
8	무지개다리 건너기	표현 /탐구		p. 278
9	달의 변화 촉각판 맞추기	탐 구		p. 279
10	우주복 기억놀이	탐 구		p. 280
11	암호 찾기	언 어		p. 281
12	별 따기 게임	탐 구	수	p. 282
13	로켓 곱셈 놀이	탐 구		p. 283
14	우주 탐험	탐 구		p. 284
15	형용사 익히기	언 어	언 어	p. 285
16	의성어, 의태어 기억 놀이	사회/ 언어		p. 286
17	이동 24음	언 어		p. 287
18	미로 찾기	언 어		p. 288
19	우주선에 태워 주세요	표현/ 언어		p. 289
20	우주여행 단어 찾기	언 어		p. 290
21	4계절 별자리 판	탐구/ 언어	문 화	p. 291
22	아빠 달 따 주세요	탐 구		p. 292

우주복 입히기

대상연령 만 3~4세 **관련영역** 건강 · 표현생활/ 일상 영역

목 표

- 상황과 장소에 어울리는 옷을 찾아 입혀 본다.

활동자료

- 원통(지름 8㎝×높이 15.5㎝), 코팅지, 우레탄, 부직포, 찍찍이 등 여러 가지 촉감 재료

놀이방법

1. 우주인이 입고 있는 우주복을 만져 본다.
2. 각각의 느낌을 말로 표현해 본다.
3. 원통을 잡고 돌린다.
4. 필름지에 있는 머리, 몸통, 다리의 우주복을 맞추어 우주인의 옷을 갈아 입혀준다.

태양계 푸싱핀

대상연령 만 4세 **관련영역** 건강생활/ 일상 영역

목 표

- 태양계의 위치와 순서를 알아본다.
- 돌림판의 수만큼 핀으로 꽂아보고 수와 양을 일치시킨다.

활동자료

- 게임판－하드보드지(29.5㎝×19㎝), 스티로폼, 행성 그림
- 돌림판－CD활용, 푸싱핀 50개, 스펀지 핀꽂이

놀이방법

1. 태양계의 순서를 알아본다.
2. 두 명의 유아가 순서를 정한다.
3. 돌림판을 돌려 나온 숫자만큼 스티커에 푸싱핀을 꽂는다.
4. 유아 한 명이 먼저 푸싱핀을 꽂은 행성에는 다른 유아가 할 수 없다.
5. 푸싱핀을 많이 꽂는 사람이 이긴다.

패턴 끈 끼우기

대상연령 만 3~4세 **관련영역** 건강 · 언어생활/ 일상 영역

목 표

- 패턴을 인식하고 재연해 보며 시각적 변별력과 협응력을 갖게 한다.

활동자료

- 게임판－하드보드지(22㎝×7㎝), 별스티커 5개
- 패턴 칩－4㎝×4㎝(해, 달, 우주선, 지구, 별 각 4개씩), 풀, 집게, 뽕뽕이

놀이방법

1. 자석이 붙어 있는 4개의 패턴을 읽어본다.
2. 패턴 4개를 삼각대에 붙여 순서를 정한다.
3. 완성된 패턴대로 줄에 그림을 끼운다.
4. 삼각대의 패턴과 비교해 본다.

빙글 빙글 우주를 돌아요

대상연령 만 3세 **관련영역** 건강생활/ 일상 영역

목 표

- 한정된 공간에서 의식적인 신체 조절 능력을 기른다.
- 물리적 지식 활동을 경험하게 한다.

활동자료

- 우주 배경판(지름 19cm) 팽이, 은하수 배경

놀이방법

1. 우주 배경판을 보고 상상 활동을 해본다.
2. 둥근 우주선을 타고 우주 여행을 하듯이 팽이돌리기 놀이를 한다.

태양계 도미노

대상연령 만 3~4세 **관련영역** 건강 · 탐구생활/ 일상 영역

목 표

- 넓은 우주 공간에서 도미노 칩을 자유롭게 구성

활동자료

- 태양계 판－하드보드지(19㎝×18㎝) 1장
- 도미노 칩－플라스틱(3㎝×2㎝) 40개

놀이방법

1. 태양계에는 어떤 행성들이 있는지 알아본다.
2. 태양계 판에 여러 가지 모양으로 도미노 칩을 세운다.
3. 도미노 놀이를 한다.

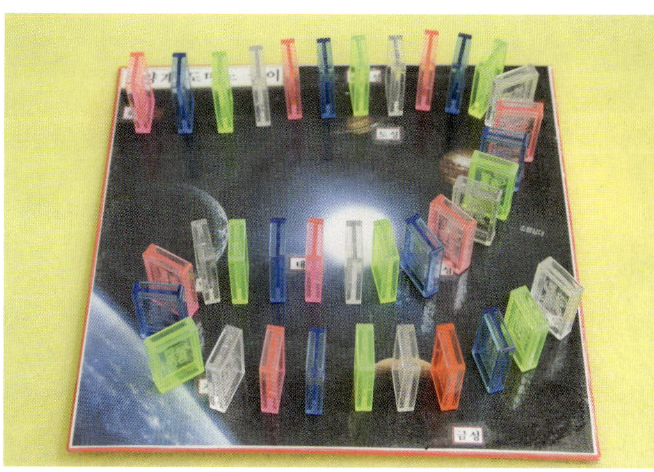

태양계 걸고 떼기

대상연령 만 3~4세 **관련영역** 건강 · 탐구생활/ 일상 영역

목 표

- 태양계의 순서를 알아보고, 걸고 떼기 활동을 통해 눈과 손의 협응력과 신체 조절력을 기른다.

활동자료

- 태양계 행성 칩 10개씩 2세트

놀이방법

1. 태양계 노래를 부른다.
2. 태양으로부터 가까운 순서대로 태양계 가족의 행성 이름을 말해 본다.
3. 태양계의 순서에 맞추어 걸고 떼기를 한다.

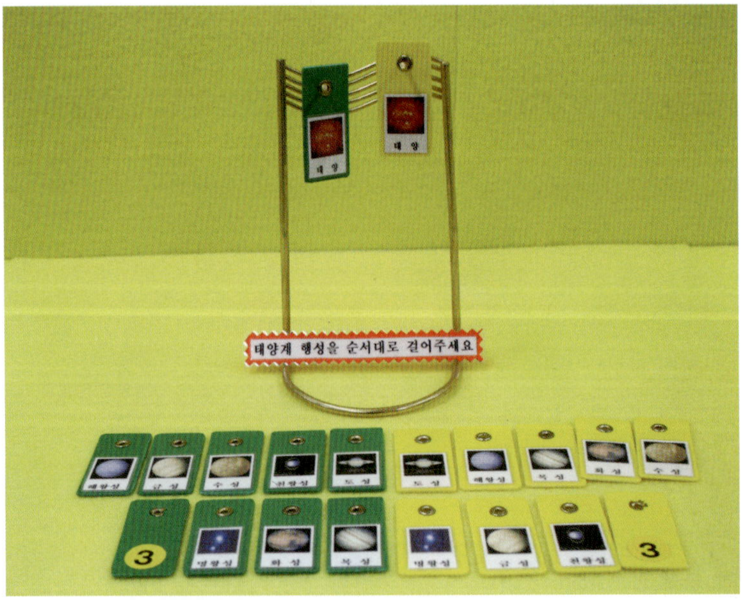

뜨거운 곳, 차가운 곳

대상연령 만 5세 **관련영역** 사회 · 탐구생활/ 감각 영역

목 표

- 세계 여러 나라의 기후를 알아보고 기후에 따른 그 지방의 문화를 이해한다.

활동자료

- 작은 책－하드보드지(11㎝×9.5㎝) 4장, 색지(11㎝×9.5㎝) 7장
- 지름 19㎝ 원형 지구 배경판

놀이방법

1. 작은 책으로 극지방과 적도 지방의 특징을 알아본다.
2. 각 기후의 특징과 현상의 칩을 지구본 배경판의 알맞은 위치에 올려놓는다.

무지개다리 건너기

대상연령 만 4~5세　　**관련영역** 표현 · 탐구생활/ 일상 영역

목　　표

- 자연 현상에 관심을 갖고 색의 혼합 과정, 결과를 인지할 수 있다.

활동자료

- 색판(27㎝×15㎝) 2개, 투명 주사위(삼각뿔) 2개

놀이방법

1. 색판 2를 활동한 후 색혼합을 경험한다.
2. 두 명의 유아가 순서를 정한다.
3. 투명 주사위 2개를 던진다.
4. 던진 주사위의 색을 혼합하여 나오는 색을 찾는다. (정정판 확인)
5. 혼합 색을 찾아 옮겨 다리를 건넌다.
6. 일곱색깔의 무지개 다리를 모두 건넌 유아가 이긴다.

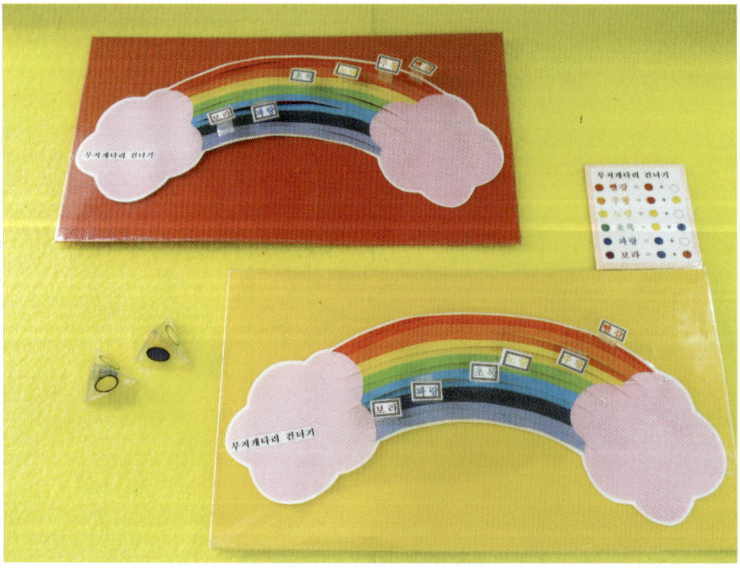

달의 변화 촉각판 맞추기

대상연령 만 4~5세 **관련영역** 탐구생활/ 감각 영역

목 표

- 달의 변화를 손끝으로 만져지는 촉각으로 인지해 본다.
- 달의 변화에 따른 명칭의 변화를 익힌다.

활동자료

- 활동판－하드보드지(34㎝×12㎝), 달 카드 5장(6㎝×11㎝)

놀이방법

1. 달의 모양이 다르게 보이는 이유를 알아본다.
2. 달의 변화에 따른 카드를 찾아본다.
3. 순서대로 촉각으로 찾아 맞춘다.

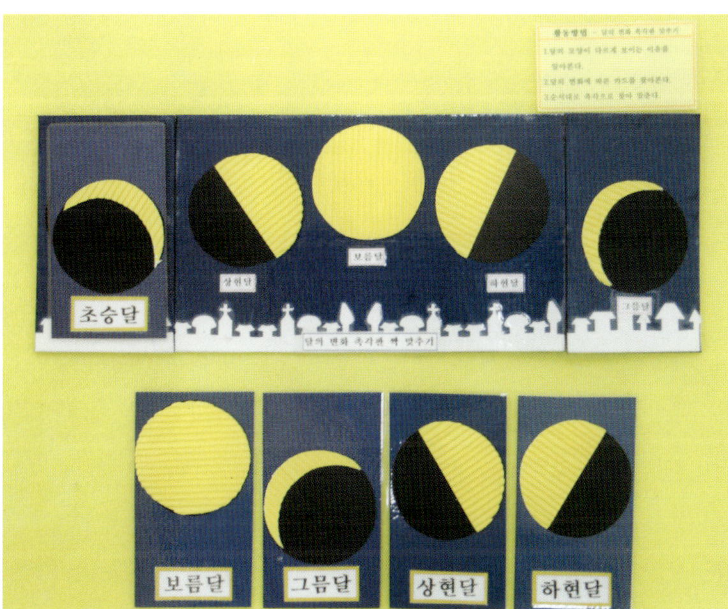

우주복 기억놀이

대상연령 만 3~4세 **관련영역** 탐구생활/ 감각 영역

목 표

- 옷을 입는 바르게 순서에 대해 이야기해 보고 게임을 통해 알아봄으로써 일상생활과 연계해 다른 활동으로 확장해 본다.

활동자료

- 우주복 입는 순서 칩 10개, 삼각대, 스펀지, 핀

놀이방법

1. 빨간 손잡이를 잡아 열어본다.
2. 우주복을 입는 순서의 그림을 보고 순서를 기억한다.
3. 다시 뚜껑을 닫는다.
4. 우주복 입는 순서를 기억하여 차례대로 칩을 놓아본다.
5. 칩 뒤의 번호를 보고 스스로 정정할 수 있다.

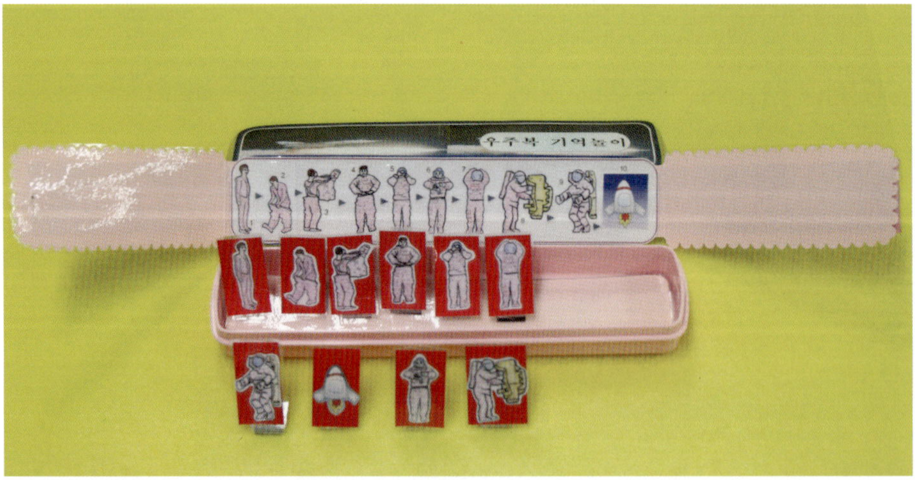

암호 찾기

대상연령 만 5세 **관련영역** 언어생활/ 감각 영역

목 표

- 표현 언어의 기능을 알아보고 글을 읽어야 한다는 필요성을 느끼게 한다.

활동자료

- 투명 통 12개, 동전 12개, 지시문 4장, 암호 책

놀이방법

1. 태양 그림의 지시문을 뽑는다.
2. 지시문의 암호와 같은 모양의 동전을 찾는다.
3. 동전을 투명통에 넣고 뚜껑을 닫는다.
4. 암호를 푸는 책을 보고 암호로 된 단어를 맞힌다.
5. 투명통을 뒤집어서 답을 확인한다.

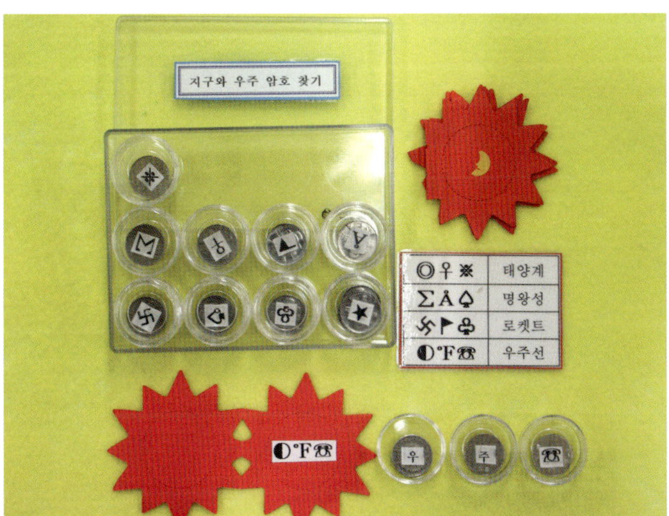

별 따기 게임

대상연령 만 5세　　　**관련영역** 탐구생활/ 수 영역

목　표

- 계절별 별자리를 알아보고 별자리 전설에 대해서 알아본다.
- 게임기에서 나온 수만큼 핀을 꽂아 보는 활동을 통해 수와 양의 일치를 확실히 한다.

활동자료

- 게임판－우드락(25㎝×17㎝) 2장, 별자리 그림(7.5㎝×7.5㎝) 9개씩 2세트, 로또 게임기
- 핀 꽂이판－우드락(25㎝×4.5㎝) 2개, 핀 100개

놀이방법

1. 별자리 책을 보고 별자리의 전설에 대해 이야기를 나눈다.
2. 두 명의 유아가 순서를 정해 각자의 게임판과 핀 50개씩을 나누어 갖는다.
3. 로또 게임기에서 나오는 공의 숫자 중 큰 수에서 작은 수를 뺄셈한다.
4. 답에 해당하는 수만큼 별을 따와 별자리의 빨간 스티커에 꽂는다.
5. 50개를 먼저 꽂는 유아가 이긴다.

로켓 곱셈놀이

대상연령 만 5세 **관련영역** 탐구생활/ 수 영역

목　　표

- 곱셈의 기본 개념을 알고 맞추어 로켓을 완성한다.

활동자료

- 게임판－하드보드지(16㎝×22.5㎝) 2장, 로켓 그림 2장

놀이방법

1. 로켓의 종류와 최초로 쏘아올린 로켓은 어떤 것이었는지 알아본다.
2. 왼쪽 게임판의 곱셈 문제에 해당하는 답을 오른쪽 칩에서 골라 왼쪽 칸에 붙인다.
3. 정답이 쓰여 있는 판을 뒤집어 로켓 그림을 완성한다.

우주 탐험

대상연령 만 5세 **관련영역** 탐구생활/ 수 영역

목　표

- 게임을 통해 덧셈, 뺄셈, 곱셈의 기본 개념을 알고 셈한다.

활동자료

- 게임판－포맥스, 색지(29㎝×25㎝), 6면 주사위(3.5㎝×3.5㎝)
- 우레탄, 하드보드지, 말 2개

놀이방법

1. 우주의 역사에 대해 이야기를 나눈다.
2. 두 명의 유아가 순서를 정한다.
3. 주사위를 던져 해당하는 수만큼 전진 또는 후퇴한다.
4. 곱셈부호가 있는 정거장에 오면 답만큼 더 간다.
5. 도착점에 먼저 도착한 유아가 이긴다.

형용사 익히기

대상연령 만 4~5세 **관련영역** 언어생활/ 언어 영역

목 표

- 밤과 낮의 특징과 개념에 대해서 알아본다.
- 어울리는 형용사를 찾아 어휘력 넓히고 문장 구성력의 기초를 기른다.

활동자료

- 은거울 게임판-고무자석, 밤과 낮의 그림(14.5㎝×14.5㎝), 단어칩 10개

놀이방법

1. 두 명의 유아가 밤과 낮을 정하고 마주 앉는다.
2. 단어를 보고 형용사와 명사를 읽는다.
3. 가위바위보를 하여 이긴 유아는 낮 또는 밤의 그림에 맞는 단어 칩을 붙인다. (스티커 정정)
4. 자기의 단어 칩을 다 붙인 유아가 이긴다.

의성어, 의태어 기억놀이

대상연령 만 3~4세　　**관련영역** 사회 · 언어생활/ 언어 영역

목　표

- 글씨와 그림이 어울리는 짝을 찾아 기억했다가 1 : 1 대응한다.

활동자료

- 게임판－하드보드지(16㎝×16㎝) 2장, 색지(19㎝×19㎝) 2장
- 병뚜껑 16개, 의성어, 의태어 글자 · 그림 칩

놀이방법

1. 두 개의 판에 병뚜껑을 올려놓는다.
2. 한 개의 판에는 그림을 다른 판에는 글자를 보이도록 놓는다.
3. 병뚜껑을 뒤집는다.
4. 서로 짝이 되는 그림과 글자를 기억하여 동시에 뒤집는다.
5. 스티커의 색으로 정정한다.

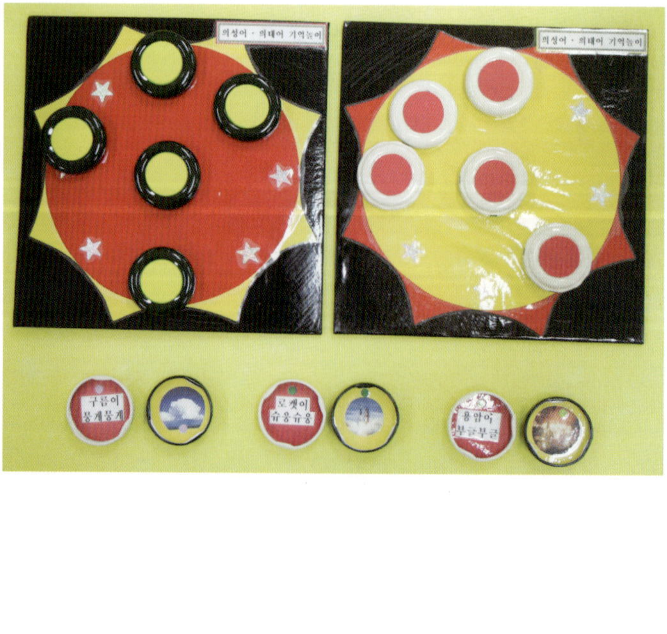

이동 24음

대상연령 만 3~5세 **관련영역** 언어생활 /언어 영역

목 표

- 단어를 분석, 통합해서 정확한 발음으로 도와준다.
- 문장을 구성하고 있는 기본적인 요소를 이해한다.

활동자료

- 책－겉: 하드보드지(19.5㎝×6.5㎝), 이동 24음 활동판
  속: 색지(19㎝×6㎝)

놀이방법

1. 지구와 우주에 관한 문장이 있는 작은 책을 보고 읽는다.
2. 이동 24음 교구를 이용하여 문장을 써본다.
3. 유리용 색연필로 글자를 쓸 수도 있다.

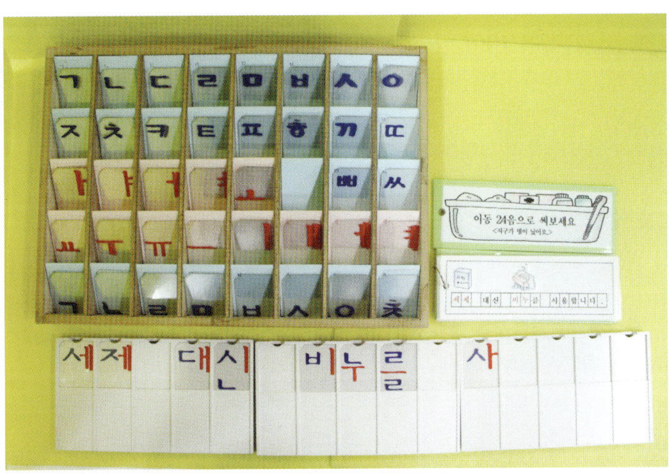

미로 찾기

대상연령 만 4세 **관련영역** 언어생활/ 언어 영역

목 표

- 우주 여행에 필요한 물건을 상상해 봄으로써 상상력을 향상시킬 수 있으며, 언어 및 문화의 창의성을 경험한다.

활동자료

- 활동판–하드보드지(17㎝×21.5㎝) 접힌 부분 제외, 자석판
- 단어 칩 14개(2㎝×2㎝) 뒷면에 자석

놀이방법

1. 접혀 있는 부분을 펴서 로켓을 만든다.
2. 그림을 보고 이름을 말해 본다.
3. 화살표에서 시작하여 미로를 출발한다.
4. 그림에 도착하면 비슷한 두 개의 단어 중 맞는 것을 찾아 놓는다.
5. 두 개의 길 중 미로를 찾을 수 있는 곳을 찾아 맞는 단어를 놓으면서 간다.
6. 비행접시에 도착하여 외계인을 만나면 미로 찾기가 완성된다.

우주선에 태워 주세요

대상연령 만 5세 **관련영역** 표현 · 언어생활/ 언어 영역

목　표

- 글을 읽어야 할 필요성을 알게 한다.
- 지시문을 읽고 그에 어울리는 유아를 찾아 짝을 지음과 동시에 표현력의 기초를 기른다.

활동자료

- 구름 모양 지시책－포맥스, 속지 15장, 뒷면에 번호 스티커
- 유아 행동 칩 15개－여러 가지 포즈와 의상 칩, 뒷면에 자석
- 게임판－하드보드지(14㎝×18㎝), 색지, 자석

놀이방법

1. 구름 모양의 지시책을 본다.
2. 내용에 알맞은 모습을 한 유아를 찾아 로켓 또는 우주에 붙여준다.
3. 유아 뒤에 있는 스티커의 번호와 맞으면 정답이다.

우주여행 단어 찾기

대상연령 만 5세　　　　**관련영역** 언어생활/ 언어 영역

목　표

- 새로운 말을 익혀 어휘를 풍부하게 하고 사용하는 즐거움을 안다.

활동자료

- 삼각대－하드보드지(22㎝×10㎝), 색지(20㎝×12㎝)
- 활동판－하드보드지(11㎝×16㎝) 2장, 색지
- 칩(3㎝×3㎝) 18개, 우주선 말 2개

놀이방법

1. 두 명의 유아가 활동판을 한 개씩 나누어 갖는다.
2. 활동판 아래에 칩을 나열한다.
3. 삼각대의 화살표에서 시작하여 나오는 단어를 차례대로 읽고 찾아 활동판에 올려놓는다.
4. 정확하게 읽지 못하면 칩을 올릴 수 없다.
5. 9개의 칩을 먼저 올려놓는 유아가 이긴다.

4계절 별자리 판

대상연령 만 4~5세 **관련영역** 탐구 · 언어생활/ 문화 영역

목 표

- 계절에 따른 별자리를 알아보고 변별한다.

활동자료

- 게임판－하드보드지, 색지(11㎝×11㎝) 4장, 계절 주사위(정육면체)
- 계절이름 카드－봄, 여름, 가을, 겨울 1개씩
- 각 계절별 별자리 칩 4장씩－16개

놀이방법

1. 두 명의 유아가 판을 2개씩 나누어 갖는다.
2. 봄, 여름, 가을, 겨울에 볼 수 있는 별자리는 무엇이 있을까 알아본다.
3. 가위바위보를 하여 순서를 정한 후 주사위를 던진다.
4. 자기가 갖고 있는 계절이 나오면 별자리 칩을 판에 붙인다.
5. 8개의 칩을 모두 붙이는 유아가 이긴다.

아빠 달 따주세요

대상연령 만 4~5세 **관련영역** 탐구생활/문화 영역

목　표

- 달의 변화를 알고 이해하며, 수와 양의 일치를 경험한다.

활동자료

- 전체판－하드보드지, 검정색지(23.5㎝×17㎝), 은색 반짝이 스티커 8개
- 게임판－하드보드지, 색지(12㎝×12㎝) 2장, 액자 받침(코팅지), 흰색 원형 스티커
- 주사위(각 면에 보름달 3개, 그믐달 2개, 초승달 4개, 상현달 3개, 하현달 4개), 그림(보름달 2개, 상현달 1개, 하현달 1개, 그믐달 1개, 초승달 1개), 달 모양 칩: 우레탄 (보름달 10개, 반달 20개, 초승달 20개)

놀이방법

1. 두 명의 유아가 게임판을 나누어 갖는다.
2. 순서를 정한 후 주사위를 던진다.
3. 주사위에 있는 달 모양을 수만큼 가지고 와서 각자 게임판에 붙인다.
4. 25개의 달을 각자의 게임판에 먼저 붙이는 유아가 이긴다.

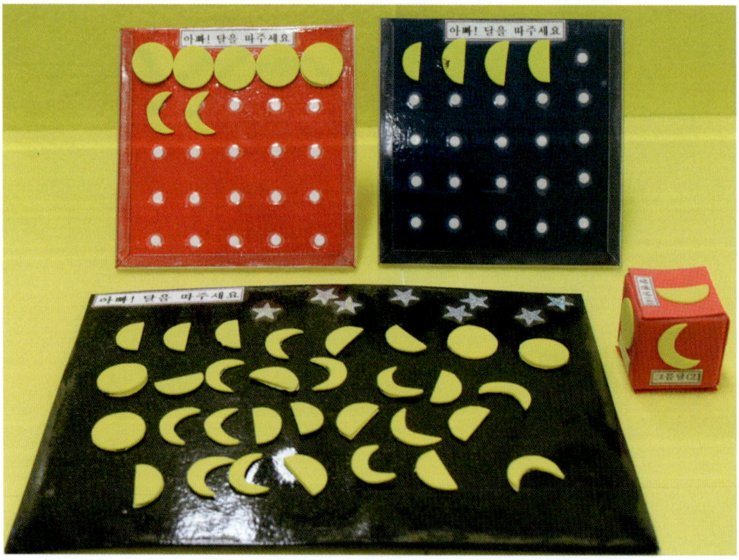

references
참고문헌

강현정 (2000). 몬테소리 유치원의 혼합연령 집단과 동일연령집단 유아간의 사회성 발달 비교. 숭실대학교 교육대학원 석사학위논문.

김성균 (2003). **김성균 동요집 제2집**. 서울: 국민서관.

김순옥 (1993). 일 · 한 유치원 교육과정과 몬테소리 교육의 수용에 관한 연구. 일본상지대학원 석사학위논문.

김순옥 (2003). **원경영 컨설팅**. 서울: 원경영.

김정규 외 (2004). **새로운 주제 중심의 통합적 유아 교육 과정 운영의 실제**. 서울: 정민사.

김지영 (2000). 프로젝트 접근법과 몬테소리 프로그램의 상호작용비교. 신라대학교 교육대학원 석사학위논문.

돈보스꼬몬테소리 교육실천연구소 (1999). **유치원 교육과정과 새로운 몬테소리 교육 접근법**. 서울: 한국 유아교육 정보.

신화식 (1992). **몬테소리 교육 모형**. 서울: 양서원.

심성경 외 (1997). **주제접근에 의한 통합적 유아교육과정**. 서울: 다음세대.

안경수 외 (2001). **프로젝트 접근법의 활용**. 서울: 다음세대.

오문자 외 (1997). **레지오 에밀리아의 유아교육**. 서울: 정민사.

유치원 교육활동 지도자료 (1998). 서울: 교육부.

유치원 새 노래 (2002). 서울: 아름출판사.

6차 유치원 교육과정 개정 시안 (1992). 한국 교육학회 유아교육 연구회.

이정환 외 (1995). **유치원 교육과정 운영의 실제**. 서울: 교문사.

전명자 (1996). 우리나라 유치원에서의 프로젝트 접근법 적용실려와 제안점. **월간유아 4월**, pp.210-221.

중앙대학교 사범대학 부속유치원 편 (1997). **활동중심 통합교육과정**. 서울: 양서원.

지옥정 역 (1996). **프로젝트 접근법**. Sylvia C. Chard의 *The project approach*. 서울: 창지사.

한국교육학회 유아교육연구회 (1998). 6차 유치원 교육과정 개정 시안. 서울: 한국교육학회 유아교육연구회.

한국유아교육협회 (1999). 유아에게 적합한 통합 교육 활동. 유아교육 제22호. 한국 유아교육 협회.

한양대학교 한국교육문제 연구소 (1995). 영 · 유아 탁아 및 종일제 프로그램의 발전 방향. 한양대학교 한국교육문제 연구소.

허문선 역 (2004). 꼬마 삼보 이야기. 서울: 계림.

Gettman, D. (1987). *Basic Montessori-learning activities for under fives*. N.Y.: St. Martin' s press.

Jacoby, M. (1982). *Rational for sensorial area, the constructive triangle*. N.Y.: The American Montessori society, Vol. IX, NO 1, Winter.

Lillard, P. P. (1972). *Montessori a moden approach*. N.Y: Schocken Books Inc.

Montessori, M. (1965). *Dr. Montessori' s own handbook*. N.Y.: Schocken Books Inc.

Montessori, M. (1967). The absorbent mind. New York: A Laurel Book.

Teacher Training Program (1986). Association Montessori Internationale Institute of Los Angeles, Inc. Association Montessori Internationale.

蘭野降監 譯 (1984). 創造する子供. エソデルレ書店.

松浦鶴造 (1989). モンテッソリ 教育の研究. 五月書店.

市丸成人 (1984). モンテッソ-リ 教育入門. 學研.

R. テケリ-ス/L. エルハ-ワ. 加藤泰參監 (1992). ピアシェ理論と幼兒教育の實踐(上, 下巻). 北大路書店.

平野智美 (1993). モンテッソ-リ 教育現狀と課題. 日本モンテッソ-リ. 綜合研究所.

平野智美他 譯 (1982). モンテッソリ教育學. エソデルレ書店.

네이버 http://www.naver.com

야　후 http://www.kr.yahoo.com

에듀넷 http://www.edunet4u.net

에드피아닷컴 http://www.edpia.com

부 록

1. 창의적 몬테소리 응용교구 제작 원본
2. 흥미 영역
3. 주제별 가정 활동 조사서
4. 유아들의 생각 모듬지

1

창의적 몬테소리
응용교구 제작 원본

날씨를 알려드립니다

■ 오늘 서울의 날씨는 맑겠습니다.
빨래가 잘 마르며 나들이하기 좋은 날씨입니다.

■ 내일 제주도 앞바다에는 태풍에 의해 강한 바람이 불겠습니다. 창문이나 지붕을 잘 손질해두시고, 외출을 하지 마시기 바랍니다.

■ 오늘 경기도의 날씨는 맑은 다음 차차 구름이 많아져서 흐리겠습니다. 교통안전에 주의하시기 바랍니다.

■ 오늘 충청남도의 날씨는 흐린 후 차차 맑아지겠습니다.
야외에서 운동하기 좋은 날씨입니다.

■ 내일 함경북도와 함경남도는 눈이 내리겠습니다.
감기에 걸리지 않도록 따뜻한 옷을 입으세요.

■ 전라북도는 오늘 오후부터 구름이 많이 끼다가 내일 오전부터 비가 계속 내리겠습니다.
우산을 꼭 준비하시기 바랍니다.

■ 오늘 강원도는 비가 내린 후 무지개가 뜨겠습니다.
일곱가지 빛깔의 아름다운 무지개를 보시기 바랍니다.

■ 내일 경상남북도에서는 천둥번개와 함께 소나기가 강하게 내리겠습니다.
외출했을 때 사고가 나지 않도록 주의하시기 바랍니다.

일기예보판

함경북도
평안북도
함경남도
평안남도
황해도
강원도
서울특별시
울릉도
경기도
독도
충청북도
충청남도
경상북도
전라북도
경상남도
전라남도
제주도

날씨와 우리 생활

맑음

• 날씨가 맑을 때는 무엇을 할까요?

태풍

• 태풍이 불면 어떻게 해야 할까요?

흐린 다음 맑음

• 날씨가 흐린 다음 맑아졌어요. 무엇을 하고 싶은가요?

천둥

• 천둥번개가 치면 어떻게 해야 할까요?

맑은 다음 흐림

• 날씨가 맑은 다음 흐려졌어요. 무엇을 하고 싶은가요?

무지개

• 비가 온 뒤 하늘에 무지개가 떴어요. 어떤 느낌이 드나요?

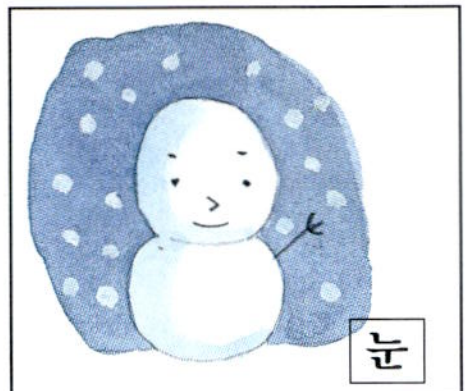

• 눈이 많이 내릴 때는 어떻게 해야 할까요? 무엇을 하고 싶은가요?

• 비가 오면 무엇을 준비해야 할까요?

• 하늘에 떠있는 구름을 보면 어떤 생각이 나나요?

병아리 패턴 책

여러 가지 봄의 색깔을 느껴 보아요

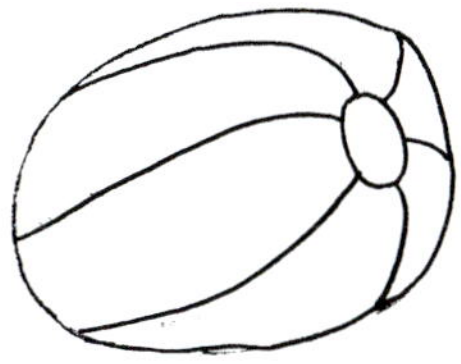
참외

병아리

나비

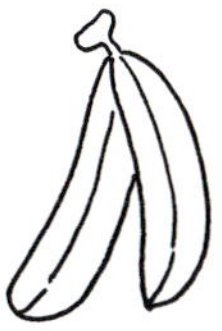
바나나

컵

사탕

구두

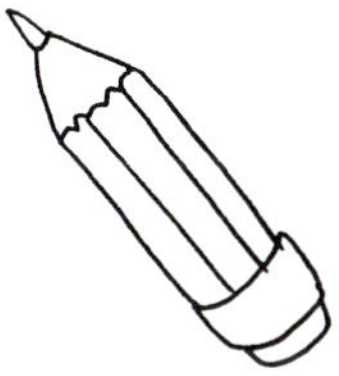
연필

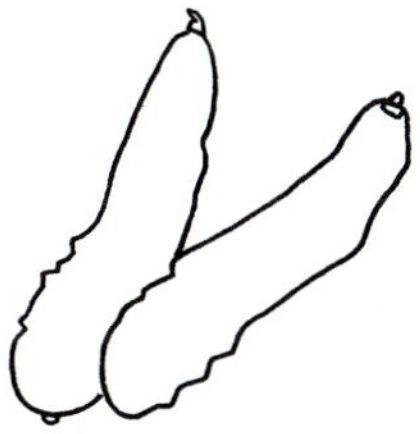
오이

나무

화분

올챙이

피아노

마이크

파리

제비

라디오

병

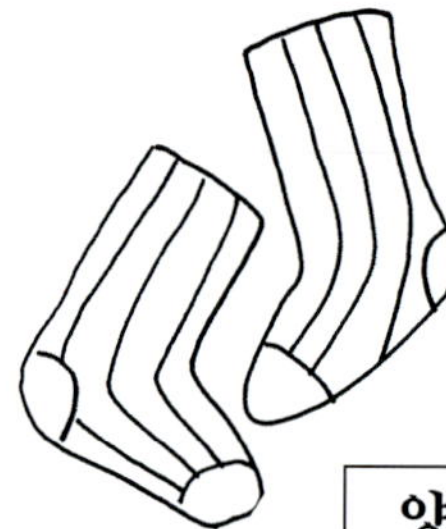

양말

연못

가지

바지

포도

풍선

나는 진달래입니다.
꽃잎이 분홍색이지요.

개나리는 노란 색입니다.
꽃잎은 작지만, 키가 커요.

나는 개미입니다.
나는 까맣고 몸이 아주 작아요.

봄의 색깔

나는 청개구리입니다.
내 몸은 초록색이고, 얼룩무늬가 있어요.

하늘이 맑습니다.
하늘색은 아름다워요.

붓꽃은 보라색입니다. 옛날 선비들이 쓰던
붓을 닮아서 붓꽃이라고 하지요.

■ 진달래와 같은 색의 친구를 찾아주세요.

■ 개나리와 같은 색의 친구를 찾아주세요.

■ 개미와 같은 색의 친구를 찾아주세요.

■ 붓꽃과 같은 색의 친구를 찾아주세요.

■ 하늘과 같은 색의 친구를 찾아주세요.

■ 청개구리와 같은 색의 친구를 찾아주세요.

씨앗을
심다
물을
주다
땅을
파다
꽃이
피다
개구리가
뛰다
새싹이
돋다
병아리가
걷다
비가
온다
나비가
날다
개미가
기다

나비와 꽃
박 화 목
틈에
(산골짝) (바위)
찾아서 한 마리
(진달래꽃) (나비)
야
(노랑나비)
나비와 은 말이 있나봐.
(꽃)
둔덕 밑에 이
(민들레꽃)
외진 곳에 피었어도..
봄바람이 들에게
(나비)
소식을 살며시
(꽃)

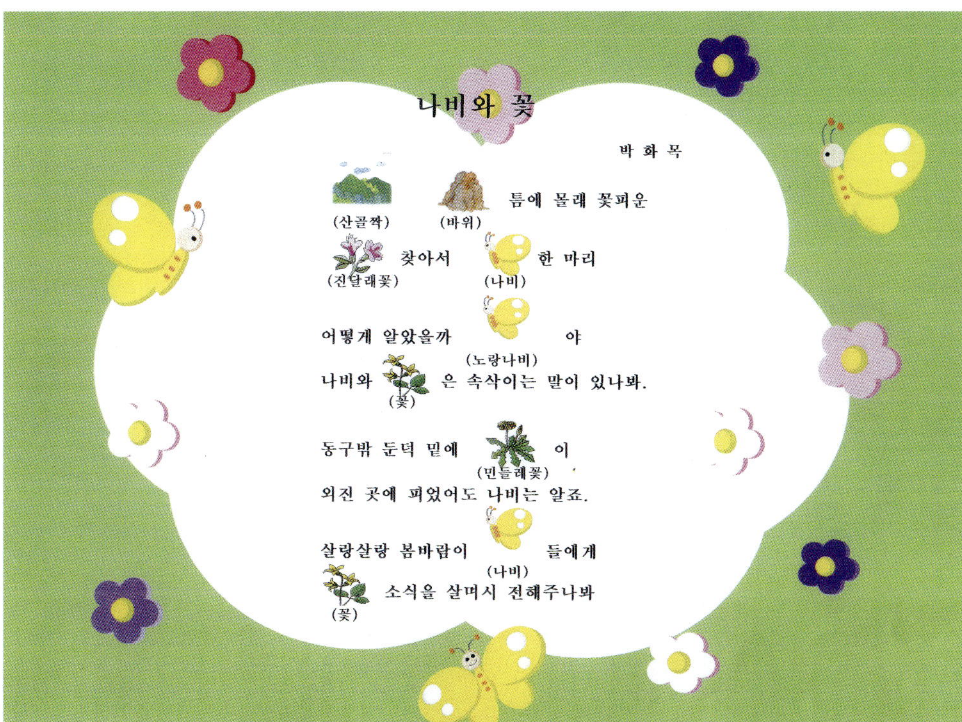
나비와 꽃
박 화 목
틈에 몰래 꽃피운
(산골짝) (바위)
찾아서 한 마리
(진달래꽃) (나비)
어떻게 알았을까 야
(노랑나비)
나비와 은 속삭이는 말이 있나봐.
(꽃)
동구밖 둔덕 밑에 이
(민들레꽃)
외진 곳에 피었어도 나비는 알죠.
살랑살랑 봄바람이 들에게
(나비)
소식을 살며시 전해주나봐
(꽃)

나비와 벌 비교 벤다이어그램

나비와 벌의 공통점	
날개가 있어요	꿀을 먹어요
더듬이가 있어요	알을 낳아요
꽃가루를 옮겨요	곤충이에요

나비의 특징	
날개 색깔이 여러 가지예요	나풀나풀 날아요
대롱 같은 입이 있어요	수컷의 날개에서 독특한 냄새가 나요

벌의 특징	
침이 있어요	팔각형의 집을 짓고 살아요
날 때 윙윙 소리가 나요	함께 춤을 추며 방향을 알려줘요
여왕이 있어요	

몰래 꽃피운 | 어떻게 알았을까 | 동구밖

나비는 알죠. | 살랑살랑 | 전해주나봐

아파트 평면도 짝짓기 ×2

11평	18평	23평
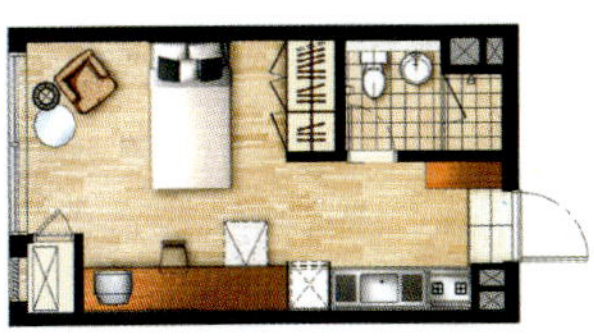		
34평	**45평**	**54평**
	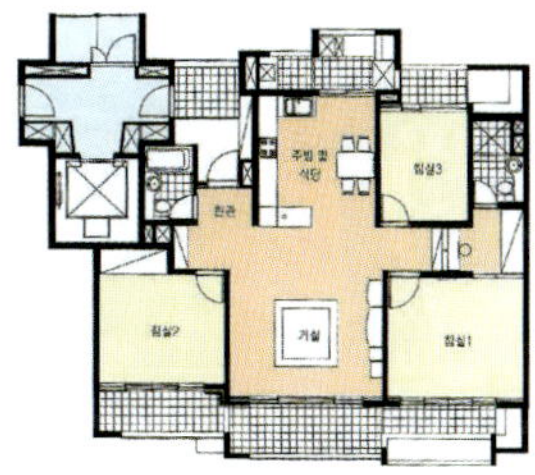	

×2

평수만큼 비즈 놓기

11평	18평	23평	34평	45평

54평

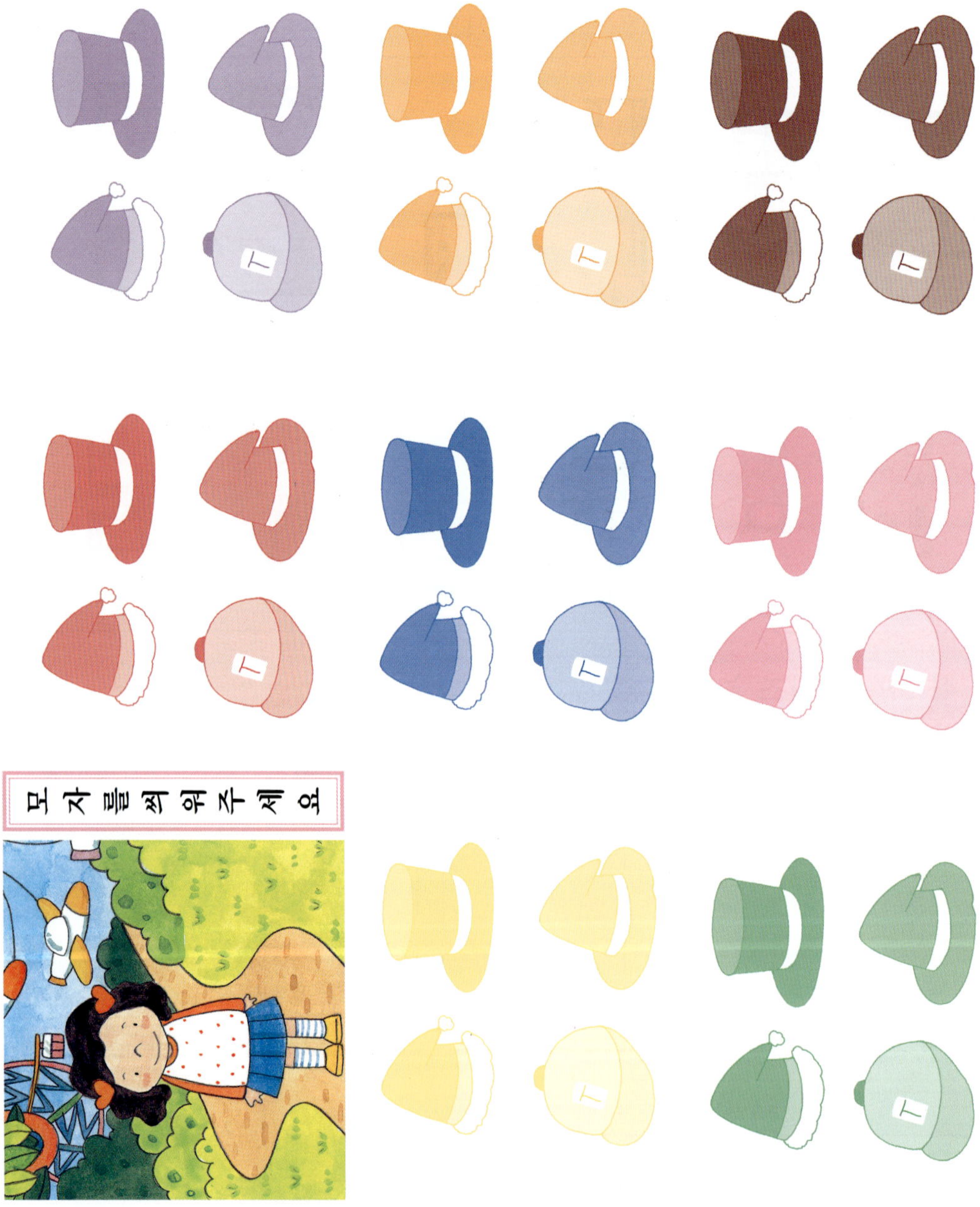
모자를 씌워주세요

색 / 모자 모양	빨간색	노란색	파란색	초록색	분홍색	보라색	주황색	갈색

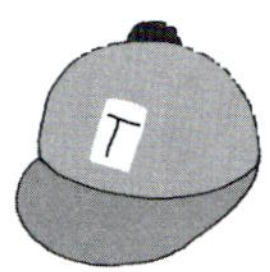								

영희는 노란색 야구 모자를
쓰고 있습니다.

영희는 파란색 마법사 모자를
쓰고 있습니다.

영희는 빨간색 털 모자를 쓰
고 있습니다.

영희는 초록색 중절 모자를
쓰고 있습니다.

영희는 분홍색 마법사 모자를
쓰고 있습니다.

영희는 갈색 야구 모자를
쓰고 있습니다.

모자의 종류

모자를 씌워 주세요

내 방을 찾아주세요

내 방을 찾아주세요

오른쪽 +2

아래로 −2

위 로 +1

가고 싶은 곳으로 +1

왼 쪽 −2

꽝! 다음 기회에…

김 (金)	박 (朴)	이 (李)
양 (梁)	정 (鄭)	진 (津)
노 (盧)	조 (曺)	유 (柳)
최 (崔)	서 (徐)	고 (高)
신 (申)	안 (安)	민 (閔)
공 (公)	전 (全)	허 (虛)

가족여행 수수께끼

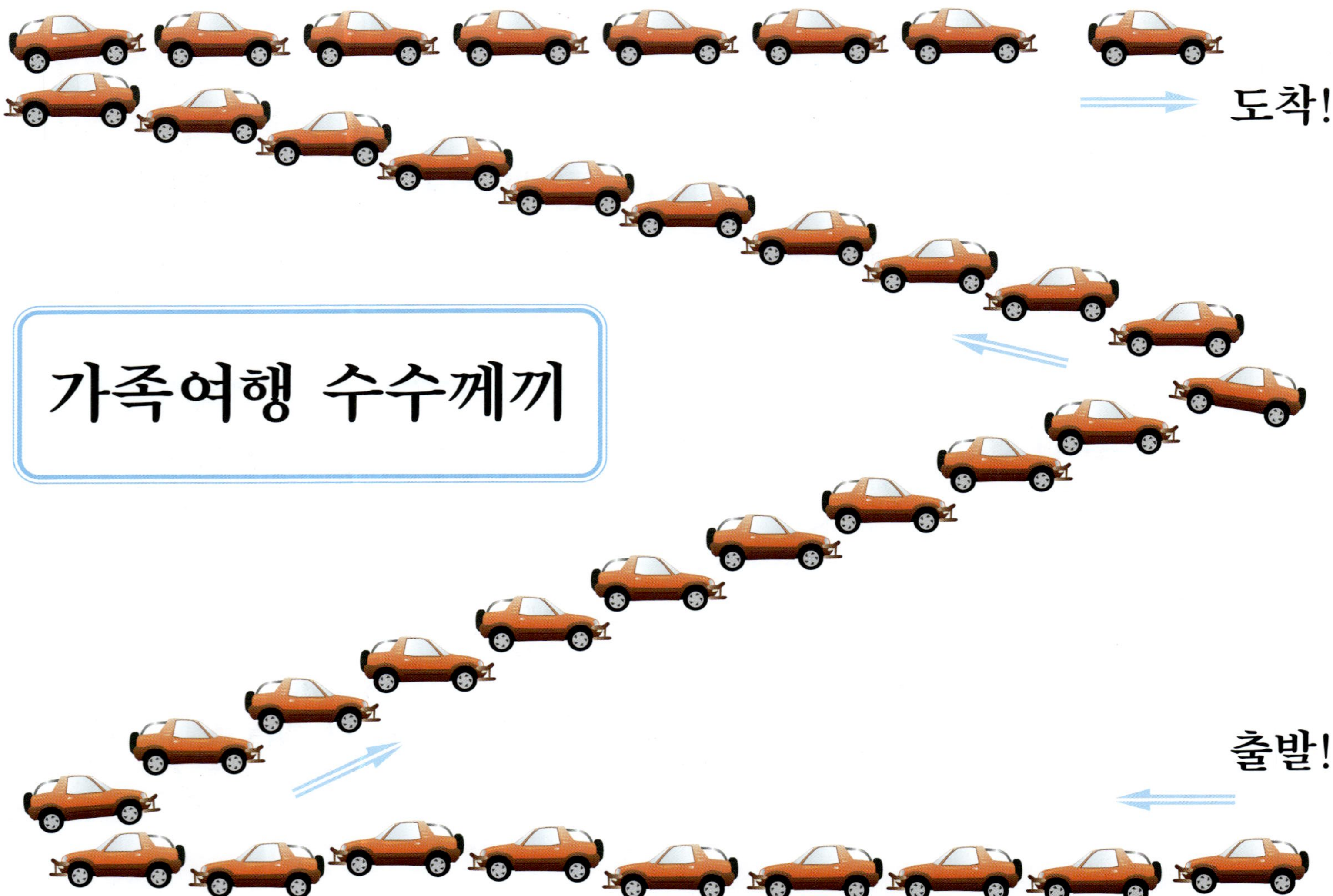

야외에서 음식을 만들거나 담아서 먹을 때 사용하는 도구는?	세수, 목욕할 때 거품을 내어 사용하는 것은?	야외에서 식사를 할 수 있도록 싸서 준비하는 것은?
정답: 코펠	정답: 비누	정답: 도시락
야외에서 캄캄한 밤에 사용하는 전등은?	여행갈 때 메고 가는 가방은?	세수하고 나서 물을 닦을 때 사용하는 것은?
정답: 손전등	정답: 배낭	정답: 수건
운동할 때 신는 신발은?	수영할 때 입는 옷은?	길을 찾을 때 보는 종이는?
정답: 운동화	정답: 수영복	정답: 지도
동, 서, 남, 북 방향을 찾을 때 사용하는 것은?	여름에 물놀이 할 때 신는 신발은?	집은 아니지만 잘 때 펴서 사용하는 것은?
정답: 나침반	정답: 샌들	정답: 텐트
물을 담아서 갖고 다닐 때 사용하는 통은?	여행갈 때 씻는 도구를 모은 것은?	햇빛을 가릴 때 머리에 쓰는 것은?
정답: 물통	정답: 세면도구	정답: 모자

삼보 아빠의 이름은?	아빠와 엄마가 삼보에게 사준 우산의 색깔은?	삼보가 네 번째 호랑이에게 준 것은?
정답: 잠 보	**정답:** 초록색	**정답:** 초록색 우산
삼보 엄마의 이름은?	모두 몇 마리의 호랑이를 만났는가?	호랑이들은 왜 싸우고 있나?
정답: 맘 보	**정답:** 4마리	**정답:** 누가 더 훌륭한 호랑이인가 서로 다투고 있음
아빠와 엄마가 삼보에게 사준 윗옷의 색깔은?	삼보가 첫 번째 호랑이에게 준 것은?	호랑이들이 사라진 자리에 남은 것은?
정답: 빨간색	**정답:** 빨간색 셔츠	**정답:** 기름(버터)
아빠와 엄마가 삼보에게 사준 바지의 색깔은?	삼보가 두 번째 호랑이에게 준 것은?	녹은 기름으로 엄마 맘보가 만든 것은?
정답: 파란색	**정답:** 파란색 바지	**정답:** 핫케이크
아빠와 엄마가 삼보에게 사준 신발의 색깔은?	삼보가 세 번째 호랑이에게 준 것은?	삼보가 먹은 핫케이크는 모두 몇 개일까?
정답: 보라색	**정답:** 보라색 신발	**정답:** 169개

창형

바늘형

역삼각형

선형

원형

계란형

화살형

신장형

타원형

심장형

삼각형

주걱형

×4장

창형	바늘형	역삼각형	선형	원형
계란형	화살형	신장형	타원형	심장형
삼각형	주걱형			

×4장

잎의 서랍	수	잎의 서랍	수
 원형	50	 화살형	20
 창형	30	 신장형	30
 바늘형	10	 타원형	70
 역삼각형	40	 계란형	60
 선형	50	 삼각형	80
 심장형	90	 주걱형	10

올림픽 픽토그램 게임

지구와 우주 암호 찾기

여러 가지 우주 단어의 이름이 숨어 있어요.
암호를 풀어 우주의 이름을 알아보세요.

※ 계	◎ 태	Å 왕	▶ 의	⌘ 반	☏ 선	⬆ 가
Σ 명	⚜ 켓	₩ 서	°F 주	◐ 우	♀ 양	
$ 태	§ 별	卍 로	♤ 성			

◎ ♀ ※	태양계
Σ Å ♤	명왕성
卍 ⚜	로켓
◐ °F ☏	우주선

형용사 놀이

형용사 놀이

형용사 놀이

밤	둥근 보름달	캄캄한 밤	밝은 별	눈썹 같은 초승달	고요한 밤
낮	하얀 구름	뜨거운 태양	노란 꽃	긴 무지개	맑은 하늘

눈	썹		같	은		초	승	달

밝	은		별

맑	은		하	늘

고	요	한		밤

긴		무	지	개

둥	근		보	름	달

캄	캄	한		밤

2

흥미 영역

나뭇잎을 오려서 붙여 주세요–나무

반 이름:

데칼코마니–새

새

반 이름:

솜공 붙이기–봄동산(색비즈)

반 이름:

펀치 뚫기–봄비

반 이름:

푸싱핀–점심시간

반 이름:

1

2

직조짜기–튤립

반 이름:

3

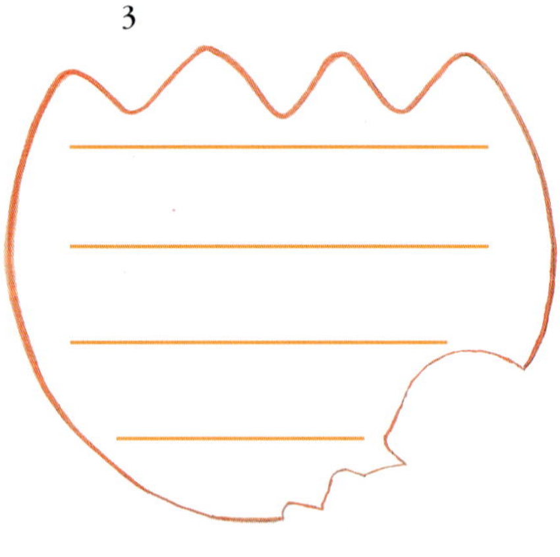

스테이플러–모자

반 __________ 이름: __________

바느질–달걀

반 __________ 이름: __________

고리 연결하기–나무

3

반 __________ 이름: __________

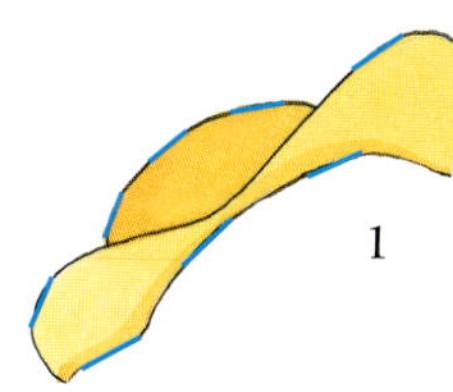

1

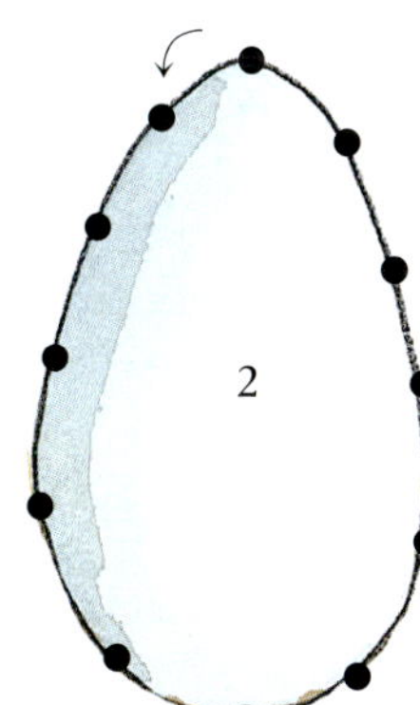

3

펀치 뚫기–생일축하

생	일	축	하

______________ 반 이름: ______________

1

2

3

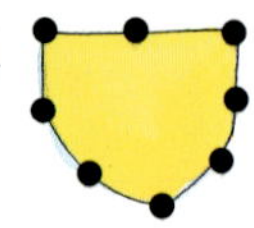

바느질 하기–가족

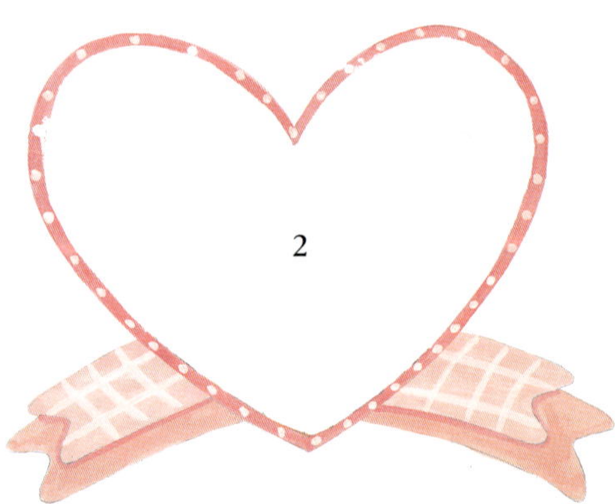

______________ 반 이름: ______________

바느질 하기–앞치마

앞	치	마

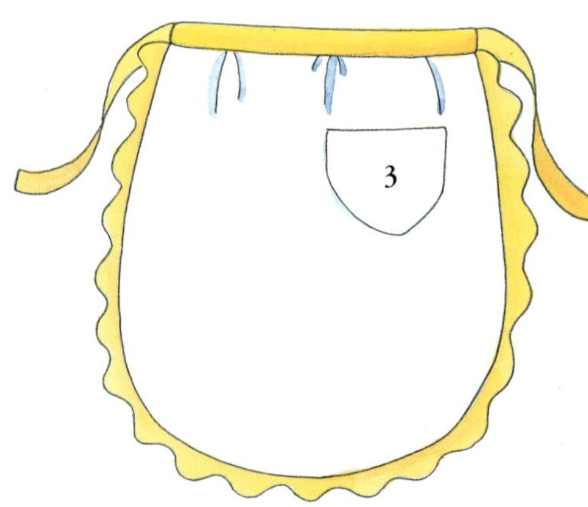

______________ 반 이름: ______________

테칼코마니–프라이팬

반 이름:

붙이기–숟가락

반 이름:

푸싱핀–우리 집

반 이름:

1

2

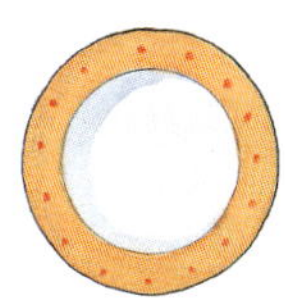

3

4

5

스테이플러—가족 사진

반 이름:

반접어 오리기—요리사

반 이름:

종이 접기—의자

반 이름:

2

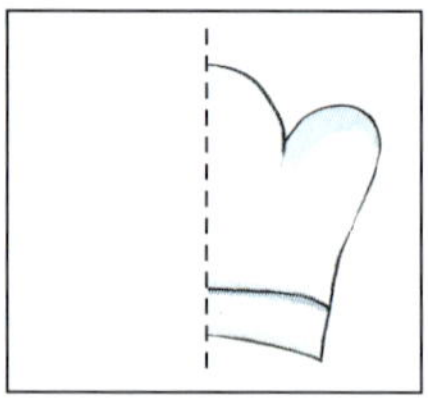

1

직조짜기–가족놀이

1

반 이름:

펀치 뚫기–하와이춤

반 이름:

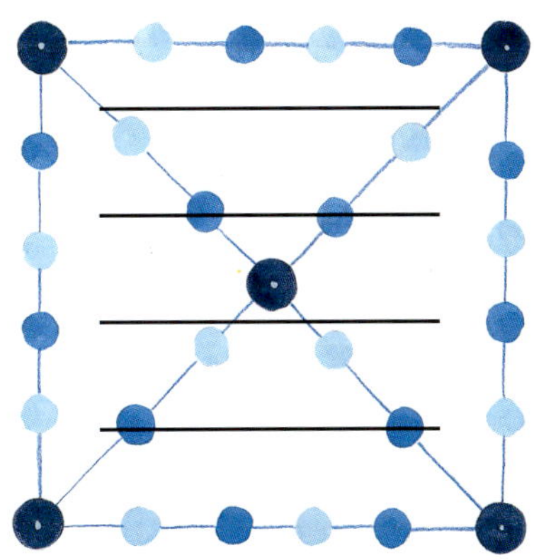

1

2

펀치 뚫기–세계지도

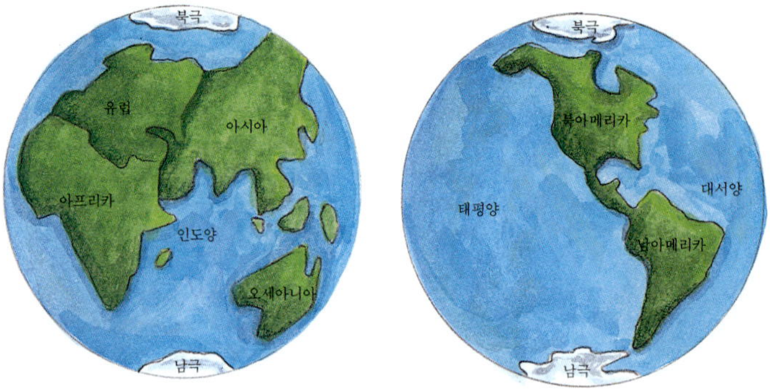

□□□□

_________ 반 이름: _________

색쌀 붙이기–김마끼

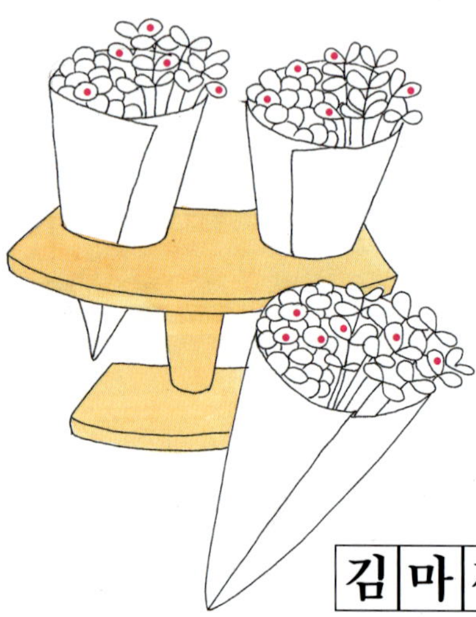

김마끼

_________ 반 이름: _________

실 붙이기–기구

□□

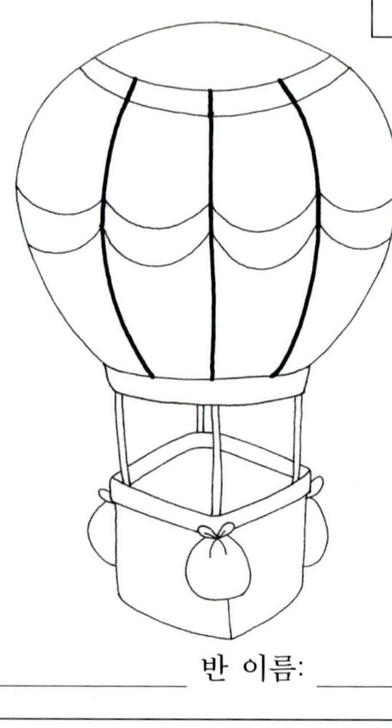

_________ 반 이름: _________

바느질–중국

반 이름:

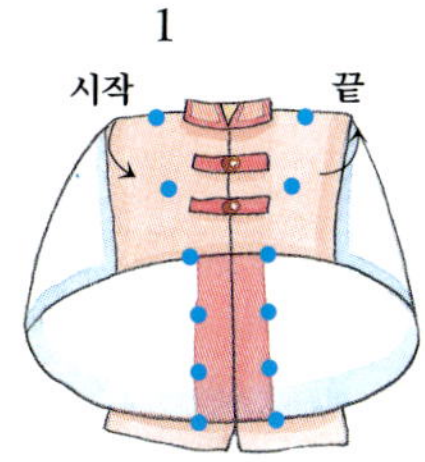

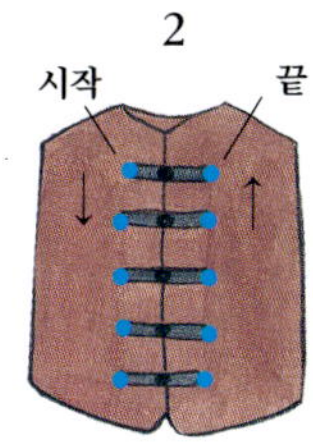

푸싱핀–지구본

반 이름:

직조짜기–투우사

반 이름:

데칼코마니–펜싱

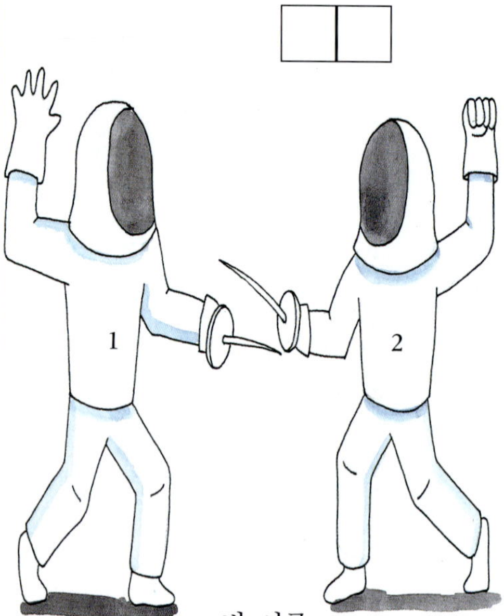

반 이름:

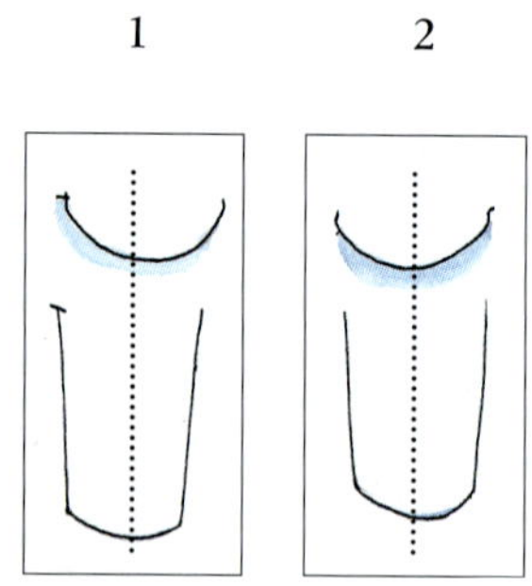

고리 연결하기–국기

세계 여러 나라의 국기를 넣어 연결하기

반 이름:

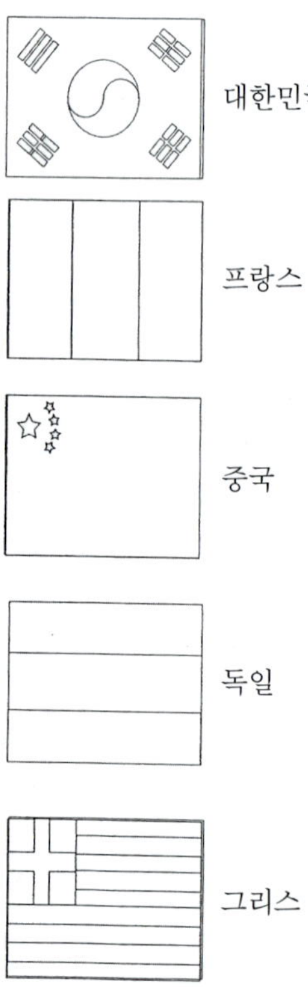

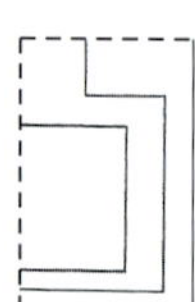

펀치 뚫기—공룡

공	룡

반 이름:

바느질—로켓

반 이름:

반접어 오리기—천칭자리

반 이름:

1

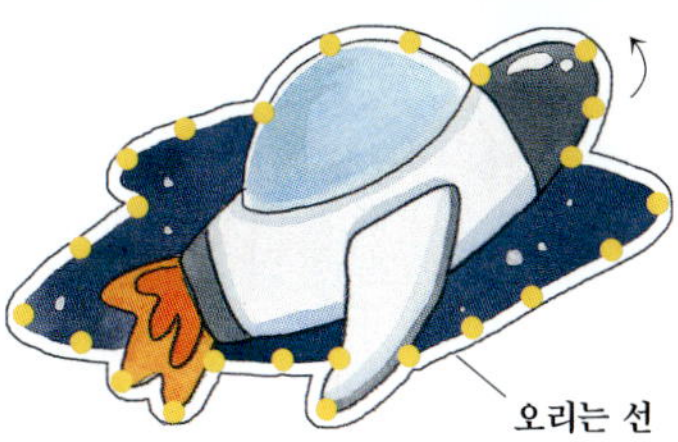

2

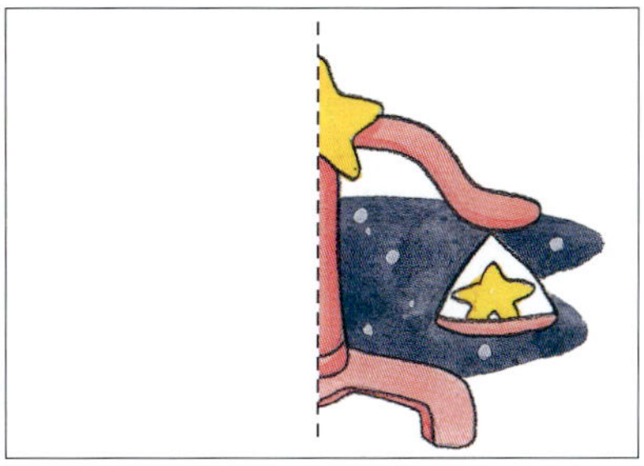

3

직조짜기–보름달

반 이름:

펀치뚫기–구름

반 이름:

푸싱핀–우주복

반 이름:

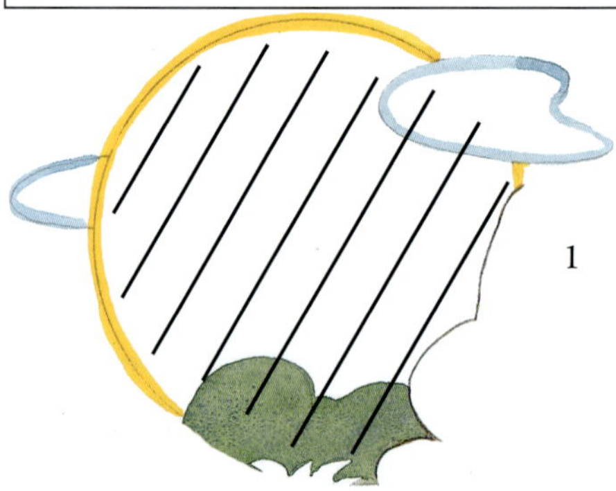

1

2

3

자르기–별자리

반 이름:

1

데칼코마니–우주복

반 이름:

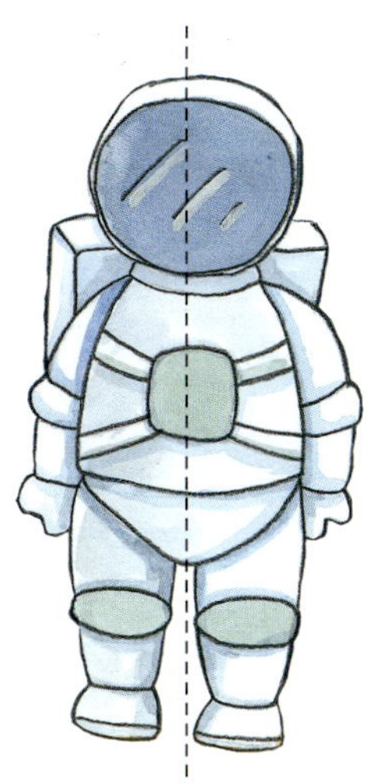

2

스테이플러–망원경

반 이름:

도장찍기–별

반 이름:

푸싱핀–인공위성

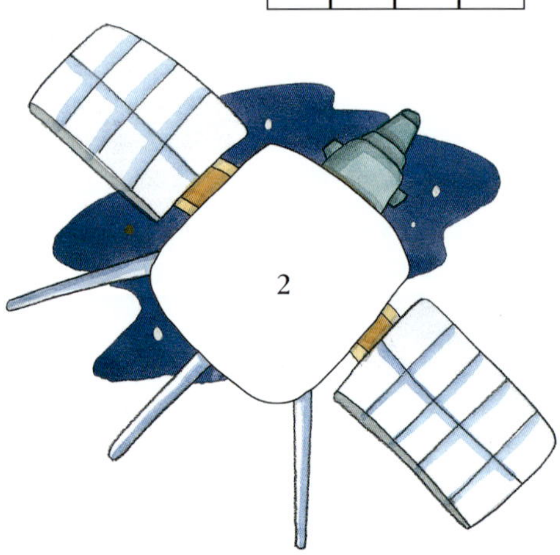

반 이름:

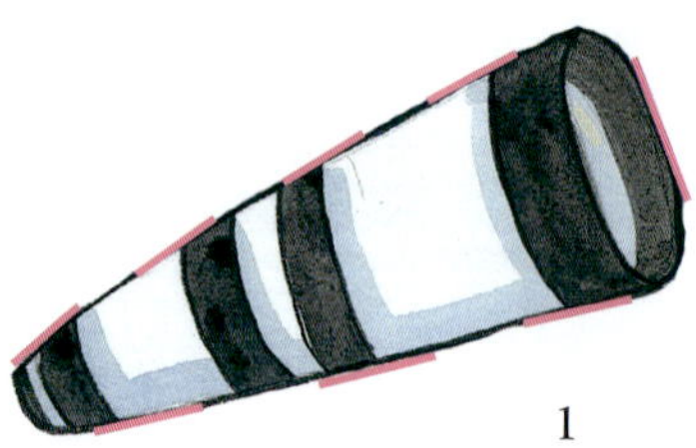

1

2

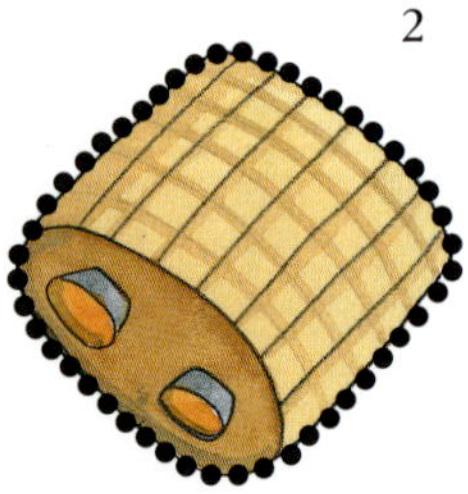

3

주제별
가정 활동 조사서

가족과 함께 삼행시를 지어 보세요.

병 ____________________

아 ____________________

리 ____________________

벤다이어그램(달걀과 메추리알의 같은 점, 다른 점)

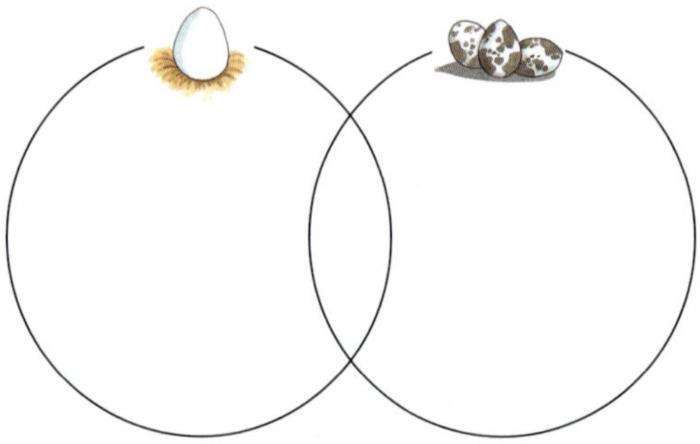

-2-

병아리의 암, 수는 어떻게 구분할 수 있을까 알아보세요.

-3-

병아리나 닭이 들어있는 속담이나 고사성어를 알아보세요.

속담:
뜻:

고사성어:
뜻:

닭의 성장과정을 알아보고 색칠하세요.

알	⇨	병	아	리	⇨	닭

-4-

가정 활동 조사

〈병아리〉

병아리의 모습

제 목 : ____________________

어디서 찾았나요? ____________________

____

________반, 이름:________ 날짜:________

-1-

※ A4 등의 크기로 양면 확대 복사해서 사용

나비의 종류를 조사하고 같은 색의 물건을 찾아보세요.

명칭과 모습	같은색이에요
예시:  배추흰나비	냉장고, 식탁, 우유, 책

-2-

재미있는 나비 탐색 놀이

숫자만큼 비즈를 색칠하세요.(색비즈 색 참고)

 나비 다리 수는?

 나비 눈의 수는?

 나비 날개의 수는?

 나비 더듬이 숫자는?

 나비 입의 숫자는?

-3-

나비의 부분명칭을 알아보고 종이를 붙여 아름다운 날개를 꾸며주세요.

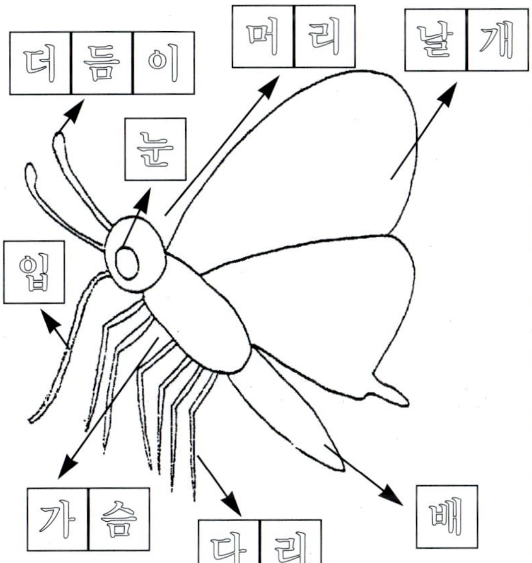

-4-

가정 활동 조사

〈나 비〉

나비의 모습

제 목 : ____________________

어디서 찾았나요? ____________________

____

________반, 이름:________ 날짜:________

-1-

가훈:	______ 가족신문	일시: 펴낸곳: 펴낸이: 도우미:

우리 가족을 소개합니다.

사 진

사랑하는 아빠 엄마에게 편지쓰기

칭찬 속에 크는 우리 가족

가족 서로서로에 대한 칭찬을 릴레이로 마음을 전달해 보세요.

아빠:

엄마:

우리들:

예쁜 엄마가

이달의 우리집 행사

편집후기:

엄마, 아빠의 신혼여행에 대해 알아보세요.

■여행 기간:

■장소 (나라명):

세계지도에서 신혼여행지를 찾아 표시하세요.

세	계	지	도

-2-

〈결혼식 수수께끼〉

문제를 읽고 아래 그림 중 맞는 답의 숫자를 써 보세요.

- 축의금 봉투 안에 들어 가는 것은? (　　)
- 결혼식에 신부가 들고 가는 꽃은? (　　)
- 결혼식에서 신부가 입는 옷은? (　　)
- 결혼행진곡 등 음악을 연주할 때 사용하는 악기는? (　　)
- 결혼식에서 신랑이 신부의 손가락에 끼워주는 것은? (　　)
- 해외로 신혼여행을 갈 때 공항에서 타는 것은? (　　)
- 결혼을 축하하는 케이크는? (　　)

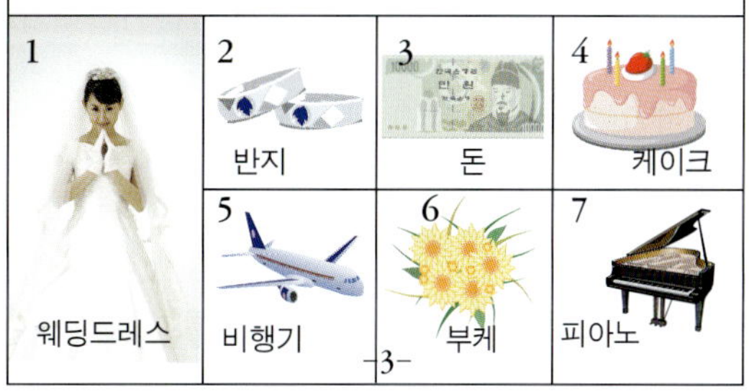

-3-

엄마, 아빠가 결혼하신 연도는? (큰 수 구성)
숫자만큼 우표를 색칠하세요.

				년

1000	100	10	1
1000	100	10	1
1000	100	10	1
1000	100	10	1
1000	100	10	1
1000	100	10	1
1000	100	10	1
1000	100	10	1
1000	100	10	1

-4-

가정 활동 조사

〈결혼이 궁금해요〉

결혼식 사진

신랑 : ______________ 신부 : ______________

언제 : ______________ 어디서 : ______________

__________반, 이름:________ 날짜:__________

-1-

아기 때부터 키와 몸무게의 변화를 조사했어요

나이		2세	3세	지금(세)
키	cm	cm	cm	cm
몸무게	Kg	Kg	Kg	Kg

나는 언제부터 ○○을 할 수 있었을까?

♪처음으로 이가 났던 때 ____________

♪언제부터 말을 했을까? ____________

♪처음으로 기었던 때는? ____________

♪처음으로 걸었을 때는? ____________

♪화장실에 갈 수 있어요 ____________

수막대로 알아보세요. 

아기때의 키

(cm)

지금의 키

(cm)

-2-

나의 태몽에 대한 조사 (내용과 그림)

그림:

내용:

엄마가 나를 임신했을 때의 느낌은?

-3-

아기는 점점 자라서 어른이 될 거예요.
색종이를 접어서 크기에 맞는 옷을 입혀 주세요.

①-**동생** (3×3cm **크기 색종이**)
②-**나** (4×4cm **크기 색종이**)
③-**아빠**(6×6cm **크기 색종이**)

아 기 ⇨ **동 생** ⇨ **나** ⇨ **아 빠**

-4-

가정 활동 조사

〈아 기〉

아기 때의 사진

나이 : ____________

장 소 : ____________

________반, 이름:________ 날짜:________

-1-

왜 미라를 만들었을까?

스핑크스의 코는 왜 없어졌을까?

-2-

이집트의 상형문자로 큰 수 구성을 해보세요

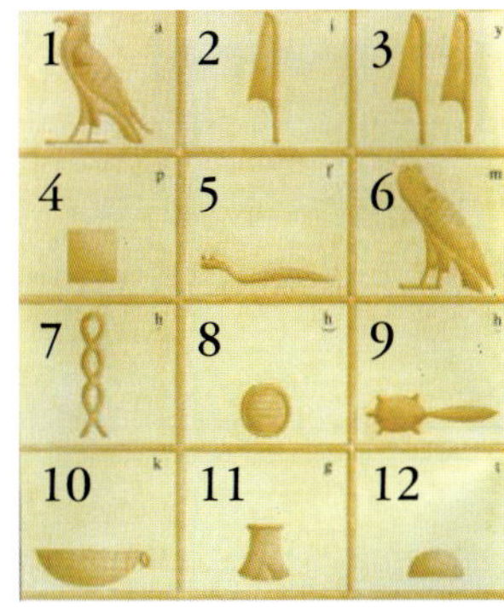

-3-

세계 7대 불가사의 중 하나인 피라미드에 대한 조사

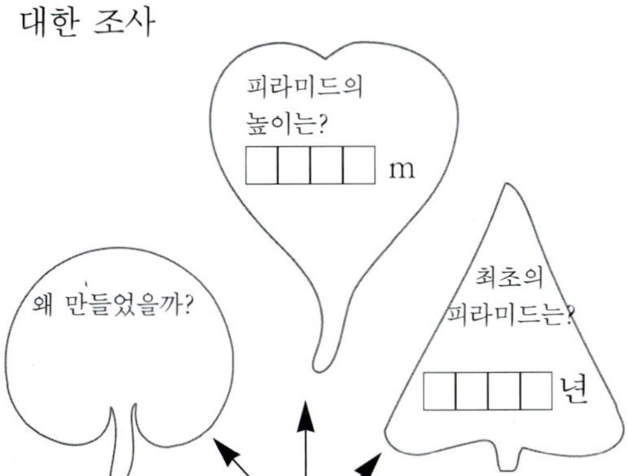

-4-

가정 활동 조사

〈이집트〉

이집트의 모습

제목 : ____________________

어디서 찾았나요? : ____________________

____

______반, 이름:______ 날짜:______

-1-

가족과 함께 노래를 불러 보세요.

♬남아메리카 주에는 어떤 나라가 있을까요

♩기니아 수리남 자이아나 베네수엘라

♬콜롬비아 엘쿠아도르 페루 칠레 볼리비아

♩파라과이 아르헨티나 우루과-이 브라질

-2-

남아메리카 대륙에서 찾은 나라를 쓰고 색칠해 보세요.

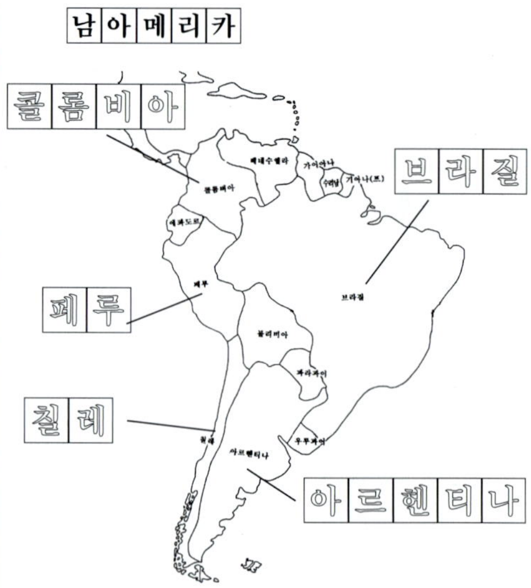

-3-

브라질에 대해 조사했어요.

수도명: [ ][ ][ ][ ][ ]

국 기: 

통화단위:

인사말:

유명한 축제:

➜설명:

토산품:

유명한 사람:

➜이유:

-4-

가정 활동 조사

〈브라질〉

브라질의 모습

제목 : ____________________

어디서 찾았나요? : ____________________

____

________반, 이름:________ 날짜:________

-1-

여러 가지 별이에요. 사다리를 내려가서 어떤 별인지 알아보세요.

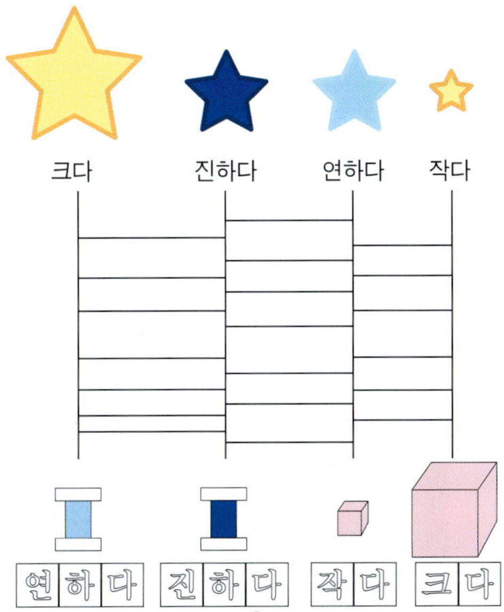

-2-

세강판의 숫자만큼 별을 표시하세요.

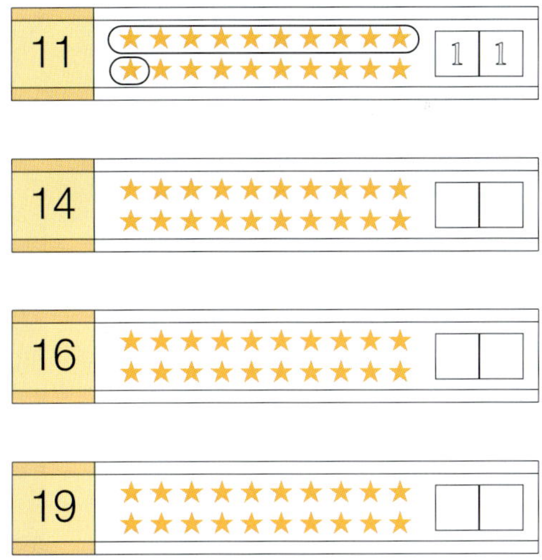

-3-

가족의 별자리를 알아보세요

-4-

가족과 함께하는 활동

〈별자리〉

모습

제목 : ____________________

어디서 찾았나요? : ____________________

____

________반, 이름:________ 날짜:________

-1-

덧셈의 암산판이에요. 빠진 숫자를 써 주세요.

0	1	2	3	4	5	6	7	8	9
1	2	3	4	5		7	8	9	
2	3		5	6	7	8		10	11
3	4	5	6	7	8	9	10	11	12
4	5	6	7		9	10	11	12	13
5	6	7		9	10		12	13	14
6		8	9	10	11		13	14	15
7	8	9	10		12	13	14	15	16
8	9	10	11	12	13	14		16	17
9	10		12	13	14	15	16		18

-2-

우주하면 생각나는 단어를 알아보세요.

1음절	2음절		3음절			4음절			
별	토	성							

-3-

인공위성 발사년도를 조사했어요.

인류 최초의 인공위성은?

나라명: ____________

발사년도 □□□□

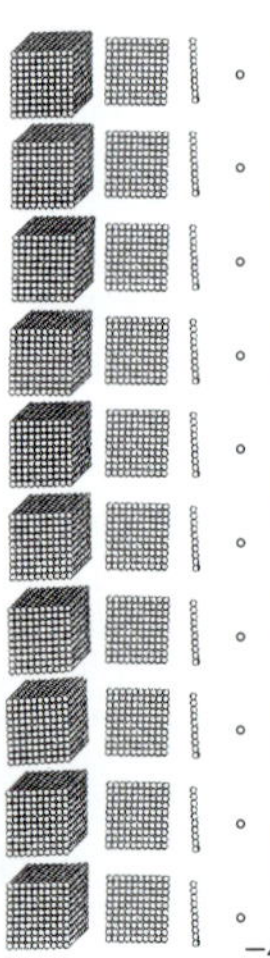

내가 조사한 인공위성은?

나라명: ____________

발사년도 □□□□

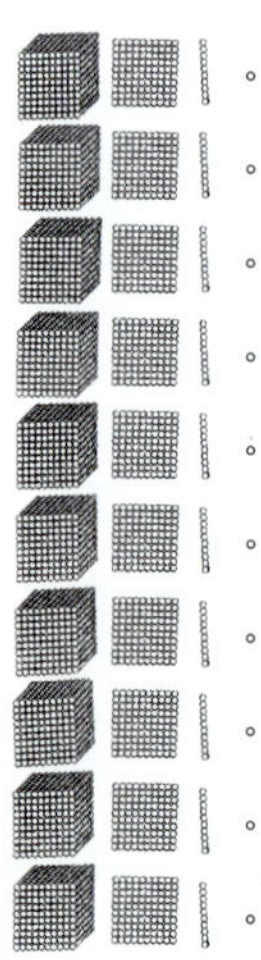

-4-

가정 활동 조사

〈우주탐험〉

제목 : ____________

어디서 찾았나요? : ____________

____

________반, 이름:________ 날짜:________

-1-

4

유아들의 생각 모듬지

생활주제	애벌레는 무슨 생각을 할까?		
토론날짜			
참 석 자			
기 록 자		발 표 자	

애벌레가 나뭇잎 사이에서 친구들이랑
놀다가 땅에 떨어졌어요!
어떤 이야기를 할까요?

생활주제	달걀을 관찰해 보아요
날 짜	
이 름	

- 달걀을 자세히 관찰하고 그려보세요!
- 달걀과 비슷한 것을 교구에서 찾아볼까요?
- 달걀은 무슨 색인가요? 색판으로 나타내 보세요.

- 냄새를 맡아 보세요!
- 귀에 대어 보세요!
- 손을 만져 보세요!
- 달걀을 만져 본 느낌을 적어 보세요!

______ 달걀

형 명

______ 달걀

형 명

______ 달걀

형 명

생활주제	나비와 나방의 벤다이어그램		
토론날짜			
참 석 자			
기 록 자		발 표 자	

나 비

같은 점

나 방

생활주제	병아리 집 만들기		
토론날짜			
참 석 자			
기 록 자		발 표 자	

병아리 집을 이렇게 꾸밀 거예요!

우리가 만들 병아리 집 어때요?(설계도)

생활주제	아빠 딱지와 우리들의 딱지 벤다이어그램		
토론날짜			
참 석 자			
기 록 자		발 표 자	

아빠 딱지

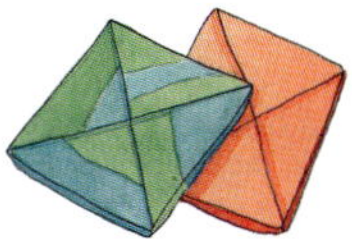

같은 점

우리들의 딱지

생활주제	공익광고를 살펴보았아요		
토론날짜			
참 석 자			
기 록 자		발 표 자	

몸에 해로운 담배를 피우지 말자는 금연 광고예요.

광고 속에 무엇이 들어있는지 살펴보고 적어보세요.

누가:

언제:

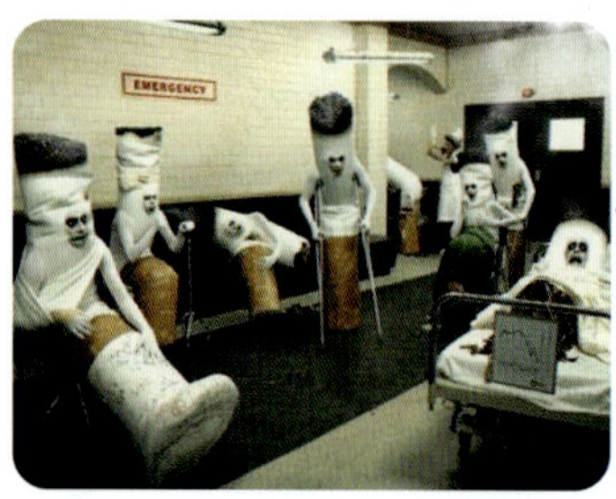

어디서:

무엇을:

어떻게:

왜:

생활주제	이 세상에서 가장 아름다운 결혼식장을 꾸미고 싶어요		
토론날짜			
참 석 자			
기 록 자		발 표 자	

♥ 아름다운 결혼식장을 꾸미기 위해서 꼭 필요해요.

♥ 우리는 이렇게 결혼식장을 꾸밀 거예요.

생활주제	딤섬을 다른 사람들에게 알릴 수 있는 방법!		
토론날짜			
참 석 자			
기 록 자		발 표 자	

중국의 음식 딤섬을 다른 사람들에게 소개시켜 주고 싶어요.
어떻게 하면 잘 알려 줄 수 있을까요? 한 마디씩 해주세요.

생활주제	우리 교실을 이집트처럼 꾸미고 싶어요		
토론날짜			
참 석 자			
기 록 자		발 표 자	

생활주제	다른 나라 친구들을 만났어요		
토론날짜			
참 석 자			
기 록 자		발 표 자	

얼굴도 생김새도 다르고 말도 통하지 않는 다른 나라 친구들을 만났어요. 어떻게 하면 될까요?

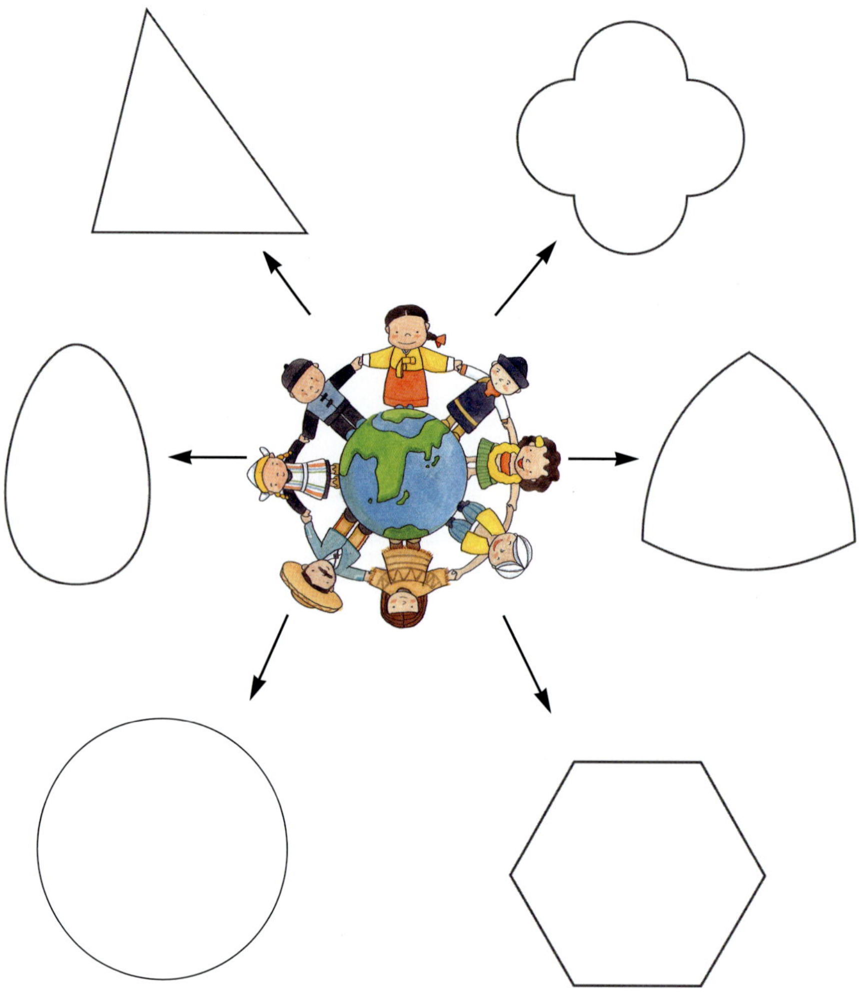

생활주제	재미있게 생긴 우주인
날 짜	
이 름	

♠ 여기 있는 우주인에게는 몸통이 없어요. 우리 친구들이 외계인의 몸통을 그려주세요.

생활주제	외계인에 관한 마인드 맵		
토론날짜			
참 석 자			
기 록 자		발 표 자	

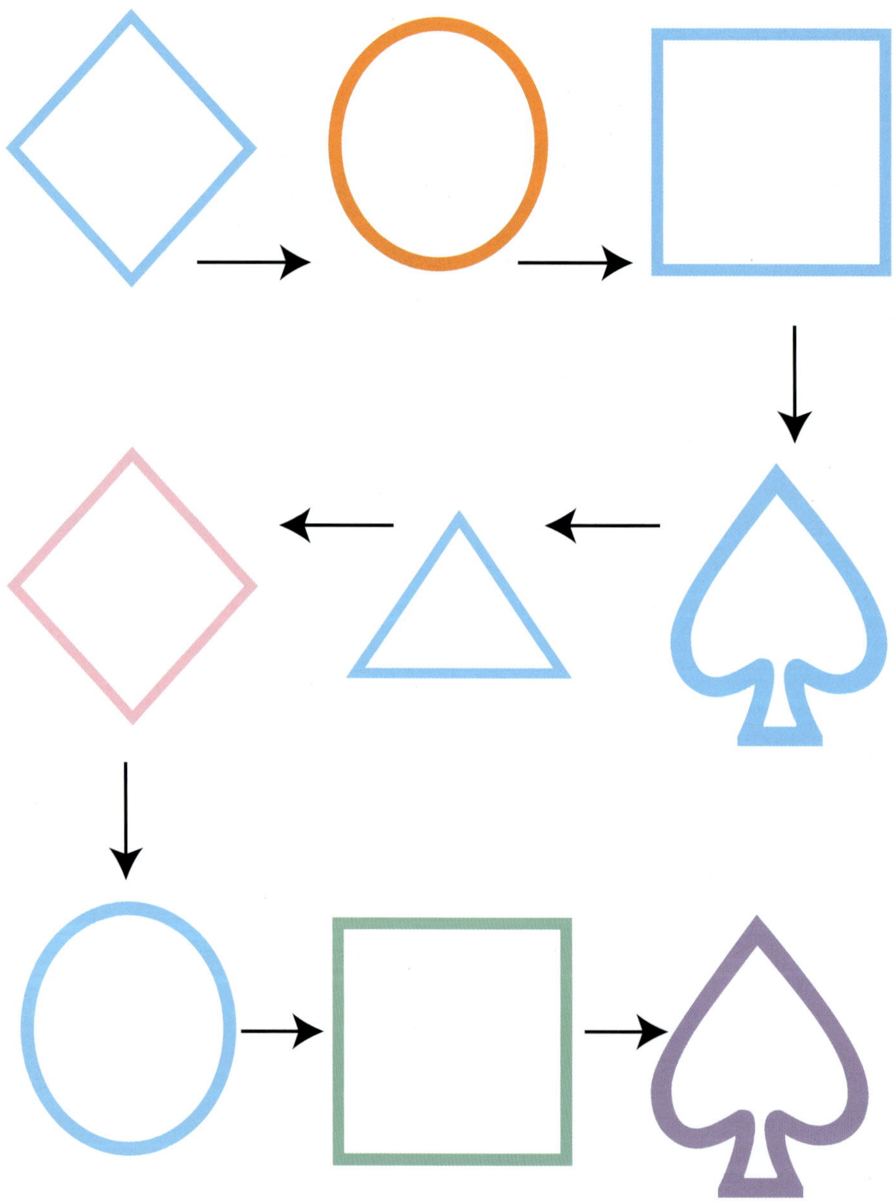

저자소개

돈보스꼬몬테소리교육실천연구소

소장 김 순 옥

現 돈보스꼬몬테소리 교육실천연구소 소장
現 한국 몬테소리 교육연구회(KOMA) 연구원
숭의여자대학 유아교육과 강사 역임
일본 국제 몬테소리(AMI) 자격증 소지
일본 상지(上智)대학 대학원 졸업(교육학 석사)

저서 · 역서

유치원 교육과정과 새로운 몬테소리 교육 접근법(한국유아교육정보, 1999)
가족과 함께하는 몬테소리 교육활동(돈보스꼬몬테소리 교육실천연구소, 2000)
유아교육자들이 쓴 유아기 부모를 위한 핸드북(공저, 창지사, 2002)
몬테소리 교육: 총체적 연구(돈보스꼬몬테소리 교육실천연구소, 2004)
Montessori-Method, 이론과 실천(돈보스꼬몬테소리 교육실천연구소, 2004)
Check Point 원 경영 컨설팅: 총체적 현장교육 실천 방법(돈보스꼬몬테소리 교육실천연구소, 2004)
몬테소리 실천교육을 통한 유아의 실물 경제교육 프로그램(돈보스꼬몬테소리 교육실천연구소, 2004)

책임 연구원

김진수 現 돈보스꼬몬테소리 교육실천연구소 연구원
양순의 現 돈보스꼬몬테소리 교육실천연구소 연구원

유아교육 현장을 위한

총체적 통합 프로그램과 창의적 몬테소리 교육의 실천 방법

초판 1쇄 발행 2006년 4월 15일
초판 2쇄 발행 2010년 6월 10일

지은이 | 돈보스꼬몬테소리 교육실천연구소
펴낸이 | 김기섭
펴낸곳 | 창지사 www.changjisa.com
121-809 서울시 마포구 대흥동 161
전화 (02) 719-2211~3
팩스 (02) 701-9386
등 록 | 1977년 4월 28일 · 제1-421호

ISBN 89-426-0405-6 93370

값 21,000원